Fachwerkforschung

Beiträge zur Erhaltung

Fraunhofer IRB Verlag

Kontaktadresse:
Fraunhofer-Institut für Holzforschung
Wilhelm-Klauditz-Institut WKI, Braunschweig
Bienroder Weg 54E
D-38108 Braunschweig
Telefon (0531) 2155-0
Telefax (0531) 351587
e-mail info@wki.fhg.de
URL   http://www.wki.fhg.de

Druck: Satz- und Druckcenter des Fraunhofer-Informationszentrums
         Raum und Bau IRB, Stuttgart

Für den Druck des Buches wurde chlor- und säurefreies Papier verwendet.

Dieses Werk ist einschließlich aller seiner Teile urheberrechtlich geschützt. Jede Verwertung, die über die engen Grenzen des Urheberrechtsgesetzes hinausgeht, ist ohne schriftliche Zustimmung des Verlages unzulässig und strafbar. Dies gilt insbesondere für Vervielfältigungen, Übersetzungen, Mikroverfilmungen sowie die Speicherung in elektronischen Systemen.

Die Wiedergabe von Warenbezeichnungen und Handelsnamen in diesem Buch berechtigt nicht zu der Annahme, daß solche Bezeichnungen im Sinne der Warenzeichen- und Markenschutz-Gesetzgebung als frei zu betrachten wären und deshalb von jedermann benutzt werden dürften.

Soweit in diesem Werk direkt oder indirekt auf Gesetze, Vorschriften oder Richtlinien (z.B. DIN, VDI) Bezug genommen oder aus ihnen zitiert worden ist, kann der Verlag keine Gewähr für Richtigkeit, Vollständigkeit oder Aktualität übernehmen.

© Fraunhofer IRB Verlag, 1998, ISBN 3-8167-5209-8
Fraunhofer-Informationszentrum Raum und Bau IRB
Postfach 800469, D-70504 Stuttgart
Nobelstraße 12, D-70569 Stuttgart
Telefon   (0711) 970-2500
Telefax   (0711) 970-2508
e-mail   irb@irb.fhg.de
URL   http://www.irb.fhg.de/verlag

Fachwerkforschung - Beiträge zur Erhaltung

Inhaltsverzeichnis   Seite

Vorwort der Herausgeber

P. Böttcher
Untersuchungen zur Identifizierung von holzzerstörenden Pilzen
am Fachwerk
Teil 1: Allgemeine Untersuchungen zur Feststellung eines Pilzbefalls....................1

S. Bruhn
Untersuchungen zur Identifizierung von holzzerstörenden Pilzen
am Fachwerk
Teil 2: Methode zur Ausbreitungsbestimmung des Echten Hausschwammes
(Serpula lacrimans) am Beispiel der Schrotholzkirche in Wespen........................10

S. Bruhn, P. Böttcher, P. Hoffmann
Der Chloridgehalt im Holz als Indikator für das Vorkommen des
Echten Hausschwammes, Serpula lacrimans..15

B. Plinke
Zur akustischen Erkennung holzzerstörender Insekten..22

B. Plinke
Zur Bekämpfung holzzerstörender Insekten mit Mikrowellen...............................30

D. Greubel, F. Hoyer
Radiometrische Feuchtemessung mittels γ-Strahlung..34

H. Hävemeyer
Mechanische Altanstrichentfernung an Fachwerkbauten......................................43

P. Böttcher
Oberflächenbehandlung von Fachwerkhölzern..52

H. Rosenbrock, J. Heinskill, M. Bahadir
Analytik von proteinhaltigen Bindemitteln in historischen Anstrichstoffen..........65

G. Hora
Untersuchungen zur Anstrichalterung und deren Bedeutung für die
Lebensdauer...73

Fachwerkforschung - Beiträge zur Erhaltung

Inhaltsverzeichnis   Seite

H. Hävemeyer, D. Greubel, L. Mehlhorn, P. Böttcher
Langzeitmessungen an drei wiederaufgebauten Fachwerkhäusern im
Freilichtmuseum Hessenpark, Neu-Anspach..89

J. W. Herlyn
Auswirkungen von Innendämmungen auf das Feuchteverhalten von
Fachwerkwänden unter zeitgerafften und überhöhten Klimabedingungen.......114

J. W. Herlyn
Verbesserung des Wärmeschutzes von Fachwerkwänden mit Innen-
dämmungen - Ergebnisse aus Bewitterungssimulationen, numerischen
Simulationen und in-situ-Messungen...134

Vorwort der Herausgeber

Im Rahmen des Förderprogramms "Denkmalpflegeforschung" wurden vom damaligen Bundesministerium für Forschung und Technologie, BMFT (heute Bundesministerium für Bildung, Wissenschaft, Forschung und Technologie BMBF), Forschungsprojekte gefördert, die sich mit der Erhaltung und Nutzung kulturhistorisch bedeutender Bauwerke befassen. Das WKI war und ist bis heute an zahlreichen Projekten aus diesem Programm beteiligt, teilweise auch in Kooperation mit Forschungseinrichtungen anderer Spezialdisziplinen.

Viele dieser Forschungsprojekte beschäftigten sich mit Gebäuden in Fachwerkbauart, deren Anzahl auf über 2 Millionen in Deutschland geschätzt wird. Die Aufgaben bestanden in der Erforschung von Analysemethoden des Ist-Zustandes sowie in der Aufstellung von Instandsetzungskonzepten unter der Beachtung zeitgemäßer Nutzungen. In den Forschungsergebnissen sollten die Ursachen des Verfalls der Bauwerke ermittelt und daraus grundlegende planerische Empfehlungen für die Erhaltung von Fachwerkgebäuden erarbeitet werden. Der vorliegende Band gibt einen Überblick über Ergebnisse des WKI im Bereich der Fachwerkforschung.

Bei Fachwerkgebäuden steht die Gefährdung der Holzkonstruktion durch Schädlingsbefall, bei Pilzen infolge zu hoher Holzfeuchten, im Vordergrund der Betrachtungen. Demzufolge leiten Beiträge über die Identifizierung und Bekämpfung von holzzerstörenden Pilzen und Insekten den Band ein.

Zur Ursachenerforschung von Fachwerkschäden ist die Bestimmung der Materialfeuchteverteilung eine grundlegende Voraussetzung. Daher wurde ein am WKI entwickeltes Verfahren zur radiometrischen Feuchtemessung in Projekten der Fachwerkforschung eingesetzt und weiterentwickelt.

Die Oberflächenbehandlung der Hölzer beeinflußt entscheidend den Feuchtehaushalt der Fachwerkhölzer. Auf diese Thematik wird allein anhand von vier Beiträgen die Aufmerksamkeit gerichtet. Langzeitmessungen an Fachwerkhäusern im Freilichtmuseum Hessenpark lieferten Aussagen über das Feuchte-, Temperatur- sowie Verformungsverhalten unter Praxisbedingungen. Weiterhin wurde die Eignung von Anstrichsystemen auf Fachwerkhölzer im praktischen Einsatz geprüft.

Untersuchungen zur Verbesserung des Wärmeschutzes von Fachwerkwänden durch Innendämmungen runden den Band ab. Eine zeitgemäße, den heutigen Komfortansprüchen genügende Nutzung, bei gleichzeitiger Beachtung der Belange des Denkmalschutzes trägt dazu bei, daß die teilweise über 500 Jahre alten Fachwerkgebäude für nachfolgende Generationen erhalten bleiben.

Dr. Peter Böttcher   Obering. Lutz Mehlhorn

Untersuchungen zur Identifizierung von holzzerstörenden Pilzen am Fachwerk

Teil 1: Allgemeine Untersuchungen zur Feststellung eines Pilzbefalls

Peter Böttcher
Fraunhofer-Institut für Holzforschung
Wilhelm-Klauditz-Institut (WKI)
Bienroder Weg 54E
38108 Braunschweig

Suchbegriffe : Fachwerk, Holzkundliche Untersuchungen, Holzzerstörende Pilze

Keywords : Framework, Wood specific ivestigations, Wood destroying fungi

Zusammenfassung:

Besteht der Verdacht oder werden Schäden durch Pilze an Holzkonstruktionen festgestellt, sind Sanierungsmaßnahmen erforderlich, um die Gebrauchsfähigkeit wieder herzustellen. Hierbei sind jedoch folgende Fragen zu beantworten:
- Wo liegt der Herd des Befalls und welche Ursache hat der Schaden?
- Welche Schädlinge haben den Schaden verursacht?
- Welche Ausdehnung hat der Schaden?
- Unterliegt das Bauwerk der Denkmalpflege?
- Welcher Nutzung soll das Gebäude nach der Sanierung zugeführt werden?

Abstract:

If damages caused by fungal attack are detected on wooden constructions redevelopment measures will be necessary in order to re-establish their usability. Nevertheless, the following questions have to be answered in advance:
- Where is the center of the attack and what is the cause for the damage?
- What kind of pests caused the damage?
- Which is the extent of the damage?
- Is the building submitted to a preservation of historic monuments?
- Which purpose shall the building be devoted to after redevelopment?

1 Einleitung

Pilze leben von organischen Substanzen, zu denen viele traditionelle und moderne Baustoffe gehören. Der häufigste und älteste organische Baustoff des Menschen ist das Holz. Unter den Pilzen gibt es Spezialisten, die die verschiedenen Bestandteile des Holzes abbauen. Vor allem sind dies Cellulose und Lignin.

Die im Holz vorkommenden Pilze werden entsprechend ihrem Auftreten oder dem Bild der Substratzerstörung benannt [1]. Eine taxonomische Einteilung ist damit nicht verbunden:

- Destruktions- oder Braunfäulen bauen vorwiegend die Cellulose ab und hinterlassen das Lignin als braune, auch quer zur Faserrichtung reißende Substanz.

- Korrosions- oder Weißfäulen leben von Cellulose und Lignin und hinterlassen eine faserige, schwammige und in der Regel helle Substanz.

- Moderfäulepilze benötigen sehr hohe Substratfeuchten. Die Abbauprodukte ähneln einer Braunfäule.

- Lagerfäulen befallen lagerndes Holz. Der Begriff unterscheidet nicht hinsichtlich der bevorzugt abgebauten Stoffe.

- Hausfäulen sind Pilze, die am verbauten Holz vorkommen. 'Hausfäulen' werden von Braun-, Weiß- und Moderfäulepilzen erzeugt.

Pilze können nur auf Holz siedeln oder dieses abbauen, wenn es eine erhöhte Materialfeuchte hat. Holz mit Feuchten unter ca. 18 - 20 M.-% kann in der Regel weder von holzverfärbenden noch von holzzerstörenden Pilzen besiedelt werden. Die Primärbesiedlung durch holzabbauende Pilze setzt somit Holzfeuchten deutlich oberhalb der Fasersättigung voraus. Die Ansprüche der verschiedenen Pilzarten hinsichtlich der optimalen Feuchte sind dabei sehr unterschiedlich.

- ☐ Echter Hausschwamm, Braunfäule, 30 - 60 M.-% [2,3]
- ☐ Brauner Kellerschwamm, Braunfäule, 50 - 60 M.-%
- ☐ Weißer Porenschwamm, Braunfäule, 30 - 50 M.-%
- ☐ Blättlinge, Braunfäule, 40 - 60 M.-%
- ☐ Muschelkrempling, Braunfäule, 35 - 70 M.-% [4]
- ☐ Eichenwirrling, Braunfäule, > 50 M.-%
- ☐ Porlinge, Weißfäule, > 50 - 70 M.-%

Die sachgerechte Bekämpfung von Pilzen an Bauwerken und die lange wirksame Sanierung setzt die Ermittlung der Pilzart, mindestens jedoch der Gruppe, der Ausdehnung des Schadens, der Aktivität und der Ursachen der Primärbefeuchtung voraus [5].

2 Identifizierung der Pilzart

Auffälligstes und in der Regel auch eindeutigstes Merkmal zur Bestimmung der einen Schaden verursachenden Pilzarten sind ihre Fruchtkörper und Mycelformen. Bei den Fruchtkörpern ist weniger die Form als vielmehr die Färbung das typische Erkennungsmerkmal (Abb. 1).

Abb. 1 Fruchtkörper des Echten Hausschwammmes. Die Fruchtkörper sind u. U. fernab des Befallsherdes in einem Raum mit erhöhter Luftfeuchte zu finden.

Auch die Form der Fruchtschicht differiert deutlich zwischen den Arten. Oberflächen- und Strangmycele sind weitere wertvolle Hinweise auf die Art. Im Gegensatz zu anderen Hausfäulen kann z.B. der Echte Hausschwamm dicke Mycelstränge ausbilden, die im trockenen Zustand mit deutlichem Knacken brechen [6] (Abb. 2).

Abb. 2 Deckenbalken im Dachgeschoß eines Fachwerkhauses, der vollständig mit Oberflächenmycel des Echten Hausschwamms überwachsen und von diesem zerstört ist.
(Pilotobjekt Potsdam, Jägerstraße)

Abb. 3 Dunkelbraune filigrane Oberflächenstränge des Braunen Kellerschwamms
(Pilotprojekt Potsdam, Jägerstraße)

Die Mycelstränge des braunen Kellerschwamms sind dünn und dunkel gefärbt mit typisch wurzelähnlichen Verzweigungen (Abb. 3).

Sind keine Fruchtkörper vorhanden und läßt das Oberflächenmycel keine eindeutige Identifizierung zu, so kann die licht- und rasterelektronenmikroskopische Morphologie der Hyphen im Holz Hinweise geben (Abb. 4). Diese Untersuchungen setzen eine große Erfahrung voraus, ohne in jedem Fall eine sichere Ansprache der Pilzart gewährleisten.

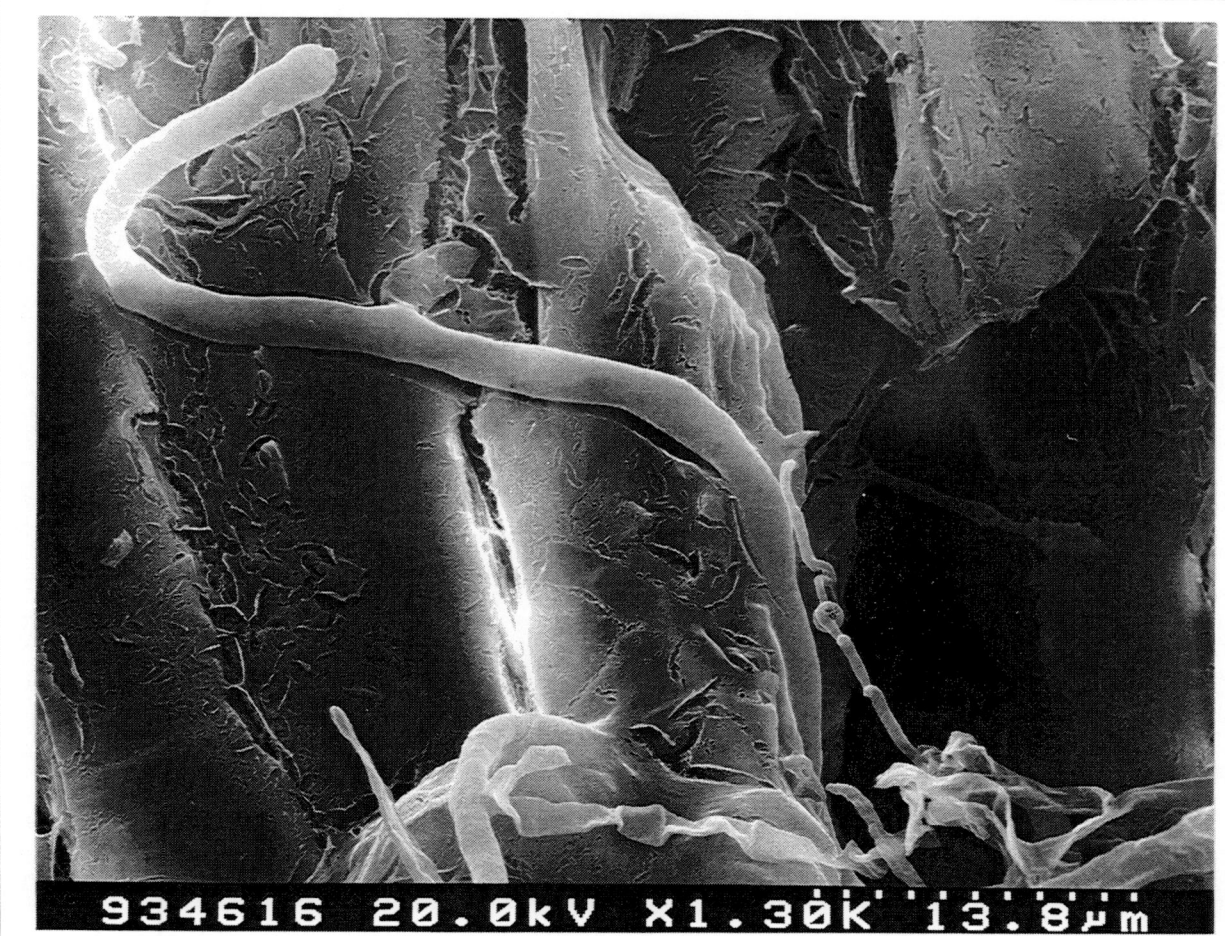

Abb. 4 Hyphe des Echten Hausschwammes im Rasterelektronenmikroskop (REM)
(Aufnahme MPA Bremen)

Ein weiteres Indiz ist das Abbaubild. Eine grobe Struktur des Würfelbruchs deutet auf den Echten Hausschwamm hin. Das trockene Restsubstrat ist häufig fest und läßt sich nicht zwischen den Fingern zerquetschen. Im Gegensatz dazu ist der Würfelbruch beim Braunen Kellerschwamm und beim Weißen Porenschwamm kleiner strukturiert und das Restsubstrat läßt sich im Endstadium des Befalls leicht zwischen den Fingern zerreiben. Blättlinge zerstören das Holz von innen her und Porlinge verursachen eine Weißfäule.

Häufig ist äußerlich an Holzbalken keine Zerstörung zu erkennen, obwohl die Innenbereiche oder die gesamten in ein Mauerwerk eingebetteten Köpfe zerstört sind. Hier hat sich das Anbohren mit einem Schlangenbohrer mit Zentrierspitze und einem Durchmesser von ca. 8 - 10 mm als hilfreich erwiesen. Bereits der Zustand der Bohrspäne gibt Aufschluß über den Zustand des Holzes. Eine deutliche Abnahme des Bohrwiderstandes signalisiert eine Zerstörung des Holzes. Ggf. können auch spezielle Bohrwiderstandsmeßgeräte ergänzende Informationen liefern. Mit Hilfe eines Endoskopes können dann die Innenwandungen des Bohrkanals oder angebohrte Zerstörungsbereiche betrachtet werden (Abb. 5).

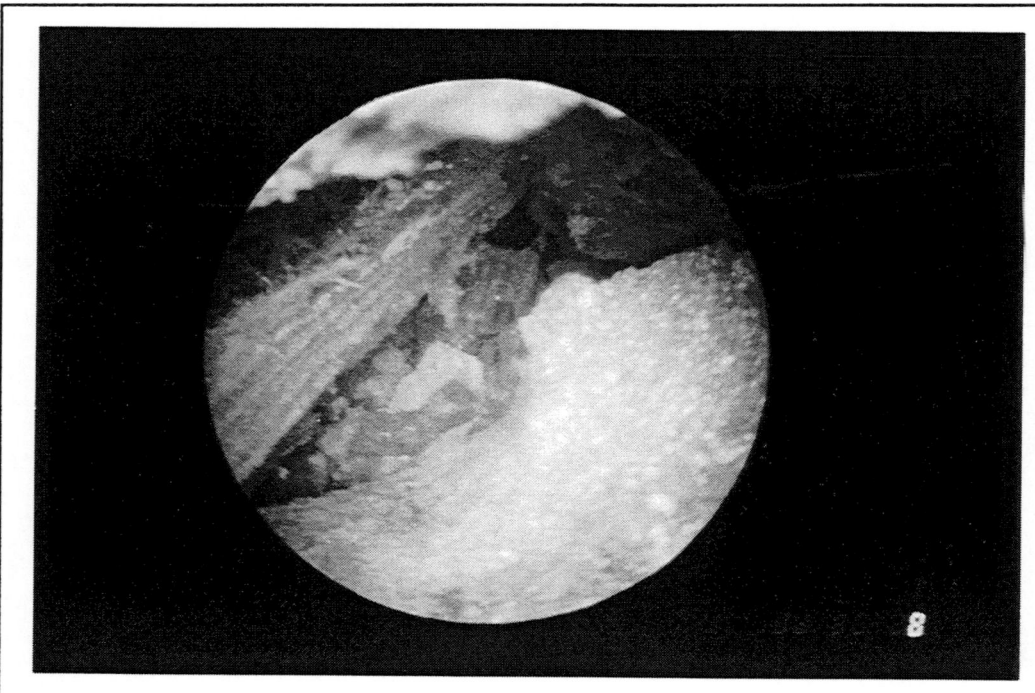

Abb. 5 Endoskopisches Bild eines durch den Echten Hausschwamm zerstörten Deckenbalkenkopfes

Gelangt man mit diesen Untersuchungen zu keinem sicheren Ergebnis, so muß nach derzeitiger Normung zunächst davon ausgegangen werden, daß es sich um einen Befall durch den Echten Hausschwamm handelt. Ein weiterführender Nachweis kann u.U. durch Ansetzen einer Kultur erreicht werden.

Ebenso wichtig ist der Nachweis der Vitalität. Fehlen dafür die primären Merkmale vor Ort (frisches Mycel oder Fruchtkörper) kann der Nachweis ebenfalls über den Ansatz einer Kultur oder die Verwendung von Indikatoren erbracht werden. Die Atmungsaktivität eines lebenden Pilzmycels kann mit Hilfe von sog. Red/Ox-Systemen nachgewiesen werden. Pilze benötigen zum Abbau des Holzes einen spezifischen pH-Wert des Substrates. Dieser liegt in der Regel im sauren Bereich. Um das Substrat auf den für die Aktivität des Enzymsystems optimalen Säurebereich einzustellen, sind viele Pilze in der Lage, durch Produktion organischer Säuren das Substrat anzusäuern. Diese Aktivität kann bei lebenden Pilzen oder Teilen davon mit Hilfe von pH-Indikatoren nachgewiesen werden [7,8]. Eine dabei häufig anzutreffende Säure ist die bereits 1893 von C. WEHMER für einige Schimmelpilze beschriebene Zitronensäure. Bei einigen Braunfäulen ist die im Zitronensäurecyclus durch Hydrolyse der Oxalessigsäure gebildete Oxalsäure häufig anzutreffen. Ihre Spuren bleiben besonders lange im Holz erhalten, weil sie mit Calcium das wasserunlösliche Calciumoxalat bildet (Abb. 6). (Vergleiche auch Teil 2 dieses Beitrages).

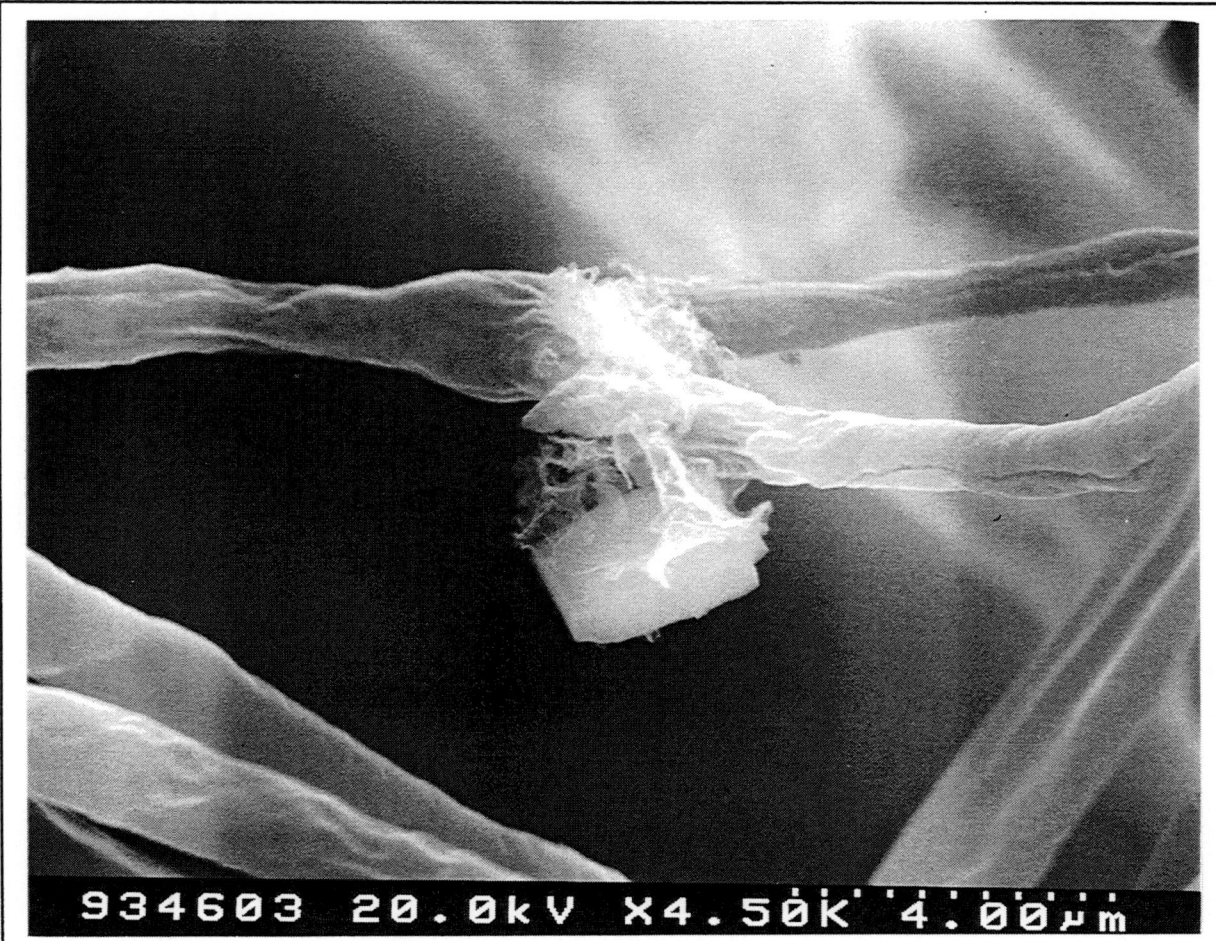

Abb. 6 Calciumoxalatkristalle in einem Schleimbeutel am Mycel des Echten Hausschwamms (Schrotholzkirche Wespen) (REM - Aufnahme MPA Bremen)

Ist die Pilzart nicht zweifelsfrei festzustellen, sollte mindestens eindeutig die Frage beantwortet werden, ob es sich um den Echten Hausschwamm oder eine andere Hausfäule handelt. Da der Echte Hausschwamm als gravierender Mangel eines Gebäudes gilt, viele Versicherungen einen Hausschwammschaden bei Ihren Leistungen ausschließen und dieser Pilz im Gegensatz zu allen anderen Arten in der Mehrzahl der deutschen Bundesländer meldepflichtig ist, kommt der Artbestimmung eine besondere rechtliche Bedeutung zu.

3 Ausdehnung des Befalls

Neben der Feststellung des oder der den Schaden verursachenden Pilzarten ist auch die Ausdehnung des Befallsbereiches festzustellen. Sowohl die Ausdehnung des Oberflächenmycels als auch endoskopische Untersuchungen lassen vor Ort eine Beschreibung der Befallsbereiche zu. In Abhängigkeit von der Ausdehnung werden die in die Sanierung einzubeziehenden Holz- und ggf. Mauerteile festgelegt. Befallenes Holz wird im Normalfall ausgebaut und verworfen. Dazu müssen alle Holzteile vom Befallsherd oder -zentrum ausgehend untersucht werden. Handelt es sich bei dem zu untersuchenden Objekt um ein kunsthistorisch wertvolles, denkmalgeschütztes Bauwerk, liegt es im Interesse der Erhaltung möglichst großer Bereiche der Originalsubstanz, nur die Teile in die Sanierungsmaßnahme einzubeziehen, die direkt befallen sind. Dazu ist eine genaue mikroskopische und/oder chemisch-analytische Untersuchung anhand kleiner, entnommener Proben erforderlich.

Selbst im Hochbau bietet die Anmerkung 4 zum Abschnitt 4.2.1 von DIN 68 800 Teil 4 [5] die Handhabe für ein vom Standardverfahren abweichendes Vorgehen bei kulturhistorisch wertvollen Objekten. Die erforderliche Verkehrssicherheit setzt aber eine besonders sorgfältige und detaillierte (und damit aufwendige) Untersuchung voraus.

Ein Sekundärbefall des Holzes durch bestimmte holzzerstörende Insekten kann Hinweise auf das Vorliegen und die Ausdehnung eines Pilzbefalls liefern. Häufigste Arten sind der Gescheckte Nagekäfer (Xestobium rufovillosum) und der Trotzkopf (Coelostethus pertinax). Während die erste Art sowohl Laub- wie auch Nadelholz befallen kann, ist die zweite Art vorzugsweise auf Nadelholz zu finden. Junge Larven beider Arten können nur pilzbefallenes Holz besiedeln. Die Arten lassen sich auch nach dem Schlüpfen der Larven leicht an den typisch geformten Kotpillen unterscheiden.

4 Ermittlung der Ursachen der Primärbefeuchtung

Ebenso wichtig wie die Erkennung von Art und Ausdehnung der Schadorganismen ist für einen schonenden Umgang mit historischer Bausubstanz und einen langanhaltenden Sanierungserfolg die Ermittlung der Primärbefeuchtungsquelle. Dieses können vor allem undichte Dacheindeckungen, fehlende oder nicht funktionierende Entwässerungssysteme, eindringendes Niederschlagswasser, Kondensation von Wasserdampf bei ungenügender Wärmedämmung oder Isolierung, poröse Leitungsrohre oder aufsteigende Bodenfeuchtigkeit sein. Vor Beginn aller mykologischer Untersuchungen und der Sanierungsmaßnahmen sind die Gebäude daher sorgfältig nach den Ursachen der den Pilzbefall überhaupt erst ermöglichenden Befeuchtung abzusuchen. Verfärbungen der Baumaterialien (Wasserflecken) oder Ablösungen von Putz und Farbe liefern ggf. Hinweise. Danach ist für eine möglichst gute Belüftung zu sorgen, um das befallene Holz auszutrocknen. Häufig wird befürchtet, nicht vollständig entfernte Mycelreste der Pilze würden zu einem erneuten Aufleben des Befalls nach einer Sanierung führen. Aus zahlreichen Untersuchungen befallener Gebäude erscheint uns die Gefahr nicht wesentlich größer als die eines Neubefalls, sofern für eine konsequente Beseitigung aller primären Feuchtequellen und eine anhaltende Trockenlegung der Bauteile gesorgt wird.

Wird eine Sanierung aus Gründen der Erhaltung historischer, wertvoller Bausubstanz nicht mit den in DIN 68600 Teil 4 [5] vorgesehenen Maßnahmen und Sicherheitsbereichen durchgeführt, empfiehlt sich die Anbringung von Inspektionsöffnungen. Über diese sollte der Zustand des Holzes zunächst in kürzeren, später in jährlichen bis zweijährigen Abständen z.B. mit Hilfe eines Endoskopes durch einen Holzsachverständigen mit nachgewiesenen mykologischen Kenntnissen überprüft werden. Sollte sich die Sanierungsmaßnahme dabei nicht als ausreichend erweisen, kann zügig und rechtzeitig reagiert werden. Vor der Festlegung der Sanierungsmaßnahmen sollte auch geklärt werden, welcher Nutzung das Gebäude nach der Sanierung zugeführt werden soll. Werden die Räume zu Wohnzwecken genutzt, ist ein zurückhaltender Umgang mit chemischen Holzschutzmitteln angezeigt.

5 Literatur

[1] Grosser, D. (1985) : Pflanzliche und tierische Bau- und Werkholz-Schädlinge
DRW-Verlag Weinbrenner, Leinfelden-Echterdingen

[2] Cartwright, K.St.G. (1958) : Decay of timber and its prevention
Findlay, W.P.K. Her Majesty's Stationery Office

[3] Wälchli, O. (1980) : Der echte Hausschwamm - Erfahrungen über Ursachen und Wirkungen seines Auftretens.
Holz als Roh- und werkstoff 38, S. 169-174

[4] Liese, J. (1954) : Holzschutz
VEB Verlag Technik, Berlin

[5] DIN 68 800, Teil 4 : Holzschutz- / Bekämpfungsmaßnahmen gegen holzzerstörende Pilze und Insekten, Ausgabe November 1992

[6] Falck, R. (1912) : Die Merulius-Fäule des Bauholzes.
Hausschwammforschung VI (Hrsg. A. Möller),
G. Fischer Verlag, Jena

[7] Peek, R.D. (1980) : Farbindikatoren zur Bestimmung von Pilzbefall im
Willeitner, H. Holz
Harms, U. Holz als Roh- und Werkstoff 38, S. 225-229

[8] Bruhn, S. (1993) : Aktivitätsnachweis von Serpula lacrimans und Coniophora puteana am Befallsort
WKI-Kurzbericht Nr.20

Untersuchungen zur Identifizierung von holzzerstörenden Pilzen am Fachwerk

Teil 2: Methode zur Ausbreitungsbestimmung des Echten Hausschwammes (Serpula lacrimans) am Beispiel der Schrotholzkirche in Wespen

Sieglinde Bruhn
Fraunhofer-Institut für Holzforschung
Wilhelm-Klauditz-Institut (WKI)
Bienroder Weg 54E
38108 Braunschweig

Suchbegriffe: Holzzerstörende Pilze, Serpula lacrimans, Kiefernsplintholz, Nachweis von Oxalsäure

Keywords: Wood-destroying fungi, Serpula lacrimans, Pine sapwood, Detection of oxalic acid

Zusammenfassung:

Die Schrotholzkirche in Wespen, Sachsen-Anhalt, wurde in Blockbauweise errichtet. Überwiegend im Splintbereich der Kiefernstämme ist eine erhebliche Zerstörung durch den Hausschwamm verursacht worden. Serpula lacrimans, wie alle Braunfäulepilze, produziert im Holz mehr oder weniger große Mengen an Oxalsäure, die im alten Material vermutlich nur noch als Salz vorliegt. Um die Ausbreitung des Pilzbefalls, der häufig von Insektenschäden überlagert wird, einzuschätzen, wird die Konzentration an wasserlöslichen und wasserunlöslichen Oxalaten festgestellt. Die Probenahme, 2-5 g Material, geschieht unter größtmöglicher Erhaltung der Originalsubstanz.

Abstract:

The "Schrotholz"-Church in Wespen has been built as a block construction. An immense decay is caused by the dry rot especially in the sapwood part of the pine trunk. Dry rot as all brown rot fungi are producing in the wood a relative large quantity of oxalic acid which seems to occur in the old material only as salt. In order to assess the extension of the fungal infection, which is often overlapped with insect decay, the concentration of water-soluble and water-insoluble oxalates has to be controlled. The sampling needs only small amounts of material (2-5 g) thus preserving the original substance of the historic building.

1 Einleitung

Bei der Erbauung der Schrotholzkirche in Wespen wurden überwiegend Kiefernstämme verwendet, die an der Außenseite ursprünglich ungeschützt der Witterung ausgesetzt waren. Später wurde eine Wandbekleidung aufgebracht, hinter der sich erhebliche Beschädigungen, vor allem im Splintbereich, ausbildeten. Einige der großflächigen Zerstörungen der Nordwand konnten zweifelsfrei dem Echten Hausschwamm (Serpula lacrimans) zugeordnet werden.

Da die Schrotholzkirche in ihrer Art einzigartig in Deutschland ist, sollte bei einer Sanierung die ursprüngliche Substanz soweit als irgend möglich erhalten bleiben. Es war daher erforderlich, eine Methode zu finden, die diese Forderung erfüllt, gleichzeitig aber auch die Ausbreitung des Hausschwammes möglichst genau bestimmt. Zu diesem Zweck wurde, wie in der Literatur beschrieben, die Bildung von Oxalsäure durch holzzerstörende Pilze genutzt.

2 Oxalsäure als Identifizierungsmerkmal von Braunfäulepilzen

Laborversuche haben für die markantesten Braunfäulepilze (Serpula lacrimans, Coniophora puteana) im verbauten Nadelholz die Bildung größerer Mengen Oxalsäure bzw. Oxalat bestätigen können. So konnte unter sterilen Bedingungen sowohl bei Serpula als auch bei Coniophora abhängig von der Inkubationsdauer ein steiler Anstieg der Oxalsäurekonzentration und parallel dazu eine deutliche Abnahme des pH-Wertes des Holzes von z.B. pH 5 auf pH 3 beobachtet werden. Weißfäulepilze bilden zwar auch Oxalsäure, verfügen jedoch teilweise über ein spezielles Enzym (Oxalsäure-Decarboxylase), welches eine Anreicherung an Oxalsäure nicht zuläßt. Diese Tatsache erklärt den höheren pH-Wert einiger Weißfäulen gegenüber den Braunfäulen in von Pilzen geschädigtem Holz [1].

Bei verbautem Holz wird vermutlich im jungen Befall mit einer Braunfäule fast ausschließlich Oxalsäure gebildet, die später partiell in entsprechende Salze umgewandelt wird. Hier bestimmt das Angebot an Alkalien bzw. Erdalkalien die Bildung der Salze. Das Vorkommen von wasserlöslichen bzw. wasserunlöslichen Oxalaten oder der freien Säure im Holz ist somit fast immer ein Indiz für die Tätigkeit eines Braunfäulepilzes. Ein Befall kann z. B. durch die Konzentrationsmessung von wasserlöslichen Oxalaten, ausgehend von einem Befallszentrum, räumlich begrenzt bzw. in der Ausbreitung verfolgt werden. Eine Messung der pH-Werte ist im verbauten Holz nur dann sinnvoll, wenn die pH-Veränderungen durch Pilze nicht durch Witterungseinflüsse oder Putzmaterialien überlagert werden.

3 Probennahme und Analysenmethode

3.1 Probennahme

Am Beispiel der Schrotholzkirche in Wespen wurde systematisch das verbliebene, aber zerstörte Splintholz auf das Vorkommen von wasserlöslichen Oxalaten untersucht. Ausgewählt für die Messungen wurde die Nordseite (Chor), weil hier auffallende Zerstörungen im Splintbereich mit z. T. aktivem Bestand von einwandfrei identifiziertem Hausschwamm zu beobachten war.

Ein Teilbereich der Nordseite, der an die Apsis angrenzt, zeigte im Inneren hinter einem Epitaph auf dem Putz Fruchtkörper des Hausschwammes, die jedoch nicht in die Untersuchung einbezogen wurden. Serpula lacrimans benötigt zur Fruchtkörperbildung basisches Material, um die eigene Säure zu neutralisieren, Oxalsäure ist daher in Fruchtkörpern nicht oder nur in Spuren zu beobachten.

Die Außenseite dieses Teiles der Nordwand und der folgende Teilbereich wurden daher auf Oxalatvorkommen im Splintbereich des Holzes untersucht. Äußerlich waren von unten betrachtet bis zum 4. bzw. 5. Balken Würfelbrüche zu erkennen, die Materialentnahme geschah an den in der Abbildung beschriebenen Orten.

3.2 Analysenmethode zur Bestimmung von Oxalaten mittels Ionenaustausch-Chromatographie (HPIC)

3.2.1 Erfassung der wasserlöslichen Oxalate

Von Braunfäulen zerstörtes oder befallenes Holz wird bei Bedarf milde getrocknet und dann gemahlen. 2 g Holzmehl + 20 ml bidest. H_2O werden im Ultraschallbad in Intervallen über 45 Minuten extrahiert. Zur Nachquellung über Nacht stehen gelassen, wird der Ansatz am nächsten Tag erneut 15 Minuten mittels Ultraschall extrahiert. Die Holzpartikel werden abgetrennt (Glasfaserfilter Nr. 9), evtl. die phenolischen Bestandteile mit einer C18-Säule entfernt, und die verdünnte Lösung am HPIC injiziert; quantifiziert wird mit bekannten Standardkonzentrationen und auf freie Säure berechnet.

3.2.2 Erfassung des wasserunlöslichen Oxalats (incl. der wasserlöslichen Oxalate)

1 g Holzmehl + 10 ml 0,4 mol/l HCl in bidest. H_2O werden ebenfalls 45 min. im Ultraschallbad extrahiert. Die weitere Verfahrensweise ist entsprechend 3.2.1.

Bei geringen Oxalatgehalten kann der Nachweis durch den hohen Verdünnungsgrad (min. 1 : 10) negativ ausfallen. In diesem Fall und bei Ermittlung des pH-Wertes sollte auf eine Zugabe jeglicher Säure verzichtet werden.

3.2.3 Analysenbedingungen

Gerät: Ionenchromatograph DX 100 der Fa. Dionex
Suppressorbetrieb elektrisch
Trennsäule: ION Pac AS4A 4 mm (Anionenaustauscher)
Eluent: 1,7 mM $NaHCO_3$ + 1,8 mM Na_2CO_3 entgastes bidest. H_2O
Regenerent: dest. H_2O
Meßbereich: 30 µS

4 Ergebnisse

Die höchsten Konzentrationen an wasserlöslichem Oxalat lagen an den beschriebenen Stellen bei 50 - 100 mg/kg und decken sich in der Ausbreitung mit den in der Abb. 1 angezeigten Befallsorten. Die relevanten wasserlöslichen Oxalatkonzentrationen beschränken sich auf die 1. bis 4. bzw. bis 6. Balken, um dann zum Dach hin Werte < 5 mg/kg auf freie Säure berechnet aufzuweisen. Es kann somit angenommen werden, daß vom 5. bis 7. Balken an kein Befall mit Serpula lacrimans vorliegt, obwohl der Splintbereich auch hier stark zerstört ist.

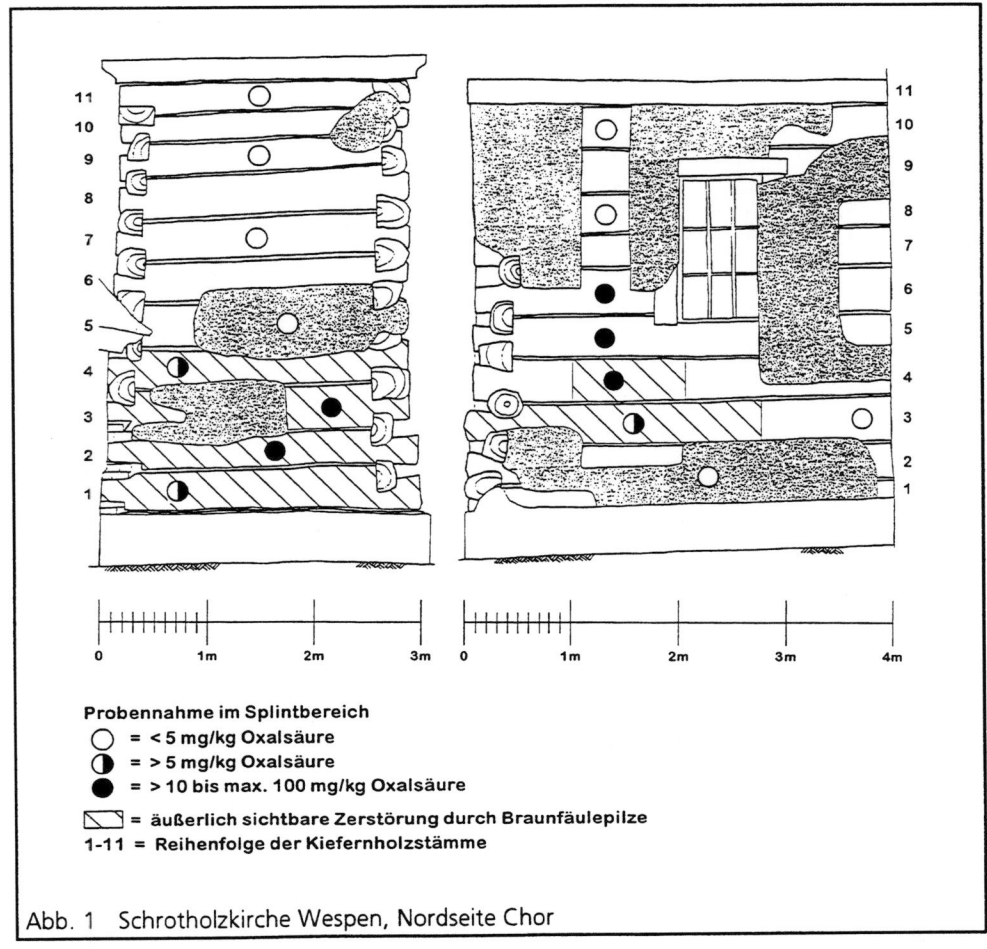

Abb. 1 Schrotholzkirche Wespen, Nordseite Chor

Vergleichende Laborversuche mit Kiefernsplintholz und Serpula lacrimans im sterilen Bereich zeigten nach 4 Monaten Inkubationsdauer Konzentrationen von ca. 150 mg/kg, hier wahrscheinlich als freie Oxalsäure, an. Die begleitende Kontrollprobe ohne Pilz schwankte konstant zwischen Werten von 0,5 - 1 mg/kg und entspricht damit der Oxalsäurekonzentration im frischen Kiefernholz.

5 Schlußfolgerungen

Für die Konzentrationsmessungen an Oxalat sind maximal 2 - 5 g an von Braunfäulen zerstörtem Holz erforderlich. Daher können mittels dieser Methode Untersuchungen in einem engen Raster mit kleinsten Mengen vorgenommen werden und die Ausbreitung z. B. des Echten Hausschwamms zuverlässig verfolgt werden. Ein denkmalgeschütztes Objekt kann so vor unnötiger Materialentnahme bewahrt werden.

6 Literatur

[1] Rypáček (1966) : Biologie Holzzerstörender Pilze, VEB-Verlag G. Fischer, Jena

Der Chloridgehalt im Holz als Indikator für das Vorkommen des Echten Hausschwammes, Serpula lacrimans

Sieglinde Bruhn[1], Peter Böttcher[1], Peter Hoffmann[2]

[1] Fraunhofer-Institut für Holzforschung
Wilhelm-Klauditz-Institut (WKI)
Bienroder Weg 54 E
38108 Braunschweig

[2] Deutsche Sammlung von Mikroorganismen und Zellkulturen GmbH DSMZ
Mascheroder Weg 1 b
38124 Braunschweig

Suchbegriffe: Historische Bauwerke, Pilzbefall, Chloridgehalt des Holzes, Wachstum von Serpula lacrimans

Keywords: Ancient buildings, Infection by fungi, Concentration of chlorid in wood, Growth of Serpula lacrimans

Zusammenfassung:

Der Echte Hausschwamm - Serpula lacrimans - wurde vermehrt in mittleren Landesteilen Deutschlands vorgefunden. In den küstennahen Bereichen konnten überwiegend Gloeophyllumarten beobachtet werden. Durch vergleichende Untersuchungen an ausgewählten Objekten wurde eine Abhängigkeit zwischen Entfernung von der Küste, Chloridgehalt des Holzes und dem Auftreten der jeweiligen Pilzart festgestellt. Mittels Laborversuchen konnte diese Beobachtung bestätigt werden.

Abstract:

The real dry rot - serpula lacrimans - occurred with increasing frequency in the central countries of Germany. In the areas near the coast mainly gloeophyllume species were observed. Comparative investigations on selected objects revealed a dependence between the distance from the coast, the chloride content of the wood and the occurrence of the individual fungi species. These observances were confirmed by laboratory tests.

1 Einleitung

Im Rahmen von Untersuchungen an ausgewählten Objekten hinsichtlich des Pilzbefalls an Nadelbauholz historischer Bauwerke Nord- und Mitteldeutschlands konnte in den nördlichen küstennahen Landesteilen überwiegend ein Befall mit Gloeophyllum spp. festgestellt werden, während Serpula lacrimans häufiger in mittleren küstenfernen Regionen vorkam. Einer möglichen Ursache dafür wurde im WKI durch Analysen der befallenen Holzteile nachgegangen. Zusätzlich sollten diese Beobachtungen durch geeignete Laborversuche bestätigt werden.

2 Beschreibung und Standorte der untersuchten Objekte

- Stralsund
Backsteinbau, Ursprünge im 13. Jahrhundert, mehrfach umgebaut; überwiegend als Speicher genutzt. Starke Braunfäuleschäden vor allem im (undichten) Dachbereich.

- Satow
Gutshaus aus dem 18. oder 19. Jahrhundert. Massiver Bau mit eingezogenen Holzbalkendecken. Braunfäuleschäden im Dachbereich.

- Roga bei Friedland
Feldsteinkirche aus dem 14. Jahrhundert. Braunfäuleschäden im (undichten) Dachbereich.

- Zierke bei Neustrelitz
Backsteinkirche, 19. Jahrhundert, mit eingezogener Balkendecke aus Kiefernholz. Äußerlich kaum erkennbare, völlige Zerstörung des Innenbereiches der Balken durch Braunfäule.

- Magdeburg
Wohnhaus, Ende des 19. Jahrhunderts, mit Holzbalkendecken, Braunfäulebefall

- Altenburg
Schloßanlage mit barocker Stuckdecke, die mittels Brettschalung an einer Balkendecke befestigt ist. Von den Balkenköpfen ausgehender Braunfäulebefall.

- Wespen bei Barby
Holzkirche in Blockbauweise, Ende des 17. Jahrhunderts. Starker Hausschwamm-Befall der überputzten Kiefernstämme, vor allem auf der Nordseite; ältere Schäden auch im Dachbereich.

- Ponitz bei Meerane
Schloßanlage aus massivem Stein mit Holzbalkendecken, von Braunfäule zerstört.

Der Chloridgehalt im Holz als Indikator 17

Standort	Entfernung in km von der Küste (Luftlinie)	mg Chlorid je kg Holz	Pilzart
Stralsund/ Mecklenburg-Vorpommern	0	1890	Gloeophyllum spp.6 u. a.
Satow/ Mecklenburg-Vorpommern	20	1730	Gloeophyllum spp. u. a.
Roga/ Mecklenburg-Vorpommern	50	450	Gloeophyllum spp. u. a.
Parchim/ Mecklenburg-Vorpommern	60	700	Gloeophyllum spp.
Ivenak/ Mecklenburg-Vorpommern	70	370	Serpula lacrimans
Zierke/ Mecklenburg-Vorpommern	100	450	Gloeophyllum spp.
Magdeburg/ Sachsen-Anhalt	200	430	Gloeophyllum spp.
Braunschweig/ Niedersachsen	220	270	Serpula lacrimans
Wespen/ Sachsen-Anhalt	260	190	Serpula lacrimans
Albshausen/Hessen*	330	110	*
Altenburg/Thüringen	370	300	Serpula lacrimans
Ponitz/Thüringen	390	180	Serpula lacrimans

* Albshausen war nur zur Erfassung des Chloridgehalts im Holz einer Kirche herangezogen worden. Es handelte sich bei dem fraglichen Pilz um Donkioporia expansa in Eichenholz.

Tabelle 1: Vorkommen von Gloeophyllum sepiarium und Serpula lacrimans in küstennahen und mittleren Landesteilen Deutschlands in Abhängigkeit vom Chloridgehalt des Holzes

Die regelmäßig an derartigen Holzproben vorgenommenen Messungen des Oxalsäuregehaltes als typisches Stoffwechselprodukt von Braunfäulepilzen ergaben Hinweise auf einen nach Norden hin stark zunehmenden Chlorid-Gehalt des Holzes und ein gleichzeitig verstärktes Auftreten von Gloeophyllum-Arten als Schaderreger. Der echte Hausschwamm (Serpula lacrimans) wurde vermehrt in mittleren Landesteilen nachgewiesen, begleitet von niedrigeren Chlorid-Meßwerten unterhalb von ca. 350 mg/kg Holz (Tab. 1).

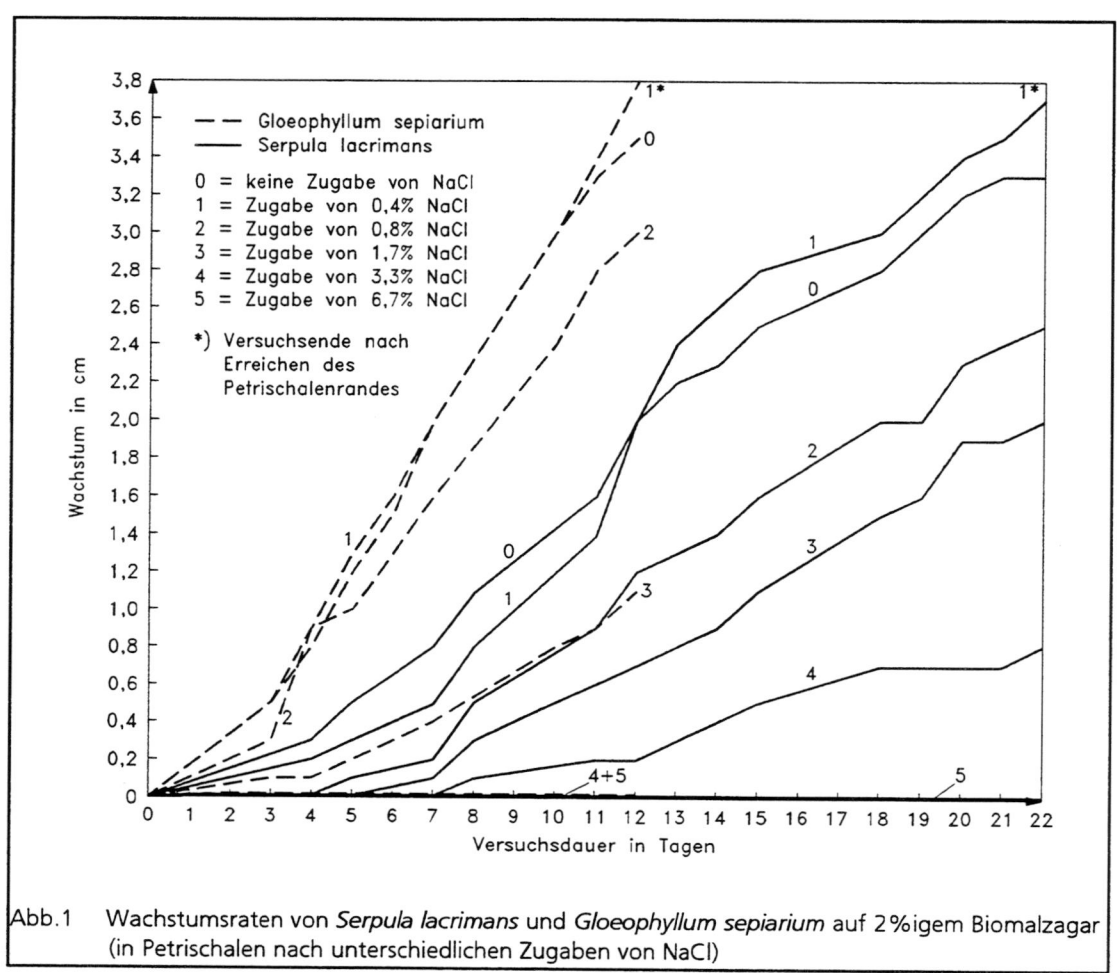

Abb. 1 Wachstumsraten von *Serpula lacrimans* und *Gloeophyllum sepiarium* auf 2%igem Biomalzagar (in Petrischalen nach unterschiedlichen Zugaben von NaCl)

3 Ergänzende Laborexperimente

In der Literatur werden zur Beschreibung der Wuchsleistungen von Pilzen häufig Versuche auf Nährboden herangezogen. In anschließenden Laborversuchen wurde daher der Einfluß von NaCl auf das Wachstum von Myzelkulturen der beiden Arten Serpula lacrimans und Gloeophyllum sepiarium untersucht. Dazu wurde der tägliche radiale Zuwachs der Kulturen auf einem Biomalz-Agar mit einem Zusatz von 0 %, 0,4 %, 0,8 %, 1,7 %, 3,3 % und 6,7 % NaCl ermittelt. Die Inkubationstemperatur lag bei 21 °C für Serpula lacrimans und 25 °C für Gloeophyllum sepiarium. Die Wachstumsoptima liegen jeweils bei 18 - 22 °C bzw. 30 - 35 °C.

Die Abb. 1 zeigt die Ergebnisse dieser Untersuchung: Geringe Mengen an NaCl fördern zunächst das Myzelwachstum beider Arten, ab 1,7 % wird G. sepiarium bereits deutlich langsamer; bei 3,3 % konnte kein Wachstum mehr gemessen werden. S. lacrimans wächst bei 1,7 % mit nahezu unveränderter Geschwindigkeit nach einer anfänglichen Verzögerung von 5 - 6 Tagen. Erst bei 3,3 % NaCl kann eine deutliche Verlangsamung der Ausbreitung nachgewiesen werden, bei 6,7 % gab es kein Wachstum mehr. Dieses Verhalten entspricht den Literaturangaben [1, 2, 3], die für das Wachstum von S. lacrimans ein minimales Wasserpotential von -6 MPa und keine besondere Toxizität von NaCl bzw. KCl angeben. Diese Versuchsanordnung würde jedoch nicht die Annahme bestätigen, daß der Chloridgehalt des Holzes ausschlaggebend für den Ausschluß oder die Förderung einer Pilzart ist, verneint sie aber auch nicht ausdrücklich.

Da das Verhalten von holzzerstörenden Pilzen auf Nährmedien häufig von dem auf Massivholz abweicht, wurden die Abbauleistungen von Serpula lacrimans und Gloeophyllum sepiarium auch auf Massivholzklötzchen untersucht. Steriles Kiefernsplintholz mit NaCl-Konzentrationen von 0 %, 0,4 %, 0,7 %, 1,1 %, 2,2 %, 4,8 % und 9,6 % wurde ohne Kontakt zum Biomalz-Agar in beimpften Petrischalen deponiert. Bereits nach 7 - 8 Tagen hatte das Luftmycel der Pilze Kontakt zu den Holzklötzchen bzw. diese nach 4 Wochen völlig oder teilweise überwachsen (Abb. 2). Die Inkubationstemperaturen lagen wieder bei 21 °C bzw. bei 25 °C. Nach 6 Wochen Inkubationsdauer tolerierte Gloeophyllum unter diesen Versuchsbedingungen noch einen Gehalt von 9,6 % NaCl im Holz und verursachte dabei einen Substanzverlust von 5 %. Serpula dagegen reagierte auf die hohen NaCl-Gehalte im Holz bei 4,8 % und 9,6 % NaCl mit einem fast nicht mehr nachweisbaren bzw. nicht vorhandenen Substanzabbau.

Kiefernsplintholz besteht zu ca. 64 % aus für Braunfäulepilze verwertbaren Hemicellulosen und Cellulose; Lignin mit rund 29 % Anteil bleibt als nicht verwertbarer Rest zurück. Mineralische Bestandteile, Harze und Fette werden von anderen Mikroorganismen abgebaut bzw. durch Ausgasung reduziert. Die in Abb. 2 aufgeführten Verlustraten beziehen sich auf das Gesamtkiefernsplintholz.

Der vermutete direkte Einfluß des NaCl-Gehaltes von Holz auf das Vorkommen von Serpula lacrimans wird durch die Ergebnisse dieser praxisnäheren Versuchsanordnung bestätigt.

4 Rechtslage, Sanierung und Standortbedingungen

Da in einigen Bundesländern ein Hausschwammbefall angezeigt werden muß, wäre ein Standortausschluß durch unzuträgliche Milieuvoraussetzungen für eine Pilzart von hohem, wirtschaftlichem Interesse.

Hausschwammbefall gilt im Gegensatz zu anderen Pilzschäden als gravierender Mangel einer Immobilie und muß daher beim Verkauf angezeigt werden. DIN 68 800 Teil 4 [4] fordert bei der Sanierung des Hausschwammes besondere Maßnahmen, und bei Gebäudeversicherungen sind Hausschwammschäden in der Regel von der Regulierung ausgenommen.

Bei einer großen Anzahl der als "Schwammbefall" gemeldeten Fälle handelt es sich nach unseren Erfahrungen um alte, vielfach seit vielen Jahren inaktive Befallsbereiche. Häufig

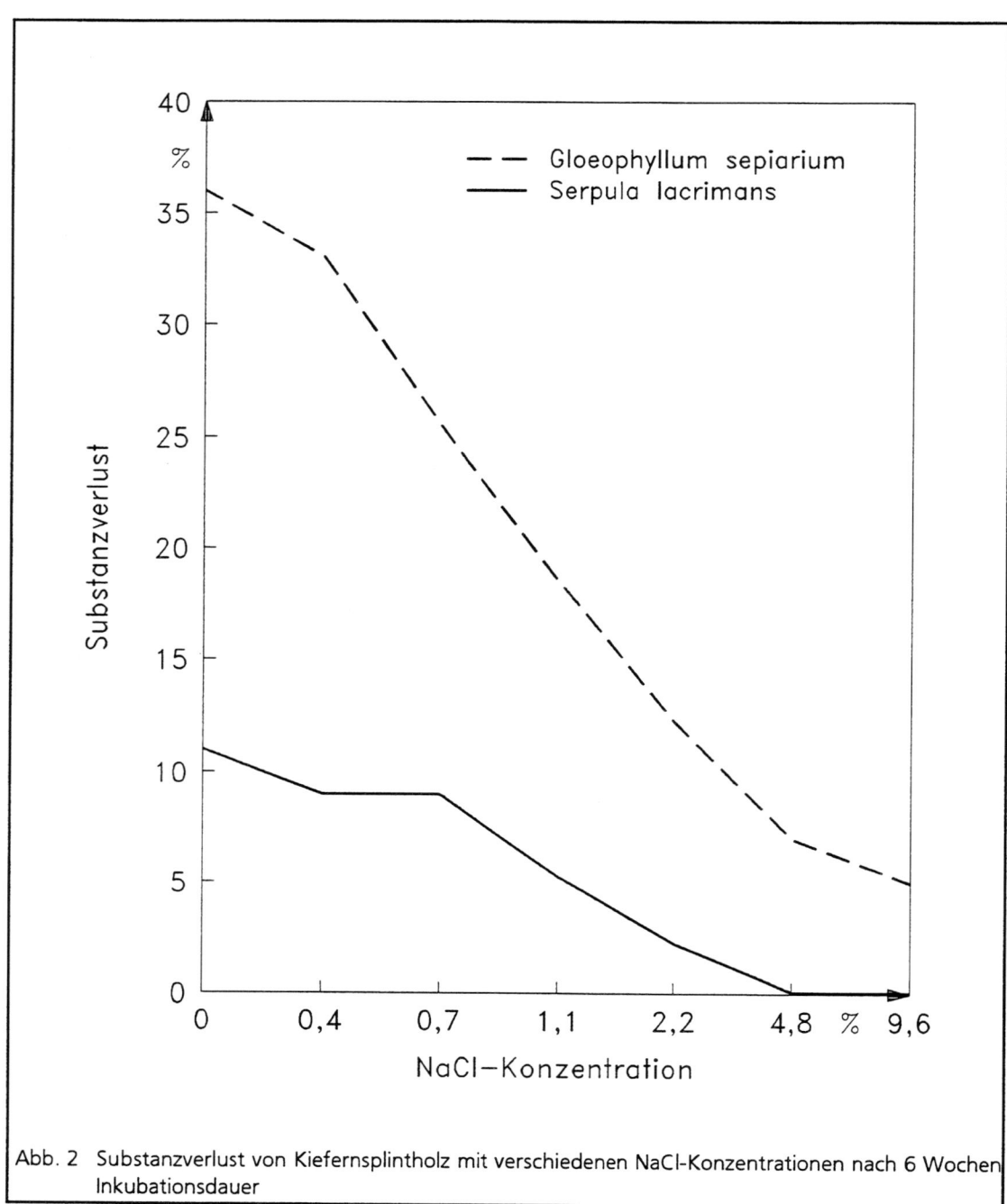

Abb. 2 Substanzverlust von Kiefernsplintholz mit verschiedenen NaCl-Konzentrationen nach 6 Wochen Inkubationsdauer

sind außer einem groben Würfelbruch keine äußeren Merkmale mehr vorhanden, so daß eine Artenbestimmung nicht mehr möglich ist. Es ergibt sich daher die Notwendigkeit, durch möglichst viele Indizien trotzdem Aussagen über die Pilzart machen zu können. Von den Ergebnissen hängt der Sanierungsaufwand ab, der wegen der besonderen Anforderungen beim Echten Hausschwamm deutlich größer und damit erheblich teurer ist als bei anderen Pilzen [5].

Neben den morphologischen Merkmalen (Fruchtkörper, Myzel, Stränge, Sporen) können Art und Häufigkeit organischer Säuren, typische Calciumoxalatkristallbildungen und die

Abbaustruktur des Holzes ergänzende Hinweise liefern [6, 7]. Ebenso wichtig ist die Einbeziehung der Standortbedingungen und klimatischen Gegebenheiten, da z.B. die Exposition des Holzes im Gebäude (Südseite, Dachbereich) mit einer hohen Temperaturbelastung (Lufttemperaturen von 40 °C und mehr) über längere Zeit den Befall mit Serpula lacrimans nahezu ausschließt. Oberhalb einer länger andauernden Belastung des Holzes von ca. 28 - 30 °C stellt Serpula lacrimans seine Mycelaktivitäten dauerhaft ein. Es muß in Anbetracht der Rechtslage weiterhin kritisch beobachtet werden, ob ein hoher Chloridgehalt im Bauholz allein einen möglichen Befall mit Serpula lacrimans ausschließt oder wie weit die geschilderten Standortfaktoren bei der Abschätzung einer möglichen Befallsgefährdung berücksichtigt werden müssen. Nach den hier vorgestellten Ergebnissen muß angenommen werden, daß bereits ein erhöhter Chloridgehalt des Holzes das Wachstum von Serpula lacrimans nachdrücklich behindert, Gloeophyllum jedoch dieser Einschränkung nicht unterliegt.

Literatur

[1] Clarke, R.W. (1980)
Jennings, D.H.
Coggins, C.R.
: Growth on Serpula lacrimans in relation to water potential of substrate.
Trans. Br. Mycol. Soc. 75, 271-280

[2] Palfreyman, J.W. (1995)
White, N.A.; Glancy, H.
Buultjens, T.E.J.
: The impact of current research on the treatment of infestations by the dry rot fungus Serpula lacrymans.
Int. Biodet. Bioeng. 35, 369-395

[3] Jennings, D.H. (1991)
: The physiology and biochemistry of the vegetative mycelium.
D.H. Jennings, A. F. Bravery (Hrsg.) Serpula lacrymans: Fundamental biology and control strategies.
John Wiley & Sons, Chichester, England.

[4] DIN 68 800 Teil 4
: Holzschutz/Bekämpfungsmaßnahmen gegen holzzerstörende Pilze und Insekten. Ausg. Nov. 1992.

[5] Grosser, D. (1991)
Eichhorn, M.
Grabow, F.
: WTA Merkblatt 1-2-91 "Der Echte Hausschwamm - Erkennung, Lebensbedingungen, vorbeugende und bekämpfende Maßnahmen, Leistungsverzeichnis".
Bautenschutz und Bausanierung 14 (1991) 4, 45-62

[6] Böttcher, P. (1994)
: Holzschutz - Methode, Wirkweisen und Hinweise für die Praxis.
WTA-Bericht 10, Baierbrunn 1994, 156-179

[7] Bruhn, S. (1993)
: Aktivitätsnachweis von Serpula lacrimans und Coniophora puteana am Befallsort.
WKI-Kurzbericht Nr. 20, Braunschweig 1993

Zur akustischen Erkennung holzzerstörender Insekten

Burkhard Plinke
Fraunhofer-Institut für Holzforschung
Wilhelm-Klauditz-Institut (WKI)
Bienroder Weg 54E
38108 Braunschweig

Suchbegriffe: Holz, Fachwerk, Insektenlarven, Schallemission, Geräuscherkennung, Meßsystem

Keywords: wood, framework, insect larvae, acoustic emission, sound detection, measurement system

Zusammenfassung:

Die Fraßgeräusche der Larven holzzerstörender Insekten im Holz können mit empfindlichen Schallsensoren registriert werden. Im WKI wurde dazu eine Versuchsanordnung mit piezoelektrischen Sensoren und einer rechnergestützten Signalauswertung zusammengestellt und erprobt. Die an Probekörpern und Kanthölzern aufgenommenen Signale sind für eine weitere Auswertung geeignet. Das Meßverfahren könnte für gezielte Langzeitüberwachungen vor Ort eingesetzt werden.

Abstract:

The gnawing sounds of wood-destroying insects larvaes can be registered using sensitive sound sensors. For this purpose, an experimental set-up with piezo-electric sensors and a computer-aided signal evaluation was configured and tested. The signals registered from samples of squares are suitable for further evaluations. The measuring process might be applied for a specific long-term in situ surveillance.

1 Einleitung

Holzbohrende Insektenlarven verursachen bekanntermaßen große Schäden, indem sie die Holzsubstanz abbauen und irreversibel zerstören. Die wichtigsten Spezies in Mitteleuropa sind der Hausbock (Hylotrupes bajulus), der Gewöhnliche Nagekäfer (Anobium punctatum) und der aus tropischen Regionen eingeschleppte Braune Splintholzkäfer (Lyctus brunneus) sowie verschiedene Arten von Holzwespen (beispielsweise Sirex juvencus). Die Schädigung geht im Wesentlichen von den Larven der Tiere aus, die nach der Eiablage im Holz schlüpfen, sich davon ernähren und dabei Gänge hinterlassen, durch die die Festigkeit tragender Bauteile in Gefahr geraten kann. Die Larven verpuppen sich, wenn sie eine entsprechende Größe erreicht haben, und verlassen das Holz durch ein Flugloch als vollausgebildetes Insekt. Nach der Paarung werden die Eier so abgelegt, daß die Nachkommenschaft wieder gute Bedingungen vorfindet. Die Lebensspanne eines holzzerstörenden Insektes kann beispielsweise beim Hausbock mehrere Jahre betragen, die es überwiegend als Larve im Holz verbringt.

Befallenes Holz kann erkannt werden
- an den Fraßgängen und Fluglöchern, deren Größe und Form für die Spezies der Larve charakteristisch sind,
- an aus den Fluglöchern ausgeworfenem Bohrmehl,
- an Kotspuren der Larven.

Ob noch Larven im Holz leben oder sie dieses längst verlassen haben, ist nur bei weiterer "Spurensicherung" erkennbar: Zum Beispiel an frischem Bohrmehl oder an Verwitterungserscheinungen an den Fluglöchern. Darüberhinaus ist beispielsweise vom Hausbock bekannt, daß die Fraßgeräusche der Larven unter Umständen bereits außerhalb des Holzes mit bloßem Ohr als Knistern oder mit Hilfe eines Stethoskops als Kratzen wahrgenommen werden können.

Durch Befall zerstörtes Holz muß in der Regel ausgetauscht werden. Wenn die Zerstörung noch nicht zu weit fortgeschritten ist, kann es jedoch durch lokal begrenzte thermische oder chemische Bekämpfungsmaßnahmen erhalten werden. Gerade in der Denkmalpflege will man natürlich möglichst wenig Holz austauschen, andererseits aber auch kein Risiko eingehen, befallenes Material zu übersehen. Daher sind Methoden wünschenswert, die den Zeitaufwand für Sichtkontrollen vermindern bzw. Beobachtungen über einen längeren Zeitraum ermöglichen.

2 Möglichkeiten zur akustischen Erkennung aktiver Larven

Von Insekten ausgehende Geräusche sind schon mehrfach zur Überwachung befallsgefährdeter Materialien ausgenutzt worden. Zum Beispiel konnten die Aktivitäten der Larven des kleinen Kornkäfers (Rhyzopertha dominica) mit einem Schallaufnehmer nachgewiesen werden, der mit einer Einstechlanze in ein Gefäß mit Getreidekörnern eingeführt wurde. Die Anzahl der Larven korrelierte mit der Häufigkeit der Schallereignisse [1].

In den USA sind Geräte im Einsatz, die einen Larvenbefall an Südfrüchten erkennen können. Auch hier werden Fraß- und Bewegungsgeräusche in einem bestimmten Frequenzbereich ausgewertet [7].

In Massivholz breitet sich Schall bevorzugt in Faserrichtung aus, und zwar mit Geschwindigkeiten in der Größenordnung von 1 km/s bis 5 km/s. Dämpfung und Schallgeschwindigkeit hängen stark vom Material (Feuchtegehalt, Lage der Jahrringe, Holzart) zwischen Schallquelle und Sensor und von der Frequenz des Schalls ab. Schallimpulse mit niedrigen Frequenzen werden schwächer gedämpft. Durch Schwinden insbesondere bei der Holztrocknung entstehen Schallereignisse, die mit Schallemissionsaufnehmern (SE-Sensoren) aufgenommen und gezählt werden können. SE-Impulse durch fressende Insektenlarven entstehen vermutlich, indem einzelne Faserbündel durch die Larven durchgebissen werden.

Daher können aktive holzzerstörende Insekten im Holz akustisch nachgewiesen werden. An Proben aus Western Hemlock wurde der Termitenbefall mit einem kommerziellen Schallemissionsanalysegerät erkannt. Die Zählrate nahm zu, wenn in einer Probe eine größere Anzahl von "Arbeitern" vorhanden war, während in den Proben, in denen sich nur "Soldaten" aufhielten, keine SE-Ereignisse registriert wurden. Die Regionen, in denen die Termiten fraßen, konnten grob auch als die Quellen der SE-Signale lokalisiert werden. Auch Messungen an Kanthölzern im Labor sowie an in die Erde eingelassenen Holzpfählen im Freiland waren erfolgreich. Allerdings betrug die Reichweite der Signale im Holz nur einige Dezimeter [4].

Auch die Schallemissionen von Hausbock- und Anobienlarven in Massivholz wurden bereits vor einiger Zeit untersucht. In einer schallgedämmten Prüfkammer wurden die Fraß- und Bewegungsgeräusche an mit Larven besetzten Prüfkörpern mit aufgesetzten Schwingungsaufnehmern aufgezeichnet und ausgewertet. Dabei konnten Ruhepausen sowie zwei verschiedene, auf Aktivitäten (Fressen, Fortbewegung) zurückzuführende Typen von Geräuschen unterschieden werden [2]. Eine Anlage zur automatischen Erkennung der Anwesenheit und spezifischer Verhaltensmuster holzbohrender Insektenlarven wurde ebenfalls vorgestellt [5]. Das Gemisch akustischer Signale von einer Holzprobe wurde aufgenommen, verstärkt, gefiltert und in numerischer Form von einem Mikrocomputer ausgewertet. Wenn ein eingehendes Signalmuster einem verhaltensspezifischen Referenzmuster entsprach, wurde es vom System angezeigt. Diese Technik sollte sich sowohl zur Erkennung von Befall als auch zur Erfolgskontrolle bei der Anwendung von Insektiziden eignen.

Zwei Patente für die akustische Erkennung von im Holz lebenden Insekten bzw. Insektenlarven wurden angemeldet. Ein Patent [3] bezieht sich auf eine Vorrichtung zur Erkennung der Anwesenheit von im Holz oder in Getreidekörnern lebenden Insekten bzw. Insektenlarven. Die zweite Anmeldung [6] bezieht sich nicht nur auf die Erkennung der Anwesenheit von im Holz lebenden Insekten oder Insektenlarven, sondern ausdrücklich auch auf die Registrierung ihres Verhaltens. Dazu sollen die von den Tieren erzeugten Substratvibrationen und/oder Schallereignisse gemessen und automatisch dem verursachenden Verhalten (Verhaltensmuster) zugeordnet werden; das verursachende Verhalten wird als Ergebnis ausgewiesen.

3 Meßsystem und Versuchsaufbau

Um Fraßgeräusche von Insektenlarven im Holz automatisch auszuwerten, ist ein rechnergestütztes akustisches Meß- und Auswertesystem erforderlich. Es sollte geeignet sein, am Objekt über Zeiträume von mehreren Stunden bis Tagen hinweg Daten über die Aktivitäten der Larven zu erfassen und zu verdichten.

Im WKI wurde daher ein für die Aufnahme und Auswertung akustischer Signale geeignetes System zusammengestellt. Es besteht aus
- piezoelektrischen Beschleunigungsaufnehmern als hochempfindliche Schallsensoren,
- einem Vorverstärker und Filter mit einstellbarem Verstärkungsfaktor und einem Bandpaß mit wählbaren Eckfrequenzen,
- einer PC-gestützten Hard- und Software zur Signalerfassung und -analyse (FIR-Filterung, Frequenzanalyse, Ereigniszählung).

Abb. 1 zeigt ein Schema.

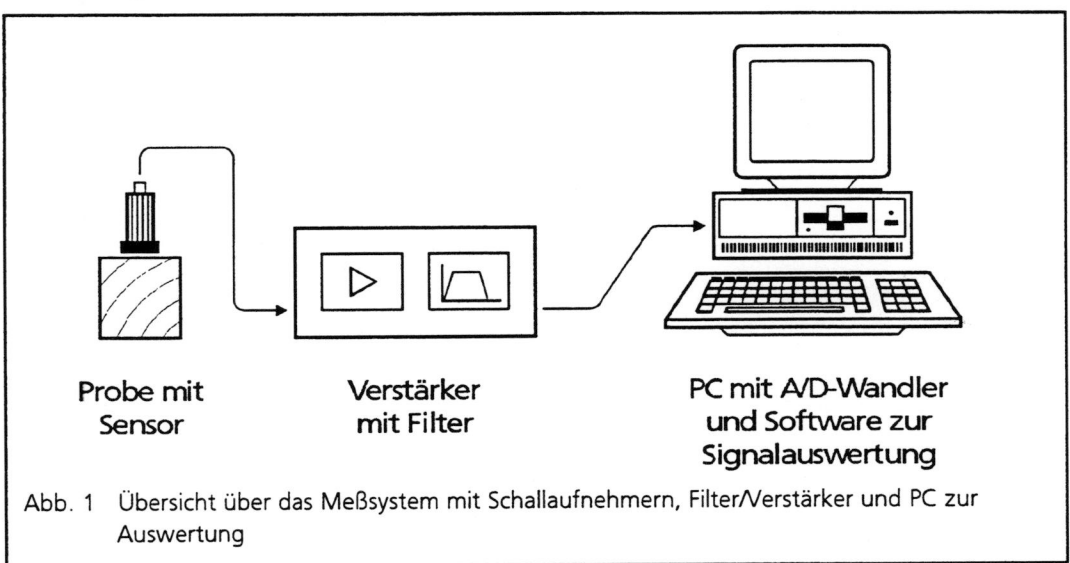

Abb. 1 Übersicht über das Meßsystem mit Schallaufnehmern, Filter/Verstärker und PC zur Auswertung

Zunächst wurden orientierende Versuche durchgeführt an
- Probekörpern (ca. 25 x 40 x 80 mm³) mit je einer Hausbocklarve (Hylotrupes bajulus),
- kleinen Rundholzabschnitten mit mehreren Larven des Splintholzkäfers (Lyctus brunneus),
- Kantholzabschnitten (60 x 60 x 280 mm³) mit je einer Hausbocklarve.

Die Schallaufnehmer wurden ohne besonderes Koppelmedium entweder mit doppelseitigem Klebeband am Probekörper befestigt oder beim Kantholz (siehe Abb. 2) mit einer Zwischenplatte aus Kunststoff auf das Holz aufgeschraubt. Das Signal des piezoelektrischen Aufnehmers wurde um insgesamt 70 dB verstärkt. Unter diesen Bedingungen ergaben sich Signale mit einem guten Störabstand zwischen Nutzsignal und dem Grundrauschen bzw. Hintergrundgeräuschen. Die Schallereignisse konnten mit einer festen Triggerschwelle erkannt werden.

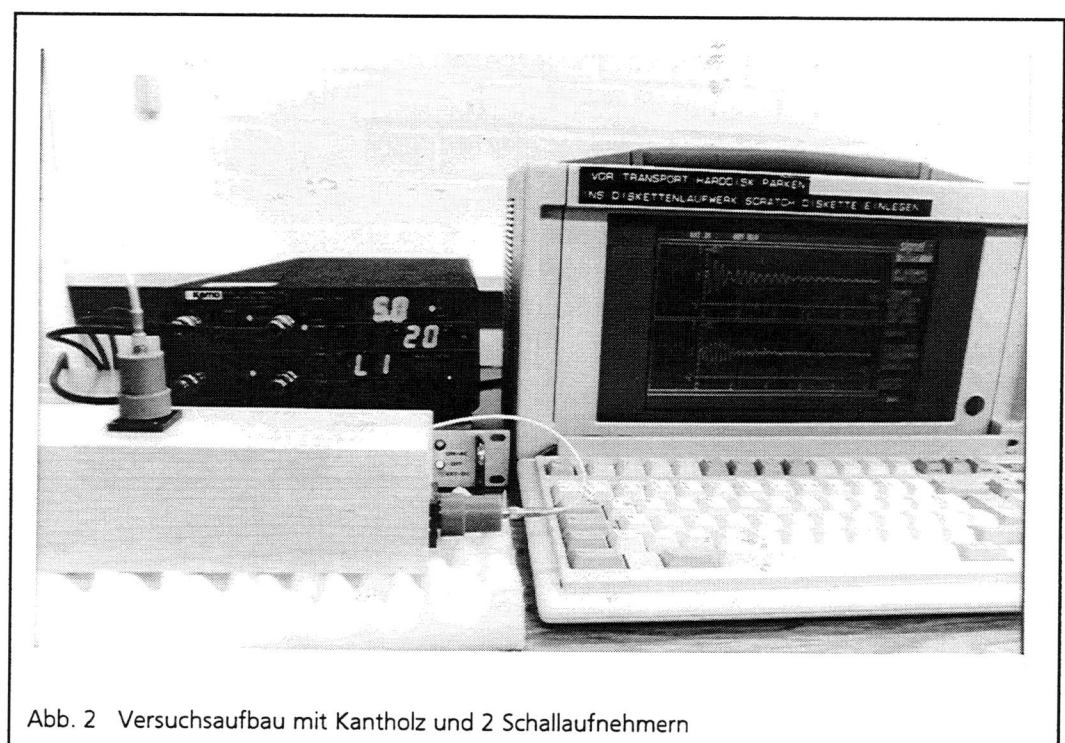

Abb. 2 Versuchsaufbau mit Kantholz und 2 Schallaufnehmern

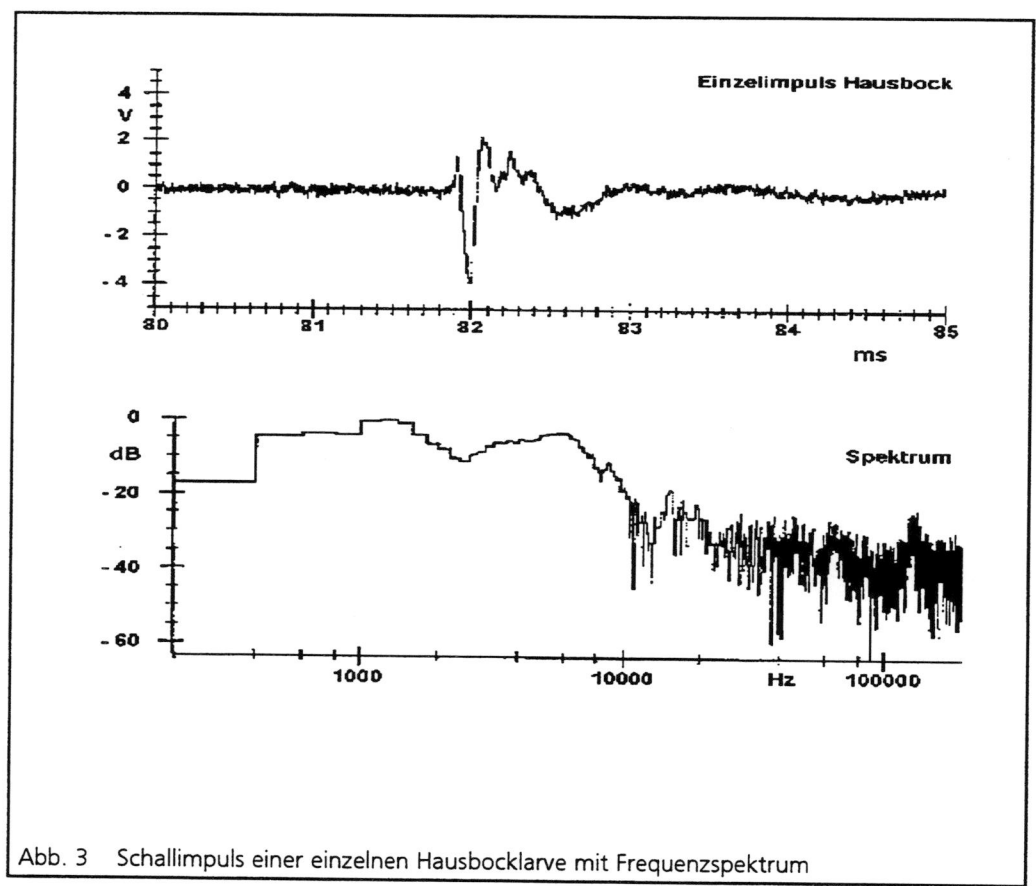

Abb. 3 Schallimpuls einer einzelnen Hausbocklarve mit Frequenzspektrum

Zur akustischen Erkennung holzzerstörender Insekten

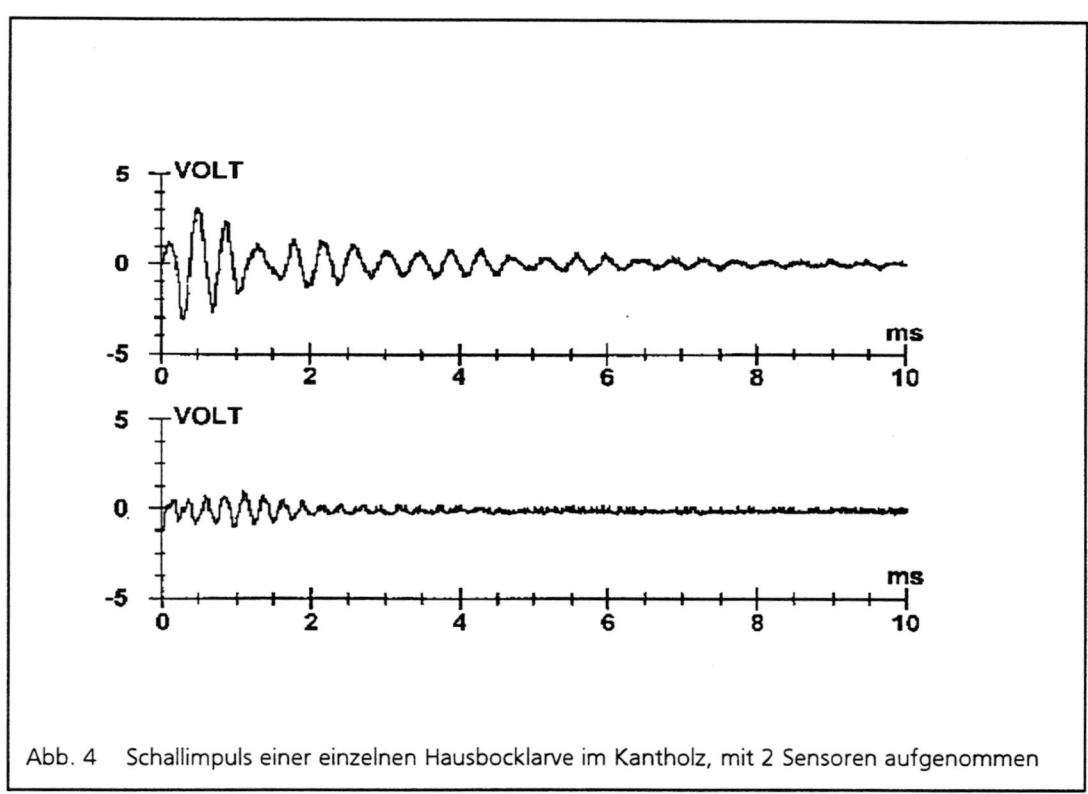

Abb. 4 Schallimpuls einer einzelnen Hausbocklarve im Kantholz, mit 2 Sensoren aufgenommen

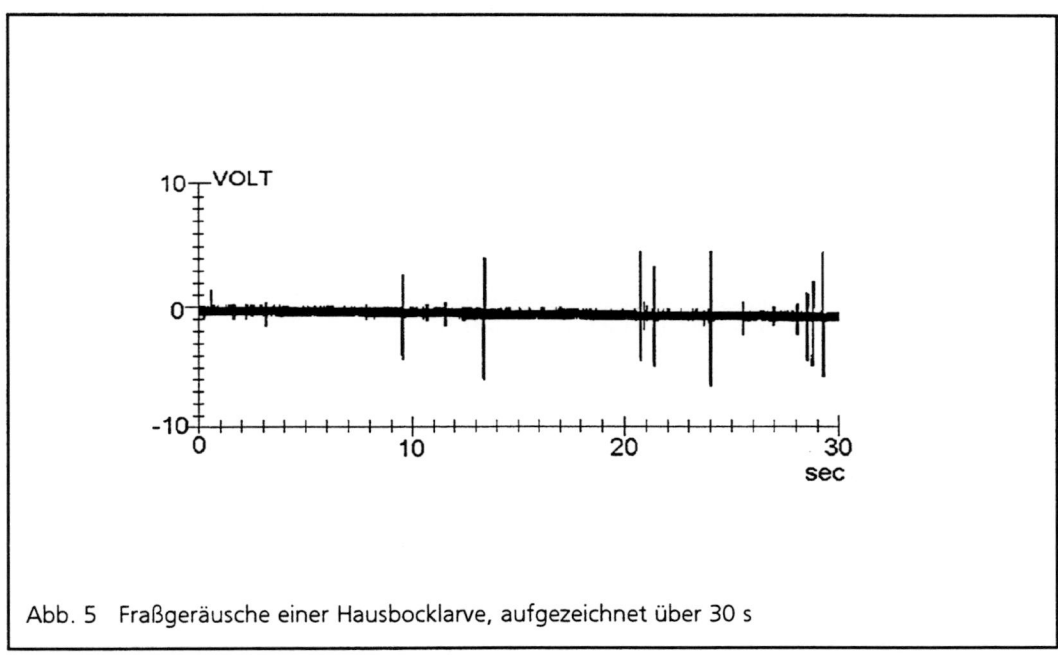

Abb. 5 Fraßgeräusche einer Hausbocklarve, aufgezeichnet über 30 s

Die Fraßgeräusche der Larven erscheinen als stochastische Impulsfolge (Dauer eines Einzelimpulses etwa 1 ms) mit vermutlich verhaltensbedingten Pausen, die mehrere Minuten dauern können.

Laute Störgeräusche "erschrecken" die Larven, so daß sie erst nach einigen Sekunden wieder hörbar aktiv werden. Eine Frequenzanalyse der Signale zeigte, daß der wesentliche Teil des Frequenzspektrums weit unterhalb von 10 kHz liegt, während Störgeräusche wie z.B. Trittschall oder Straßenlärm durch Frequenzen unterhalb von etwa 500 Hz charakterisiert sind. Bei der Signalaufnahme ist es daher sinnvoll, einen Bandpaß mit einem Durchlaßbereich zwischen etwa 500 Hz und 5 kHz vorzusehen. Problematisch sind Störgeräusche, die über die Luft und die Zuleitungskabel die Sensoren erreichen. Sie lassen sich nur durch entsprechende Kabelführung dämpfen.

4 Perspektiven des Verfahrens

Es konnte gezeigt werden, daß zumindest im Labor Fraßgeräusche aktiver Larven im Holz mit empfindlicher, rechnergestützter Sensorik aufgenommen und ausgewertet werden können. Erprobungen der Meßtechnik an fachwerktypischen Prüflingen wären sinnvoll. Eine Feldmessung in befallenem Fachwerk erbrachte bisher keine auswertbaren Signale.

Für Langzeitauswertungen wäre es sinnvoll, das Signal über einen längeren Zeitraum (z.B. 1 min) aufzuzeichnen und danach die Schallereignisse per Software zu erkennen und auszuwerten. Die Einsatzmöglichkeiten der akustischen Erkennung bzw. Überwachung aktiver Insektenlarven sind jedoch durch die Reichweite der Signale im Holz bzw. die Ankopplung der Sensoren begrenzt. Eine flächendeckende Überwachung großer Bauteile ist aufgrund der erforderlichen Anzahl von Sensoren und Meßkanälen wahrscheinlich zu aufwendig. Das Verfahren könnte aber beispielsweise für gezielte Langzeitmessungen an sanierten Bauteilen eingesetzt werden oder dort, wo äußerlich sichtbarer Befall erkannt wurde und überprüft werden soll, ob noch aktive Larven vorhanden sind.

5 Literatur

[1] Hagstrum, D. W. (1988)
    Webb, J. C.
    Vick, K. W.
: Acoustical detection and estimation of Rhyzopertha dominica larval populations in stored wheat.
Florida Entomologist 71 Nr. 4, S. 441-447

[2] Kerner, G. (1980)
    Thiele, H.
    Unger, W.
: Gesicherte und zerstörungsfreie Ortung der Larven holzzerstörender Insekten im Holz.
Holztechnologie 21 Nr. 3, S. 131-137

[3] Melis, M. (1974)
: Verfahren zum Untersuchen von Stoffen oder Gegenständen auf Insektenbefall und Vorrichtung zur Durchführung dieses Verfahrens.
DDR-Patent 103730, 601 n. 33/00

[4] Noguchi, M. (1991) : AE monitoring to detect termite attack on wood of
    Fujii, Y.; Owada, M.   commercial dimensions and posts.
    Imamura, Y.; Tokoro, M. Forest Products Journal 41 , Nr. 9, S. 32-36
    Tooya, R.

[5] Pallaske, M. (1984) : Aktivität, Orientierung und Fraßverhalten der Larven des
    Hausbockkäfers Hylotrupes bajulus L. im Holz.
    Universität Ulm, (Dissertation 1984)

[6] Pallaske, M. (1989) : Erkennung der Anwesenheit von im Holz lebenden
    Insekten oder Insektenlarven.
    Deutsches Patentamt, München
    (Offenlegungsschrift DE 3736515 A1)

[7] Webb, J. C. (1984) : Detecting insect larvae in fruit by vibrations produced.
    Landolt, P. J.   Journal of Environmental Science and Health Part A 19
    Nr. 3, 367-376

Zur Bekämpfung holzzerstörender Insekten mit Mikrowellen

Burkhard Plinke
Fraunhofer-Institut für Holzforschung
Wilhelm-Klauditz-Institut (WKI)
Bienroder Weg 54E
38108 Braunschweig

Suchbegriffe:	Holz, Fachwerkgebäude, Insektenlarven, Schädlingsbekämpfung, Mikrowellenenergie
Keywords:	wood, half-timbered houses, insect larvae, pest control, microwave power

Zusammenfassung:

Zur Bekämpfung holzzerstörender Insektenlarven in Fachwerk kommt als Alternative zur üblichen Behandlung mit Chemikalien oder Heißluft eine gezielte Bestrahlung mit Mikrowellen in Frage. Der Effekt beruht auf der dielektrischen Erwärmung des Holzes und der Larven selbst. Unter praktischen Bedingungen kann das Verfahren jedoch nur mit ausreichender Erfahrung und bei Anwendung von Schutzmaßnahmen eingesetzt werden.

Abstract:

A specific radiation with microwaves is a possible alternative to the conventional treatment with chemicals or hot-air for the control of wood-destroying insects. The effect bases on the dielectric heating of the wood and of the larvaes themselves. Under practical conditions this method can only be applied provided sufficient experience and protection measures.

1 Einleitung

Holzzerstörende Pilze und holzbohrende Insekten können bekanntlich große Schäden in Fachwerkbauten anrichten. Gebräuchliche Bekämpfungsmethoden beruhen entweder auf der Wirkung biozider Chemikalien oder auf der thermischen Wirkung von Heißluft. Beide Methoden sind eingeführt, haben jedoch ihre Nachteile: Auf chemische Mittel möchte man gerade in Wohngebäuden möglichst verzichten, und eine Heißluftbehandlung ist sehr aufwendig und arbeitsintensiv. Bei beiden Verfahren kann außerdem nur mit viel Sorgfalt und Erfahrung gewährleistet werden, daß bei der Behandlung einerseits die nötige Eindringtiefe und Wirksamkeit erzielt und andererseits das Holz und die Umgebung nicht geschädigt bzw. belastet werden.

Als Alternative dazu bieten auf dem Gebiet der Fachwerkrestauration tätige Firmen seit einiger Zeit an, befallene Flächen mit thermisch wirksamer elektromagnetischer Strahlung zu behandeln, insbesondere um lebende Insektenlarven im Holz gezielt abzutöten [1], [5]. In diesem Beitrag soll das Mikrowellenverfahren kurz dargelegt werden.

2 Bekämpfung von Schadinsekten mit Hochfrequenzstrahlung

Die Wirkungen von elektromagnetischer Hochfrequenz-(HF)-Strahlung bei Frequenzen unterhalb etwa 40 MHz und Mikrowellenstrahlung bei 2,45 GHz und darüber auf Insekten im Larven- und Puppenstadium ist vielfach und mit unterschiedlichen Ergebnissen untersucht worden, beispielsweise an der Spezies Tenebrio molitor. Lebendes Gewebe wird durch HF-Energie vor allem thermisch geschädigt: Strahlung bestimmter Frequenzen wird von Wassermolekülen bevorzugt absorbiert, so daß diese in Schwingungen versetzt werden und ihre Umgebung aufheizen. Schon bei Temperaturen oberhalb von etwa 50 °C werden Proteine soweit denaturiert, daß lebende Zellen langsam absterben. Bei höheren Temperaturen werden die Zellen sogar direkt zerstört. Reversible, d.h. nicht sofort tödliche Schädigungen der mit Mikrowellen bestrahlten Organismen, z.B. Störungen der Fortpflanzungsfähigkeit, wurden ebenfalls nachgewiesen.

Schon 1975 wurde in den USA untersucht, ob es möglich ist, importiertes, von Anobien befallenes Schnittholz mit elektromagnetischer Strahlung zu behandeln. Eine Bestrahlung und Erwärmung des Materials auf etwa 50°C für einige Sekunden bis Minuten reichte bereits aus, um alle Tiere abzutöten. Der gewünschte Effekt wurde jedoch auf die dielektrische Erwärmung des Holzes und nicht der Insekten selbst zurückgeführt [2]. Auch eine neuere Untersuchung [3] zeigt, daß die Bekämpfung eingeschleppter Larven (Kiefernholzbohrer, Bursaphelenchus xylophilus) in Kiefernkantholz effektiv ist. In diesem Fall wurde die Schädlingsbekämpfung durch Mikrowellenerwärmung auf Temperaturen oberhalb von 56 °C mit einer anschließenden Trocknung verbunden. Seit 1990 ist das Mikrowellenverfahren zur Schädlingsbekämpfung in Holz und Büchern mit Handstrahlern oder in einer Bestrahlungskammer in der BRD patentiert [7].

Bei der Mikrowellenbestrahlung von Holz hängt es von verschiedenen Faktoren ab, wie weit und wie schnell dieses durch die Strahlung erwärmt wird:
- von der Holzfeuchte,
- von der Frequenz und Leistung, mit der bestrahlt wird,
- von der Umgebung des Materials und der Form der Strahler.

Eine wichtige Rolle bei der dielektrischen Erwärmung eines Materials spielt dessen Verlustfaktor: Je größer dieser und die Frequenz der Strahlung sind, umso höher ist der Anteil der als Wärme absorbierten Strahlungsenergie.

Leitfähiges Material wie z.B. feuchtes Holz oder eine lebende Larve werden bei gleicher Feldstärke schneller aufgeheizt als beispielsweise trockenes Holz. Darauf beruht die Vermutung, daß Insektenlarven im Holz bei Mikrowellenbestrahlung selektiv erhitzt und abgetötet werden können, während das umgebende Holz selbst nur leicht erwärmt wird. Ein ähnliches Problem besteht bei der schon oft vorgeschlagenen Mikrowellenbekämpfung von Insektenlarven in gelagertem Getreide [4]. Empirische Werte für Dielektrizitätszahlen und Verlustfaktoren von Reiswürmern und Weizenkörnern waren jedoch stark abhängig von Frequenz, Materialfeuchte und Materialtemperatur. Bei einer Bestrahlung von befallenem Weizen mit 39 MHz ergab sich bei einer Erwärmung des Getreides auf 60 °C eine 100%-ige Sterblichkeit der Insekten nach acht Tagen.

3 Einsatz des Mikrowellenverfahrens in Fachwerkgebäuden

Das Mikrowellenverfahren ist für die Schädlingsbekämpfung vor allem deshalb interessant, weil
- Fachwerkbauteile gezielt bestrahlt werden können,
- keine schädlichen Chemikalien eingesetzt werden,
- keine umfangreichen Vorbereitungen erforderlich sind.
Der Aufwand für den Einsatz der kostspieligen und aufwendigen anderen Verfahren (Heißluft, Chemikalien, zimmermannsmäßiges Abbeilen) könnte hierdurch reduziert werden. Um befallenes Holz wirksam zu "sterilisieren", muß die Bestrahlung so stark sein, daß der Körper der Tiere aufgeheizt, das Holz jedoch nicht durch Wärmeentwicklung geschädigt wird. Unter den realen Bedingungen, die man in Fachwerkbauten vorfindet, können die Einflüsse der oben genannten Faktoren jedoch nicht vorausberechnet, sondern nur aufgrund praktischer Erfahrung abgeschätzt werden.

Mit Firmen, die das Mikrowellenverfahren im Fachwerkbereich anwenden, wurden Gespräche über die praktischen Einsatzmöglichkeiten geführt. Dabei ergab sich, daß für einen praktischen Einsatz am Gebäude Strahlungsleistungen in der Größenordnung von einem kW erforderlich sind. Die zu behandelnden Bauteile müssen für die Strahler mindestens von einer Seite zugänglich sein. Der Erwärmungseffekt am Holz kann, wie erwähnt, vorab nur aufgrund verschiedener Parameter (Holzfeuchte, Holzart, Nähe reflektierender Flächen) abgeschätzt werden. Ein in Dänemark entwickeltes Gerät [6] verwendet eine Frequenz von 13,6 MHz und zwei Plattenelektroden, die an zwei Seiten eines Holzbalkens angebracht werden. An einem Querschnitt von 25 x 25 cm² wird dabei innerhalb von 10 bis 15 min eine Temperatur von 65 bis 75 °C erreicht.

Wenn Mikrowellenstrahler, üblicherweise Hornantennen mit einer Öffnung von etwa 25 cm, von Hand geführt werden, muß der Ausführende einen Schutzanzug tragen. Eine unkontrollierte Bestrahlung von Personen oder elektrischen Geräten muß durch ausreichend großen Abstand oder durch Abschirmung vermieden werden.

Die anbietenden Firmen haben in Gutachten die Tauglichkeit ihres Verfahrens untersuchen lassen und setzen es auch praktisch bei der Gebäudesanierung ein. Eine wissenschaftliche Überprüfung der Anwendung an Gebäuden bzw. an fachwerktypischen Prüflingen ist allerdings nicht bekannt. Daher kann es zur Zeit nur unter Vorbehalt empfohlen werden.

4 Literatur

[1] Anonymus (1993) : Microwellen HF/Technik gegen Holzschädlinge und Pilze
Technologie-Report aus dem Hause Ahrens.
Der praktische Schädlingsbekämpfer 45, Nr. 10, S. 225

[2] Burdette, E. C. (1975) : Microwave energy for wood products insect control.
Hightower, N. C. 10th Annual Microwave Power Symposium, Proceedings,
Cain, F. L.; Burns, C. P. Waterloo, USA, 28.-30.5.1975, S. 276-281

[3] Dwinell, L. D. (1994) : Evaluation of a radio-frequency/vacuum dryer for eradi-
Avramidis, S.; Clark, J. E. cating the pinewood nematode in green wood.
Forest Products Journal 44 Nr. 4, S. 19-24

[4] Nelson, S. O. (1974) : Possibilities for controlling insects with microwaves and
Stetson, L. E. lower frequency RF energy.
IEEE Transactions on Microwave Theory and Techniques
Vol. MTT-22 Nr. 12 Part 2, S. 1303-1305

[5] Unger, W. (1993) : Mit Mikrowellen gegen holzzerstörende Organismen?
Unger, A. Restauro, Nr. 6, S. 383

[6] Sauer, A. (1995) : Hochfrequent: Hochfrequenztechnik im Holzschutz.
Bausubstanz, Nr. 4, S.62-63

[7] Zwicker, M. (1990) : Anordnung zum Abtöten von Holz- und Bücherschäd-
Ludwig, H. lingen.
München Deutsches Patenamt
(Offenlegungsschrift DE 3707042 A1)

Radiometrische Feuchtemessung mittels γ-Strahlung

Dieter Greubel, Frank Hoyer
Fraunhofer-Institut für Holzforschung
Wilhelm-Klauditz-Institut (WKI)
Bienroder Weg 54E
38108 Braunschweig

Suchbegriffe: Radiometrische Dichtemessung, Feuchtemessung

Keywords: Density Measurement, Moisture Measurement, γ-Radiation

Zusammenfassung:

Zur Dichtemessung wird die Abschwächung der Strahlung einer γ-Quelle gemessen. Im WKI wurden Meßgeräte auf dieser Basis für den stationären und den mobilen Einsatz entwickelt. Bei den Geräten werden ^{241}Am-Quellen mit einer γ-Strahlungsenergie von 60 keV verwendet. Aus den Veränderungen in der Materialdichte, ermittelt in zeitlich aufeinanderfolgenden Meßreihen, wurden Feuchteverteilungen bzw. deren Veränderungen in Holz und Steinen bestimmt. Dichteänderungen durch Quellen und Schwinden bei Variation der Materialfeuchte müssen nach Möglichkeit in die Auswertungen mit einbezogen werden.

Abstract:

For determining the density of wood and bricks, the attenuation of γ-radiation by the material can be measured. Based on this idea new equipment for stationary and mobile use has been developed. In this case ^{241}Am with the energy of 60 keV serves as a γ-ray source. From differences of time-spaced measurements the moisture distribution and changes in moisture can be calculated. Therefore shrinking and swelling of the material should be taken into account.

1 Einleitung

Für die zerstörungsfreie bzw. zerstörungsarme Feuchtebestimmung in Probekörpern und Bauteilquerschnitten aus Holz, Ausfachungsmaterialien und Ziegelwänden wurden die Dichteverteilungen mit Hilfe radiometrischer Verfahren gemessen. Aus den Dichteunterschieden zu verschiedenen Zeitpunkten kann die Materialfeuchte bzw. deren Veränderung ermittelt werden. Hierbei müssen die Besonderheiten der Materialien hinsichtlich Verformungen durch Quellen und Schwinden bei Feuchteänderung beachtet werden. Die Bezugsfeuchte und die Atrodichte müssen separat bestimmt werden. Im Folgenden soll über die im WKI eingesetzten Geräte und damit erzielte Ergebnisse berichtet werden.

2 Grundlagen der radiometrischen Feuchtemessung

Bei der radiometrischen Feuchtemessung wird die Abschwächung eines γ-Strahls beim Durchstrahlen des zu messenden Materials ermittelt. Der Schwächungskoeffizient setzt sich aus einem Absorptionsanteil und dem Streuungsanteil zusammen. Beide Anteile sind proportional zur Masse. Es ist daher häufig günstiger, die massenbezogenen Größen zu betrachten. Der Schwächungskoeffizient ist von den beteiligten Atomsorten und von der Energie der γ-Strahlung abhängig. Bei den im WKI eingesetzten Meßgeräten werden derzeit Americium-Strahlenquellen (^{241}Am) eingesetzt. Diese liefern eine γ-Strahlung mit einer Energie von 60 keV. Die Halbwertszeit beträgt 432 Jahre, so daß keine nennenswerte Verringerung der Quellenstärke während üblicher Meßzeiten auftritt.

Aus der Differenz zweier zeitlich versetzter Meßreihen kann die volumenbezogene Feuchteänderung errechnet werden. Für die Bestimmung der massenbezogenen Feuchte sind die Dichte des Objektes und die Anfangsfeuchte erforderlich. Die Schwächungskoeffizienten für Holz und für Wasser liegen nahe beieinander (ca. 0,2 cm^{-1}), so daß Dichteänderungen auch als Feuchteänderungen interpretiert werden können. Bei mineralischen Baustoffen wie Lehm, Steine, Putz oder Zement beträgt der Schwächungskoeffizient bis zu 0,4 cm^{-1}, so daß hier komplexere Berechnungen erforderlich werden.

Insbesondere bei Holz und Holzwerkstoffen kann die Messung der Feuchte durch die Quell- und Schwindbewegungen erschwert werden. Durch die Jahrringstruktur können dann ungünstige Meßbedingungen entstehen, wenn die Strahlen parallel zu den Jahrringen verlaufen. Insbesondere bei Nadelhölzern treten sehr große Dichteunterschiede zwischen Früh- und Spätholz auf.

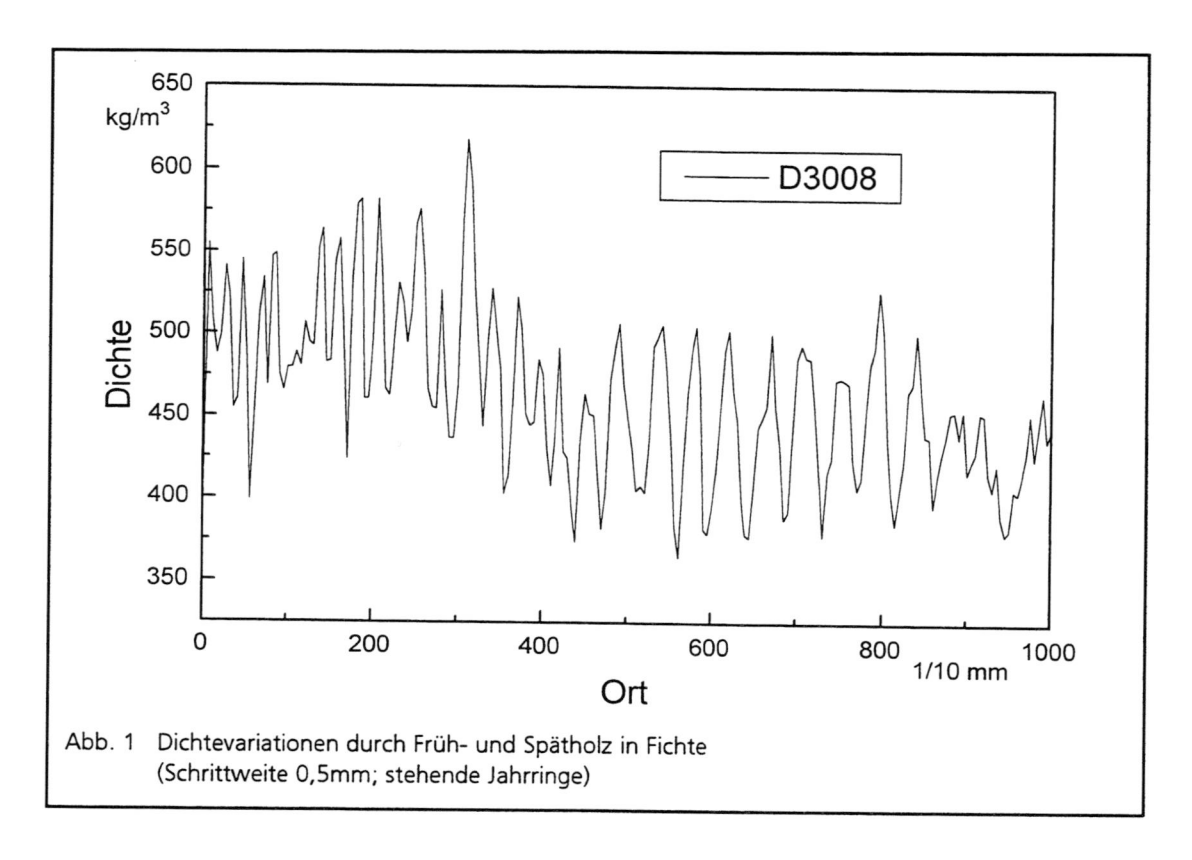

Abb. 1 Dichtevariationen durch Früh- und Spätholz in Fichte
(Schrittweite 0,5mm; stehende Jahrringe)

Abb. 1 zeigt Dichteverläufe für Fichte mit stehender Jahrringstruktur. Es wurden Dichten zwischen 300 kg/m³ und 650 kg/m³ gemessen. Die Verläufe der mittleren Dichte wurden durch eine Glättfunktion ermittelt. Auch mit problemangepaßten Regressionsanalysen sind Kurvenapproximationen möglich.

3 Meßgeräte für die radiometrische Dichte- und Feuchtemessung

Im WKI wurden verschiedene Meßgeräte für den labormäßigen und den mobilen Einsatz entwickelt

3.1 Mobiles Meßgerät (γ-Sonde)

Für den Einsatz an Gebäudewänden wurde ein mobiles Gerät entwickelt, welches in einer Richtung in die Tiefe messen kann. Die Messungen werden in zwei parallelen Bohrungen von 22 mm Durchmesser in ca. 50 mm Abstand mit einer Verfahreinrichtung durchgeführt. Abbildung 2 zeigt die schematische Meßanordnung und den Aufbau von Quelle und Detektor. Die durchstrahlte Strecke im Versuchsmaterial beträgt hier ca. 35 mm.

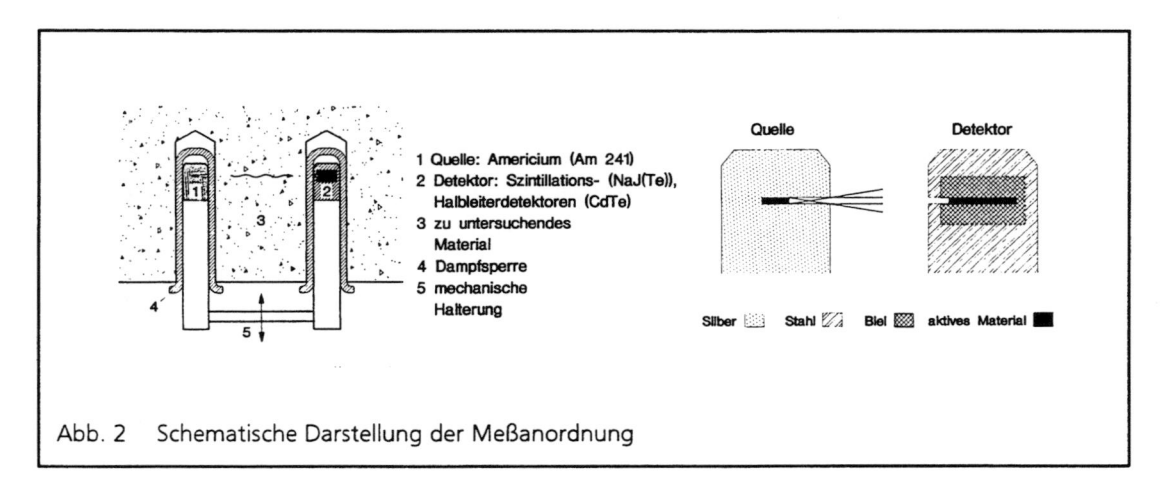

Radiometrische Feuchtemessung mittels γ-Strahlung

Abb. 2 Schematische Darstellung der Meßanordnung

1 Quelle: Americium (Am 241)
2 Detektor: Szintillations- (NaJ(Te)), Halbleiterdetektoren (CdTe)
3 zu untersuchendes Material
4 Dampfsperre
5 mechanische Halterung

Silber   Stahl   Blei   aktives Material

Zum Schutz vor Feuchteaustausch wird in die Bohrungen ein Kunststoffrohr aus Polycarbonat eingesetzt und an den Rändern abgedichtet.

Die Meßvorrichtung mit der Verfahreinheit ist in Abb. 3 dargestellt. Die Strahlenquelle und der Detektor befinden sich am Ende der Trägerrohre, die in die Bohrungen eingeführt werden. Als Detektor wird ein Halbleiter (CdTe-Kristall) verwendet, der ähnlich einer Fotozelle arbeitet. Der Sensor zeichnet sich durch die kleine Bauform aus. Ein notwendiger Vorverstärker konnte in das Trägerrohr integriert werden. Die Stärke der Americium-Quelle beträgt 11 GBq. Die Blende vor Quelle und Detektor hat eine Größe von 10 x 1 mm² und läßt damit eine hohe räumliche Auflösung zu. Eine Verringerung der Blendengröße ist prinzipiell möglich, erhöht jedoch die erforderliche Meßzeit.

Abb. 3 Meßvorrichtung mit Aufhängevorrichtung zur Wandmontage

Die Verkabelung zwischen dem Meßsystem und der Steuereinheit kann bis zu 30 m betragen, so daß auch an schwer zugänglichen Orten gemessen werden kann.

Für wiederholte Messungen muß die Verfahreinrichtung exakt reproduzierbar ausgerichtet werden. Zu diesem Zweck ruht die Verfahreinrichtung auf einem rechtwinkligen Gestell mit Diagonalstreben. Dieses Gestell (s. Abb. 3) wird an einem Punkt oberhalb der Meßstelle befestigt. Über zwei Verstellschrauben mit Kugelgelenkplatten wird eine Dreipunktabstützung an der Wand erreicht. Diese Konstruktion erlaubt die Winkeleinstellung der Verfahreinrichtung. Höhen- und Seiteneinstellung erfolgen am Vorschubkopf der Verfahreinrichtung selbst. Der Justiervorgang erfolgt mit Hilfe eines Justierlasers und eines Planspiegels. Der Laser wird am Vorschubkopf, der Spiegel innerhalb der Bohrung mit einer Hülse eingespannt. Wird der Laserstrahl in sich selbst reflektiert, ist die Justage erreicht.

3.2 Labormeßgeräte zur 2-dimensionalen Dichtemessung

Für Probekörper mit Abmessungen von ca. 30 cm Länge und 15 cm Dicke wurde ein Labormeßgerät entwickelt. Die Probekörper können orthogonal in 2 Richtungen in Schritten von 0,1 mm verfahren werden. Die Americium-Quelle hat eine gesamte Stärke von 15 GBq. Als Detekor wird ein NaJ(Tl)-Kristall mit einem Photovervielfacher verwendet. Die Blendenanordnung bzw. -größe vor Quelle und Detektor sind variabel. Durch die Messung in 2 Richtungen können, verglichen mit dem mobilen Meßgerät, die Dichteverteilung im Probenquerschnitt genauer bestimmt werden und Dichteinhomogenitäten genauer lokalisiert werden. Bei kontinuierlicher Dichte- und Feuchteverteilung ist deren Bestimmung im Querschnitt möglich.

4 Anwendungsbeispiele

Die Feuchteleitfähigkeit von Holz ist richtungsabhängig. Messungen der kapillaren Leitfähigkeit für Wasser mit dem radiometrischen Verfahren an Eichenholzproben bestätigten eine erheblich bessere Feuchteleitung in Faserrichtung als in radialer oder tangentialer Richtung zur Faser. Der Vorteil der radiometrischen Messung lag hier vor allem darin, daß stets an denselben Probekörpern gemessen werden konnte. Die räumliche Auflösung betrug bei diesen Messungen 1 mm in axialer Richtung.

Die Veränderungen der Dichte durch Quellung in radialer und tangentialer Richtung zur Faser wurden bei der Feuchtebestimmung berücksichtigt.

Weitere Untersuchungen beziehen sich auf den Feuchteübergang von feuchtem Lehm bzw. Strohlehm in Eichen- und Fichtenholz. Um die Befeuchtungsrichtung vorgeben zu können, wurden die Versuche mit einer geschlossenen Meßvorrichtung (Abb. 4) durchgeführt.

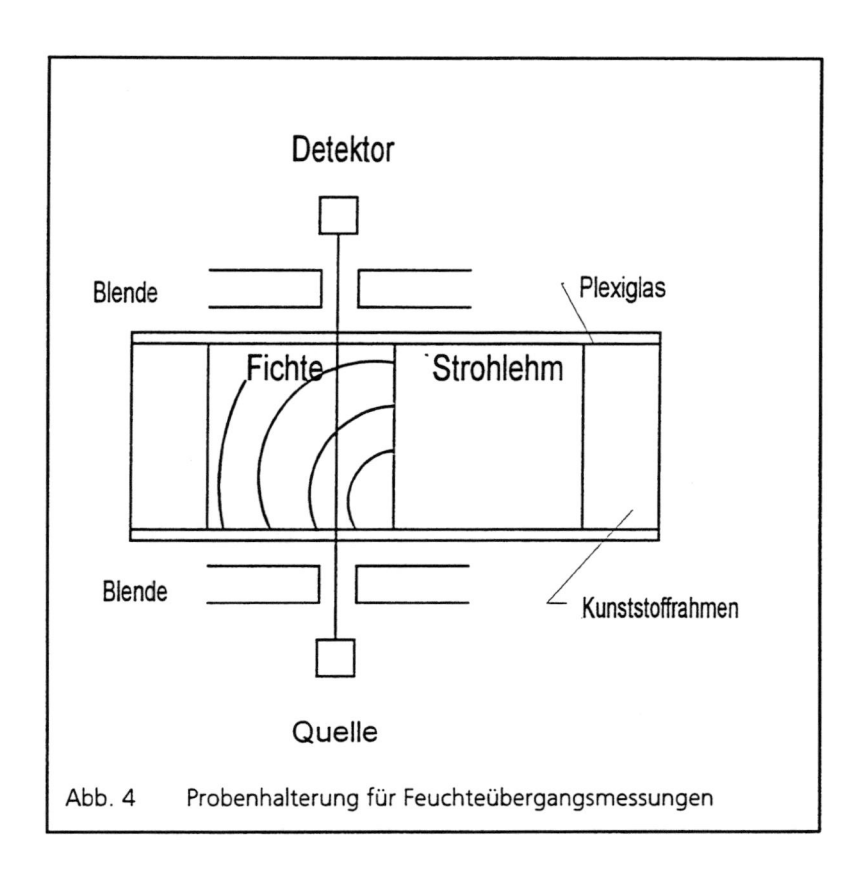

Abb. 4   Probenhalterung für Feuchteübergangsmessungen

Der Feuchtetransport erfolgte hierbei in radialer/tangentialer Richtung, entsprechend den Gegebenheiten bei der Ausfachung im Fachwerkbau. Für Kalibrierzwecke wurden die Holzprobekörper nach Versuchsende aufgeteilt und die Materialfeuchte gravimetrisch bestimmt.

Die ermittelten Feuchteverläufe im Holz (Abb. 5) zeigen für verschiedene Zeitschritte die prinzipiell erwarteten Verläufe. Die Feuchteverläufe zeigen, daß bis 10 d Dauer ein Auffeuchten der Kontaktstelle auf ca. 30 M.-% erfolgt, obgleich der Lehm mit Wasserüberschuß eingebracht wurde, und damit eine Auffeuchtung über den Fasersättigungspunkt hinaus möglich wäre.

Der Vorteil der radiometrischen Messung liegt hier in der genauen Bestimmung des räumlichen Feuchteverlaufs im Bereich der Grenzschicht zu beliebigen Zeitpunkten. Es zeigte sich auch hierbei, daß die Quellung des Holzes bei der Feuchteberechnung berücksichtigt werden muß.

Untersuchungen an Fachwerkwänden mit der mobilen Sonde zeigten deren prinzipielle Eignung zur Erfassung von Feuchteänderungen im Bereich von Schichtgrenzen bei Tauwasseranfall. Einschränkungen hinsichtlich der Meßmöglichkeiten müssen bei inhomogenen Bereichen innerhalb der Meßstrecke wie z.B. im Bereich der Stakung von Lehmausfachungen gemacht werden. Auch können schräg zur Strahlrichtung verlaufende Schichtgrenzen die Meßgenauigkeit einschränken. In diesen Fällen ist dann keine quantitative Feuchtebestimmung möglich, es können aber noch qualitative Schlüsse auf Feuchteveränderungen gezogen werden.

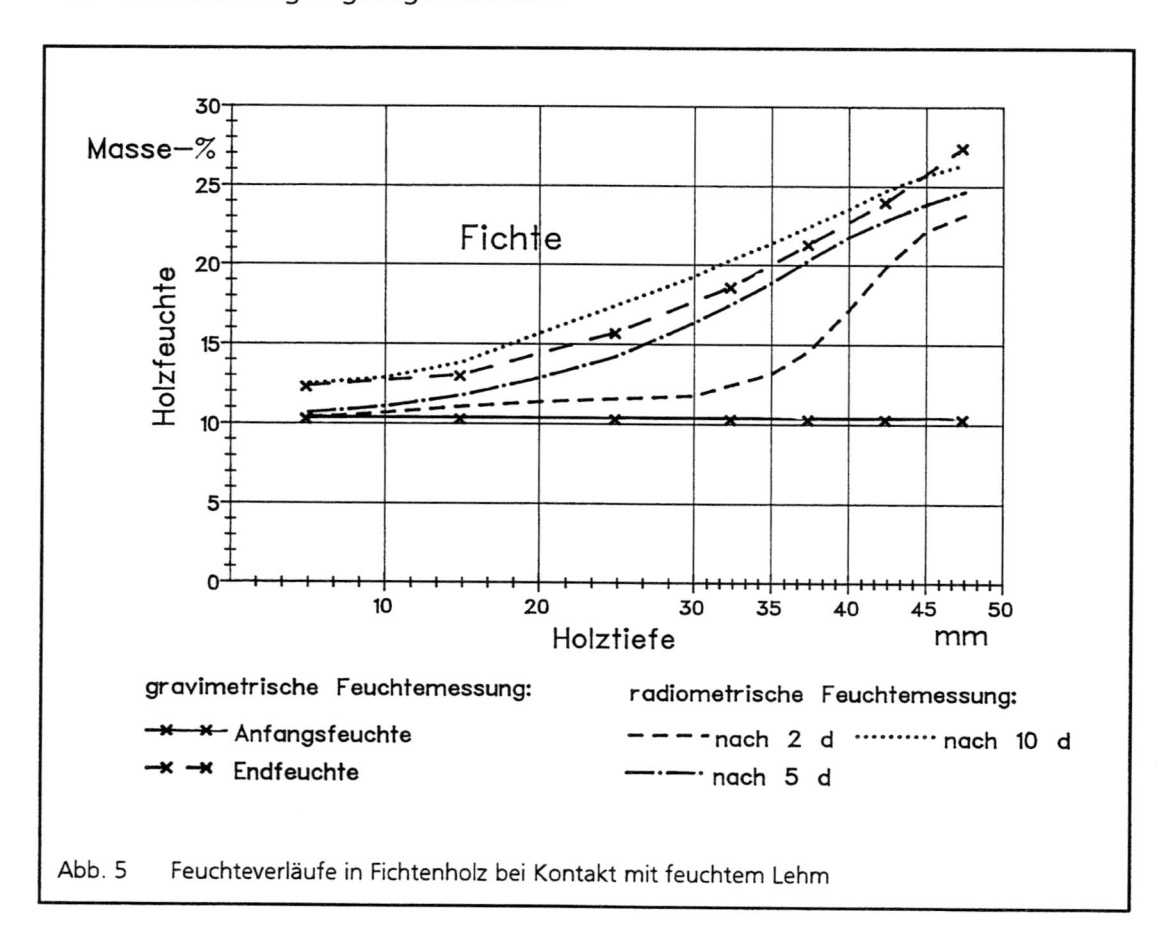

Abb. 5 Feuchteverläufe in Fichtenholz bei Kontakt mit feuchtem Lehm

Weitere Untersuchungen beziehen sich auf Ziegelwände. Die in Abb. 6 dargestellten Graphen geben die Feuchteverhältnisse an einem Ziegel während eines Jahresverlaufs wieder.

Die Basismessung erfolgte im Mai 1993, also zu Beginn der jahreszeitlichen Trocknungsphase. Die im gleichen Jahr vorgenommenen Folgemessungen zeigen relativ geringe Änderungen, mit der im Sommerhalbjahr zu erwartenden Trocknungstendenz. Die Messung im August zeigt einen Feuchtesprung an der Oberfläche, der mit Auffeuchtung infolge Bewitterung erklärt werden kann (die Messung fand bei regnerischem Wetter statt). Die Messung im November läßt den Übergang zur feuchteren Jahreszeit erkennen, von der Oberfläche ausgehend findet eine Auffeuchtung statt.

Im Mai des folgenden Jahres ist ein starker Feuchteanstieg erkennbar, der auf eine Reinigung der Gebäudewand mit einem Hochdruckwassergerät zurückzuführen ist. Aber schon im folgenden Monat Juni ist auf Grund der günstigen Witterungsverhältnisse das Niveau der Basismessung erreicht. Auffallend ist die starke Austrocknung bis zum Juli. Die Ursache hierfür kann nicht allein auf die sehr warme und trockene Witterung des Sommers '94 zurückgeführt werden, sondern ist auch in der Verlagerung löslicher Stoffe zu suchen.

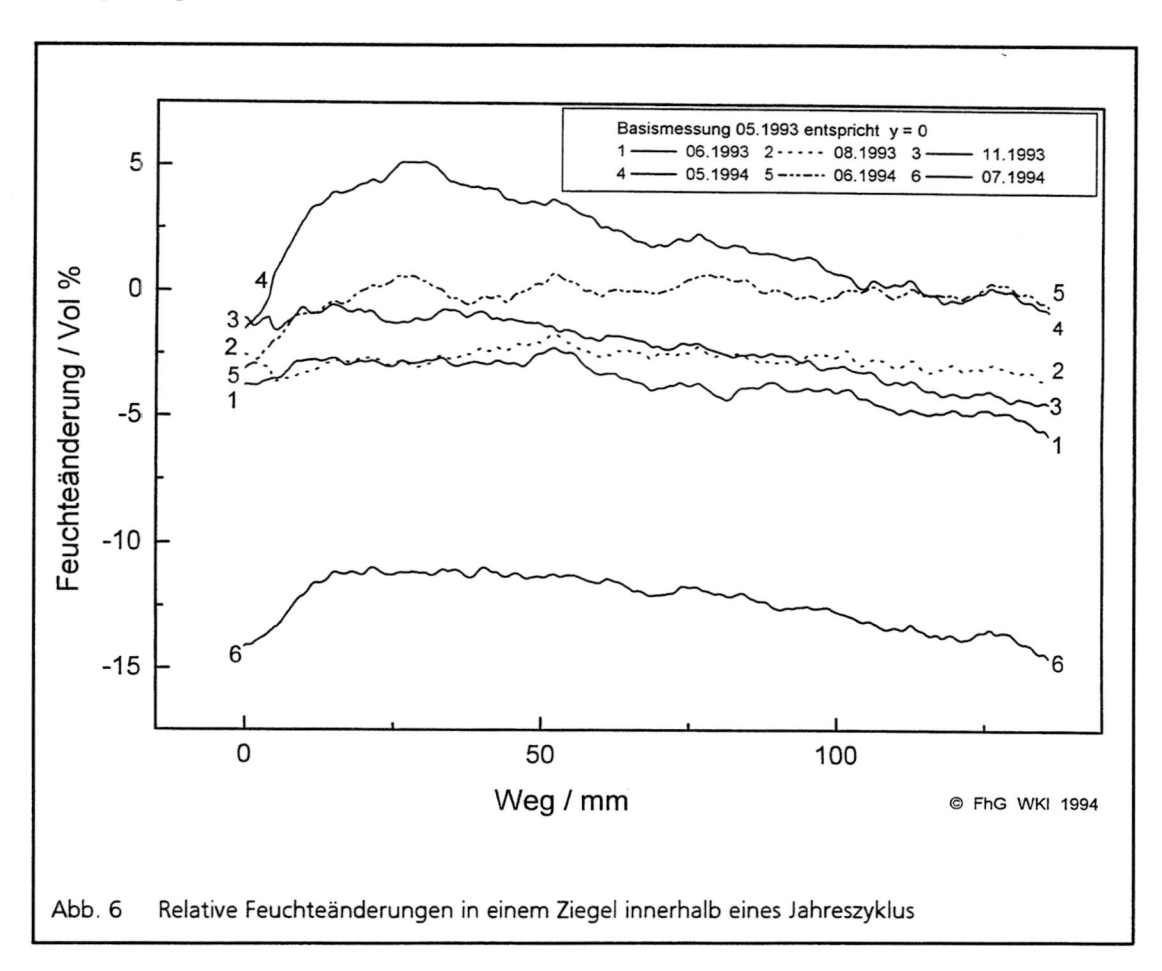

Abb. 6 Relative Feuchteänderungen in einem Ziegel innerhalb eines Jahreszyklus

Anmerkung

Der Umgang mit Americium-Strahlenquellen ist mit Auflagen verbunden, da für die Meßgeräte Quellenstärken erforderlich sind, die die Freigrenze gemäß Strahlenschutzverordnung um ein Vielfaches überschreiten. Dies erfordert Schulung im Umgang mit radioaktiven Stoffen und die Ernennung eines Strahlenschutzbeauftragten. Meist muß die Meßstelle als Kontrollbereich mit eingeschränkten Zutrittsmöglichkeiten gekennzeichnet werden. Der Einsatz außerhalb des Betriebsgeländes des Meßgerätes muß der Aufsichtsbehörde angezeigt werden.

Literatur

[1] Kober, A. (1991) : Radiometrische Feuchtemessung in Bauteilen mit hoher räum-
    Mehlhorn, L.   licher Auflösung. Teil 1: Grundlagen und Beschreibung der
                      Meßvorrichtung.
                      Bauphysik 13 (1991) 2, S. 43-49

[2] Kober, A. (1994) : Radiometrische Feuchtemessung in Bauteilen mit hoher räum-
    Mehlhorn, L.   licher Auflösung. Teil 2: Erprobung der Meßvorrichtung und
                      Ergebnisse.
                      Bauphysik 15 (1994) 3, S. 81-85

Mechanische Altanstrichentfernung an Fachwerkbauten

H. Hävemeyer
Fraunhofer-Institut für Holzforschung
Wilhelm-Klauditz-Institut (WKI)
Bienroder Weg 54E
38108 Braunschweig

Suchbegriffe: Fachwerk, Anstrichentfernung

Keywords: Framework, Removal of Paintings

Zusammenfassung:

Die vollständige Entfernung dickschichtiger Anstriche auf Fachwerk ist im Rahmen von Sanierungsarbeiten häufig notwendig, um tragfähige Untergründe für einen diffusionsoffenen Neuanstrich zu erhalten.

Neben handwerklichen Methoden, die relativ arbeitsaufwendig sind, bzw. Verfahren unter Zuhilfenahme von Handmaschinen, können an Eichenfachwerk auch schonende Strahlverfahren eingesetzt werden, wobei sie jedoch deutliche Einsatzgrenzen haben. Durch den größeren technischen Aufwand wird eine relativ schnelle und gründliche Anstrichentfernung möglich. Eine Strukturierung der Oberfläche ist jedoch nicht zu verhindern. An Nadelhölzern ist diese Strukturierung in der Regel nicht tolerierbar.

Der Neuanstrich sollte möglichst diffusionsoffen und dünnschichtig ausgeführt werden, um eine Trocknung des Holzes über die Außenoberfläche der Holzbauteile zu ermöglichen.

Abstract:

The complete removal of thick paintings on framework respecting the reconstruction works is frequently necessary, in order to preserve a stable ground of a new painting. Besides mechanical methods being rather laborious resp. by using technologies with portable machines there are careful jet procedures on oak framework as well, nevertheless under certain application limits. A relatively quick and solid painting removal is possible through a higher technical processing. But a structural change of the surface is not to be prevented. Usually the structural change on softwood is not to be tolerated.

The new painting should be applied and thin layered, so that a drying of the wood through the surface of the timber components is possible.

1 Einleitung

Im Rahmen von Sanierungsarbeiten an Fachwerkhäusern sind oftmals in Überschneidung mit anfallenden Reparaturarbeiten am Holz (Zimmerarbeiten) zeitaufwendige Arbeiten zur Altanstrichentfernung notwendig. Verschiedene mechanische Verfahren wurden vom WKI auf ihre Anwendbarkeit hin an Fachwerkhölzern getestet [5].

2 Anstrich auf Fachwerkhölzern

Der Anstrich hat auf der Oberfläche von Fachwerkhölzern folgende Aufgaben:
- Feuchteschutz gegen Bewitterung (flüssiges Wasser),
- Witterungs- und UV-Schutz zur Vermeidung von Vergrauung und Verwitterung der Holzoberfläche,
- farbliche Gestaltung der Fachwerkfassade.

Hierfür wurden dem jeweiligen Stand der Technik entsprechend mineralische Anstriche, Ölfarbanstrichsysteme und synthetische Lack- und Kunstharzfarben eingesetzt. Da alte Anstriche wertvolle Hinweise für die denkmalgerechte Sanierung liefern können, sollten sie umfassend untersucht werden, bevor mit den Sanierungsmaßnahmen - und insbesondere Anstrichentfernungen - begonnen wird.

Fugen an den Verbindungen der Fachwerkhölzer und zwischen Holz und Ausfachung sind Schwachstellen, durch die z.B. bei Schlagregen Wasser in die Fachwerkkonstruktion tief eindringen und die Baustoffe befeuchten kann. Damit das in das Holz eingedrungene Wasser möglichst ungehindert über die Außenfläche des Holzes verdunsten kann, sollte der Fachwerkanstrich möglichst diffusionsoffen sein. Die Beschichtung sollte auch auf rauhen Holzoberflächen möglichst dünnschichtig ausgeführt werden. Diffusionsdichte Anstriche können für sich allein keinen Holzschaden verursachen, sie wirken sich jedoch negativ aus, wenn es zur Auffeuchtung des Holzes durch konstruktive oder bauphysikalische Mängel kommt [1].

3 Kriterien für die Anstrichentfernung

Durch die zunehmende Verfügbarkeit synthetischer Lack- und Kunstharzfarben seit Anfang dieses Jahrhunderts findet man an Fachwerkhölzern oftmals mehrere dieser Anstrichschichten übereinander vor, die in der Summe eine sehr diffusionsdichte Schicht bilden und darüberhinaus meist keinen ausreichend festen Anstrichuntergrund für einen Neuanstrich darstellen.

Mechanische Altanstrichentfernung an Fachwerkbauten

Nicht alle Fachwerkhäuser mit dichten Anstrichschichten weisen anstrichbedingte Schäden auf. Die Gefahr, daß solche Schädigungen in den belasteten Bereichen auftreten können, ist jedoch sehr hoch, da die Anstrichschichten durch Alterung spröder werden und durch Risse und Abblätterungen weitere Angriffspunkte für die Feuchtigkeit gegeben sind.

Dazu kommt, daß die "zugestrichenen" Hölzer schlecht einzusehen sind, weshalb auftretende Schäden hinter dem Anstrich zu spät erkannt werden.

Eine vollständige Anstrichentfernung ist notwendig, wenn
- die vorhandenen Anstrichschichten keinen tragfähigen Untergrund für den Neuanstrich bilden oder der Altanstrich bereits auf schlechtem Untergrund aufgetragen wurde,
- Altanstrich und Neuanstrich untereinander nicht verträglich sind oder
- dickschichtige, diffusionsdichte Altanstriche die Austrocknung in bewitterten Fassadenbereichen behindern (erkennbar an typischen Schäden von Holzoberfläche und Anstrich).

Abb. 1 Kleinteilige Fachwerkkonstruktion am Beispiel der Fachwerkkirche in Eichelsachsen

Verglichen mit homogenen Fassadenflächen erschwert der kleinteilige und inhomogene Wandaufbau von Fachwerkkonstruktionen die Anstrichentfernung, da Holz- und Gefachoberflächen sehr unterschiedliche Eigenschaften haben (Festigkeit, Anstriche, Erhaltungszustand) und die Bearbeitung größerer, zusammenhängender Flächen bedingt durch die Kleinteiligkeit der Konstruktion kaum möglich ist (Abb.1). Im Bereich von Verzierungen und Schnitzereien muß bei der Anstrichentfernung besonders schonend gearbeitet werden.

Bedingt durch die häufig vorhandene Rauhigkeit und Rissigkeit der Holzoberfläche des Fachwerks ist beim Anstrichabtrag eine vollständige Entfernung des Anstriches ohne gleichzeitigen Abtrag von Teilen der Holzoberfläche nur schwer möglich. Es sind drei Grundformen der Oberfläche nach der Anstrichentfernung denkbar, die mit unterschiedlichen mechanischen Verfahren erreicht werden können (Abb. 2):

Typ 1: Ein Teil des zu entfernenden Anstriches bleibt in den Vertiefungen der Holzoberfläche erhalten.

Typ 2: Die Oberfläche wird einschließlich des Anstriches bis auf den festen Untergrund abgetragen und damit auch eingeebnet.

Typ 3: Bei der Anstrichentfernung werden die weichen und verwitterten Holzbestandteile zusammen mit dem Anstrich abgetragen. Die härteren Spätholzbereiche bleiben stehen. Die Holzoberfläche wird deutlich strukturiert.

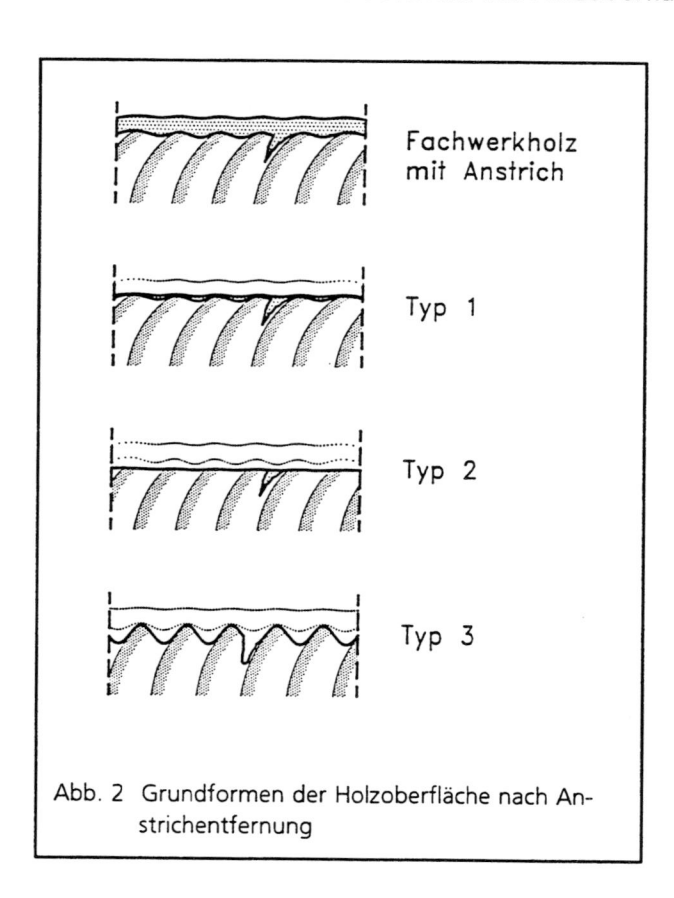

Abb. 2 Grundformen der Holzoberfläche nach Anstrichentfernung

4 Verfahren zur Anstrichentfernung

Für die Entfernung von Altanstrichen auf Holzoberflächen werden folgende Verfahren eingesetzt:

Chemische Anlösung durch Abbeizer; mechanischer Abtrag

Die Altanstriche werden durch Auftrag von Abbeizfluid nach einer gewissen Einwirkungszeit (je nach Abbeizer wenige Minuten bis mehrere Tage) angelöst und können im Anschluß mit einem Spachtel abgetragen werden. Zur Anwendung kommen lösemittel- und ammoniakhaltige Abbeizfluide. Alle untersuchten Abbeizer müssen mit erheblichen Mengen Wasser oder Lösemitteln neutralisiert werden, um eine Schädigung des Holzes sicher zu verhindern.

Geschieht dies nicht, kann das Holz oberflächlich aufgeweicht und zerstört werden. Außerdem besteht die Gefahr unverträglicher Reaktionen von Abbeizer und Lösemitteln mit dem Neuanstrich. Beim Neutralisieren führt in die Konstruktion eindringendes Wasser zur Auffeuchtung der Baustoffe; die Verwendung von größeren Lösemittelmengen bereitet Umweltprobleme. Aufgrund der oben genannten Gefahren für die Bausubstanz und Belastungen der Umwelt ist die großflächige Anwendung von Abbeizern für Anstrichentfernungen an denkmalgeschützten Fachwerkbauten als kritisch anzusehen.

Thermische Aufweichung mit Heißluft; mechanischer Abtrag

Durch Heißluft können Farbschichten plastifiziert und anschließend mit Spachteln abgetragen werden. Die unebenen Oberflächen der meisten Fachwerkhölzer erschweren das Abspachteln, so daß der Anstrich nur unvollständig entfernt wird und evtl. mechanisches Nacharbeiten erforderlich ist (Abb. 2, Typ 1). Dieses Verfahren ist sehr zeitintensiv, jedoch auch sehr schonend; der Geräteeinsatz ist dabei gering. In Bereichen mit großer Empfindlichkeit, wie z.B. an Schnitzereien und Verzierungen, kann die Anstrichentfernung mit Heißluft eine sinnvolle Ergänzung anderer Verfahren sein.

Mechanische Entfernung (Bürst- und Schleifwerkzeuge)

Verwendet werden Handgeräte, wobei die Anstrichentfernung über die Mantelfläche rotierender Bürstenwalzen oder die Stirnfläche rotierender Schleif- oder Schruppscheiben erfolgt. Das Gerät wird dabei vom Anwender freihändig geführt. Es stehen Bürstenwalzen aus unterschiedlichem Material (Kunststoff, Stahldraht, vermessingte Drahtlitzen) zur Verfügung.

Die getesteten Anstriche ließen sich am besten mit einer vermessingten Drahtlitzenbürste entfernen. Die Holzoberfläche erhält eine deutliche, relativ scharfkantige Strukturierung, da die Frühholzteile stärker ausgebürstet werden als die Spätholzteile (Abb. 2, Typ 3). Durch schrägen Faserverlauf des Holzes kann es stellenweise zu einer störenden Zerfaserung der Holzoberfläche kommen. Diese Strukturierung wirkt sich auf die Haltbarkeit des Neuanstriches negativ aus.

Bei der Anstrichentfernung mit rotierenden Schleif- oder Schruppscheiben werden Anstrich und oberste Holzschicht entfernt (Abb. 2, Typ 2). Kreisförmige Bearbeitungsspuren auf der Holzoberfläche können sich dabei optisch störend auswirken.

Eine Bearbeitung profilierter Flächen, verwinkelter Ecken oder verzierter Bereiche ist mit Handgeräten aufgrund des Bürsten- bzw. Scheibendurchmessers nur sehr eingeschränkt möglich. Die Arbeitsgeschwindigkeit ist, in Abhängigkeit von der Zähigkeit des Anstriches, relativ gering. Das abgetragene Gemenge aus Farb- und Holzpartikeln fällt bei beiden Gerätegruppen als trockener Staub an, was eine Staubabsaugung sowie Maßnahmen zum Schutz von Anwender und Umgebung erforderlich macht.

Strahlverfahren

Bei Strahlanlagen bewirken feste, durch Druckluft beschleunigte Strahlmittel, teilweise unter Wasserzugabe, einen Oberflächenabtrag, der über verschiedene Parameter (Strahldruck, Strahlmittel, Abstand und Bewegung des Strahlkopfes) gesteuert werden kann [2], [3]. Die Anlagen sind zumeist in Verbindung mit einem Baukompressor autark. Das Bedienungspersonal muß Schutzkleidung tragen; eventuell ist Vollschutz mit Atemluftversorgung erforderlich. Mobile Strahlanlagen werden z.Zt. hauptsächlich in der Betonsanierung und der Natursteinreinigung eingesetzt, wobei unterschiedliche Strahlmittel (Glaspulver, Gesteinsmehl, Quarzsand, Schmelzkammerschlacke) verwendet werden können. Die Strahlmittel verhalten sich in der Regel ökologisch neutral. Das Gemenge, bestehend aus Strahlmittel, abgetragenen Stoffen und evtl. Wasser, muß entsprechend den Abfallrichtlinien entsorgt werden. Systeme zur Strahlmittelrückgewinnung wurden für mobile Verfahren zur Reinigung von Steinen entwickelt [3].

Auf ihre Eignung zur Anstrichentfernung auf Holz wurden verschiedene Strahlverfahren mit unterschiedlichen Strahlmitteln getestet:

Strahlverfahren A:

Ein Niederdruck-Rotationswirbel-Verfahren mit einem Gemisch aus Luft, Strahlmittel und Wasser (ca. 50 l/h) und einem Arbeitsdruck von 0,5 - 1,5 bar an Holzoberflächen; es ist auch ohne Wasserzugabe anwendbar, dann jedoch mit höherem Arbeitsdruck (ca.1,5 - 4,0 bar); verschiedene Strahlmittel (Calcidmehl, Glaspudermehl) wurden eingesetzt.

Strahlverfahren B:

Ein Trockenstrahlverfahren; der Arbeitsdruck für Holzoberflächen liegt zwischen 1,5 - 3,0 bar; die dosierte Zugabe von Wasser (min. ca. 5 l/h) ist zur Staubbindung möglich (Nebelstrahlen); verschiedene Strahlmittel (Quarzsand, Glaspudermehl, granulierte Schmelzkammerschlacke) wurden eingesetzt.

Strahlverfahren C:

Ein Trockenstrahlverfahren mit Staubabsaugung; an den Holzoberflächen wurde ein Arbeitsdruck von 3,0 bar eingehalten; verschiedene Strahlmittel (Quarzsand, Glaspudermehl) wurden eingesetzt.

Nachdem sich an beschichteten Probehölzern die grundsätzliche Eignung verschiedener Verfahren zur Anstrichentfernung herausgestellt hat, wurden Probeflächen an der Fachwerkkirche in Eichelsachsen im Vogelsberg angelegt [4].

5 Ergebnis der Untersuchungen mit Strahlverfahren

Abb. 3 Abgestrahltes Eichenfachwerk mit Resten von Spachtelmasse

Die Entfernung unterschiedlicher Anstriche ist an ebenen Holzoberflächen mit Strahlverfahren bei deutlicher Strukturierung der Holzoberfläche möglich. Der Strahldruck, die Art des Strahlmittels sowie Abstand und Bewegung des Strahlkopfes haben Einfluß auf Arbeitsgeschwindigkeit und Strukturierung. Während bei Eichenholz die Strukturierung akzeptabel erscheint (Abb. 3, 4), ist sie bei dem weicheren Nadelholz in der Regel zu stark. Deshalb ist die Anwendung von Strahlverfahren an Nadelholz im Allgemeinen nicht zu empfehlen.

Die Strahlverfahren mit Wasserzugabe ermöglichen ein nahezu staubfreies Abtragen des Anstriches. Sie sollten am stehenden Fachwerk jedoch nicht angewendet werden, da die Konstruktion durch eindringendes Wasser und durch Verschmutzung der Wandoberfläche zu stark belastet wird.

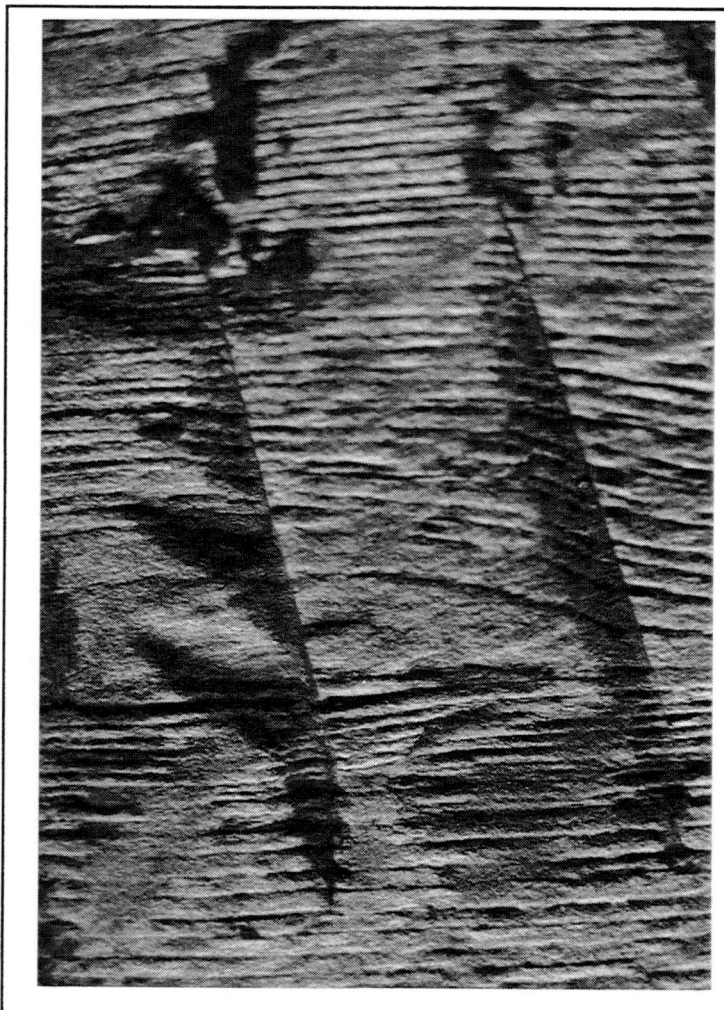

Abb. 4 Strukturierte Holzoberfläche mit Abbundzeichen nach dem Abstrahlen des Altanstriches

Beim Trockenstrahlen entsteht eine hohe Staubbelastung, so daß Maßnahmen zur Bindung und zum Auffangen des Staubes zu treffen sind. Es ist notwendig, die Gebäudeeinrüstung von außen allseitig mit Planen zu verhängen und das anfallende Gemisch aus Strahlgut und Anstrichpartikeln, z.B. durch auf dem Boden verlegte Planen, aufzufangen. Bei Systemen mit unmittelbarer Staubabsaugung könnten solche Vorkehrungen weitgehend entfallen. Die Arbeitsgeschwindigkeit verringert sich allerdings gegenüber dem freien Strahlen. Außerdem muß unbedingt gewährleistet sein, daß der Ausführende die bestrahlte Fläche ständig einsehen und die Strahlparameter unmittelbar den Anforderungen der Oberfläche anpassen kann.

Stark profilierte und/oder verzierte Bereiche müssen mit anderen, manuellen Methoden (z.B. Heißluft) bearbeitet werden, da Strahlverfahren in diesen Bereichen nicht ausreichend zur Wirkung kommen oder die Holzoberfläche zu sehr abtragen. Gefachränder sollten durch geeignete Schutzmaßnahmen, wie z.B. Klebebänder oder Abdeckplatten, vor Beschädigung geschützt werden.

6 Schlußfolgerungen

Die Entfernung von Altanstrichen kann an stehenden Fachwerkgebäuden mit Strahlverfahren durchgeführt werden, wenn Strukturierungen der Holzoberfläche akzeptabel sind. Vor dem Beginn der Anstrichentfernung müssen unbedingt Probeflächen angelegt werden, um die Strahlparameter auf den vorhandenen Anstrich und die darunterliegende Holzoberfläche abzustimmen. Die erforderliche Art der Entsorgung des Anstrich-Strahlmittel-Gemenges muß im Vorfeld durch eine Untersuchung des Anstriches geklärt werden.

Der Ausführende der Strahlarbeiten hat einen großen Einfluß auf Arbeitsergebnis, Arbeitsgeschwindigkeit und Schäden in den Randbereichen des Gefaches. Daher muß geschultes, eingearbeitetes Personal eingesetzt werden, das mit den spezifischen Problemen des Fachwerks vertraut sein sollte.

Vor dem Neuanstrich müssen verbliebene Spachtelmassen und Anstrichreste manuell entfernt sowie lose Anstrich- und Strahlmittelreste ausgebürstet werden.

Im Rahmen der Sanierungsarbeiten an der Fachwerkkirche in Eichelsachsen wurde der Anstrich vollständig mit dem Trockenstrahlverfahren B entfernt [4]. Aufgrund der rauhen Oberfläche des Eichenholzes und dem vorhandenen dickschichtigen Altanstrich hatte sich das Verfahren als günstig herausgestellt.

7 Literatur

[1] Böttcher, P. (1992)   : Einfluß der Oberflächenbehandlung auf die Haltbarkeit von Fachwerkhölzern
WKI-Kurzbericht Nr.41/92

[2] Rüsing, A. (1987)   : Die Strahltechnik
Die Mappe 1/87, S. 21 - 22

[3] Prickartz, R. (1992)
Heuser, H.   : Das ibb-Partikelstrahlverfahren
Naturstein 5/92, S. 32 - 36

[4] Handbuch zur Denkmalpflegeforschung - Pilotobjekt Fachwerkkirche Eichelsachsen; Herausgeber: Gesamtprojektleitung des Verbundforschungsprojektes Fachwerkbautenverfall und Erhaltung; Verlag Ernst & Sohn, 1994

[5] Hävemeyer, H. (1993)   : Untersuchungen zur mechanischen Altanstrichentfernung an Fachwerkbauten
bi - bauwirtschaftliche Informationen - Sonderheft "Bauwerkserhaltung und Denkmalpflege" vom 17.05.1993, S.30-32

Oberflächenbehandlung von Fachwerkhölzern

Peter Böttcher
Fraunhofer-Institut für Holzforschung
Wilhelm-Klauditz-Institut (WKI)
Bienroder Weg 54E
38108 Braunschweig

Suchbegriffe: Anstrichsysteme, Fachwerk, Feuchteschutz, Holzschutz, Oberflächenbehandlung

Keywords: Coating systems, framework, humidity protection, wood protection, surface protection

Zusammenfassung:

Die Oberflächenbehandlung von Holz zählt zu den Holzschutzmaßnahmen. Sie soll dazu beitragen, daß Feuchtigkeit nicht an das Holz gelangt und UV-Strahlung das Holz nicht zerstört. Außerdem dient sie als gestalterisches Element. An Anstrichstoffe für Fachwerkhölzer werden darüber hinaus folgende Anforderungen gestellt:
- Die Abdunstung von Wasser aus dem Holz darf nicht behindert werden.
- Die Haltbarkeit sollte mindestens 3 bis 5 Jahre betragen.
- Die Verstreichbarkeit auf rauhen Holzoberflächen muß gut sein.

Diese Anforderungen können nur Anstrichschichten mit niedrigen Diffusionswiderstandswerten und/oder geringer Schichtdicke erfüllen. Lösemittelhaltige Systeme sind hierin wasserverdünnbaren unterlegen. Sogenannte historische Anstrichsysteme sind in der Regel zu dicht.

Abstract:

Wood preservation also comprises the surface treatment. It shall avoid that the wood is penetrated by moisture and destroyed by UV radiation. Furthermore, it serves as a creative element. Following requirements have to be fulfilled by a painting system used for the preservation of framework timber:
- The evaporation of water from the wood must be assured
- The durability should be at least 3 to 5 years
- The brushability on rough surfaces has to be excellent

These requirements can only be fulfilled by coating layers with a low diffusion resistance and/or a small layer thickness. In this respect, solvent-based systems are inferior to those which can be watered down. So-called historical painting systems normally are too thick.

1 Einleitung

Holz ist ein wesentlicher Bestandteil von Fachwerkbauten. Im Verbund mit dem Ausfachungsmaterial stellt es das tragende Gerüst des Bauwerks dar.

Darüber hinaus wird sowohl bei der Sanierung von Altbauten allgemein als auch bei Neubauten Holz als tragendes und aussteifendes, als nichttragendes maßhaltiges und nicht maßhaltiges sowie als dekoratives Baumaterial eingesetzt.

Es gehört zu den natürlichen Vorgängen, daß Holz durch Organismen und Umwelteinflüsse abgebaut und in Form seiner Grundbausteine wieder in den Kreislauf der Natur eingefügt wird. Dazu sind bestimmte Umgebungseinflüsse erforderlich, wobei das Wasser zu den wichtigsten gehört. Dem steht der Anspruch des Menschen entgegen, die eingesetzten Baustoffe möglichst lange funktionsfähig zu erhalten.

Holz, das als Konstruktionsmaterial in der Außenanwendung eingesetzt wird, kann durch zahlreiche biotische und abiotische Einflüsse zerstört werden.

Dem kann durch verschiedene Maßnahmen begegnet werden, die unter dem Begriff "Holzschutz" zusammengefaßt werden. Holzschutz befaßt sich in seiner Gesamtheit nicht nur mit Maßnahmen gegen 'Schadorganismen', sondern auch mit solchen zum Schutz gegen schädigende Umwelteinflüsse. Holzschutz läßt sich daher einteilen in:

- **Natürlicher Holzschutz**
  Er umfaßt vor allem die Wahl der Holzarten und deren Qualität. Entsprechend DIN 68364 [1] bzw. prEN 350 [2] lassen sich die Holzarten in verschiedene Resistenzklassen einteilen, wobei Klasse 5 die geringste (nicht dauerhaft), Klasse 1 die höchste (sehr dauerhaft) natürliche Resistenz umfaßt.

- **Konstruktiver (baulicher) Holzschutz**
  Ziel des konstruktiven Holzschutzes ist es, die Lebensbedingungen für Schadorganismen mit Hilfe konstruktiver Mittel nachteilig zu gestalten. Für tragende und aussteifende Bauteile sind diese Maßnahmen in DIN 68800 Teil 2 [3] zusammengefaßt. Diese Prinzipien gelten jedoch nicht nur hier, sondern bei allen anderen Holzkonstruktionen auch. Mit konstruktiven und bauphysikalischen Maßnahmen wird vor allem Feuchtigkeit von der Holzkonstruktion ferngehalten. Neben den in der Norm genannten Verfahren sind dies insbesondere bei alter Bausubstanz:

- Mechanische Schutzvorrichtungen, um Niederschlagswasser schnellstmöglichst abzuleiten (z.B. Dachüberstände, Schutzdächer, Abschrägungen, Abflußbohrungen von Zapfenlöchern).

- Vermeidung von Konstruktionsteilen, in denen flüssiges Wasser über längere Zeit stehen bleiben kann (z.B. offene Zapfenlöcher, Fugen im Anschlußbereich, horizontale oder nach innen geneigte Sockelsteine).

- Verlegung der Markröhre von Schwellenhölzern in den oberen Quschnittsbereich, da entstehende Trockenrisse in dem Fall immer nach unten gerichtet sind.

- Vermeidung von Tauwasserbildung in Wandkonstruktionen oder an Kontaktstellen mit anderen Baustoffen.

- Möglichst gute Belüftung der gesamten Holzkonstruktion.

Derartige konstruktive Maßnahmen wirken vor allem gegen Pilzbefall und Wettereinflüsse, weniger gegen Insektenbefall.

☐ **Chemischer Holzschutz**
Dort, wo die Nutzung der natürlichen Resistenz von Holzarten und konstruktive Maßnahmen nicht den erforderlichen Schutz gewährleisten können, sind chemische Holzschutzmittel und -verfahren angezeigt. Bei der Entscheidung sollte jedoch überlegt werden, ob der erzielbare Nutzen nicht durch ein zu hohes gesundheitliches und ökologisches Risiko überwogen wird. Verbindliche Hinweise dafür gibt es nur selten, zumal die individuellen Bedingungen hier einen sehr großen Einfluß haben. Dies gilt sowohl für den vorbeugenden, als auch für den bekämpfenden Holzschutz.

☐ **Oberflächenbehandlung**
Die Oberflächenbehandlung dient ebenfalls vor allem dem Schutz des Holzes, kann aber Fehler in den vorgenannten Schutzbereichen keinesfalls ausgleichen.

2 Aufgaben der Oberflächenbehandlung

Die Oberflächenbehandlung von außen verwendetem Holz hat die Aufgaben:

☐ **das Holz vor UV-Strahlung zu schützen**
UV-Strahlung bis in den sichtbaren Bereich (bis ca. 440 nm) ist in der Lage, das im nativen Zustand wasserunlösliche Lignin (die die Zellulose umgebende Kittsubstanz der Zellwände des Holzes) photolytisch zu zerstören. Die Abbauprodukte sind wasserlöslich und können bei Feuchteeinwirkung ausgewaschen werden. Das verbleibende Zellulosegerüst ist kein tragfähiger Untergrund für eine

Anstrichschicht. Sie wird frühzeitig abblättern, wodurch die Holzoberfläche ungeschützt dem Wetter ausgesetzt ist.

- **das Holz vor Wasser zu schützen**
  Die Anwesenheit von Wasser ist zumeist eine Vorbedingung, daß Holz zerstört wird. Erhöhte Holzfeuchte ist die Voraussetzung für einen Pilzbefall ebenso wie für die Auswaschung von Holzbestandteilen (z.B. photolytisch gespaltenes Lignin). Feuchtewechsel bewirken das Quellen bzw. Schwinden des Holzes und damit Dimensionsänderungen, die zur Funktionsbeeinträchtigung von Holzbauteilen führen können. Schnelle Feuchtewechsel führen zur Rißbildung. Damit werden Eindringöffnungen für Wasser, Pilzsporen und Insekten geschaffen.

- **eine dekorative Wirkung zu erzeugen**
  Neben den technischen Aufgaben kommt gerade bei der Anwendung auf historischen Fachwerkbauten dem Anstrichstoff eine gestalterische Aufgabe zu. Das Äußere des Bauwerks soll der historischen Farbgebung entsprechen [4,5].

In begrenztem Umfang können durch eine Oberflächenbehandlung auch Biozide eingebracht, also chemische Holzschutzmaßnahmen vorgenommen werden.

Die Oberflächenbehandlung von außen verwendetem Holz erfolgt durch den Auftrag von flüssigen Beschichtungsstoffen (Anstrichstoffe), die im handwerklichen Verfahren durch Streichen oder Rollen aufgetragen werden.

3 Anforderungen einer Konstruktion an die Oberflächenbehandlung

Entsprechend dem Einsatzbereich unterscheidet man

- **Beschichtungsstoffe für maßhaltige Bauteile**
  Unter dem Begriff "maßhaltige Bauteile" sind solche zu verstehen, deren Funktionsfähigkeit maßgeblich von der Dimensionsstabilität abhängig ist. Durch Feuchtewechsel bedingte Quellung und Schwindung verändern sich die Abmessungen der Bauteile. So können z.B. Fenster, Türen und Tore bei zu hohem Feuchteanstieg des Holzes soweit quellen, daß die Gängigkeit der Flügel nicht mehr gewährleistet ist. Bei zu starker Austrocknung entstehen Fugen, die einen überhöhten Luftwechsel ermöglichen oder z.B. das sichere Schließen von Türen verhindern.

  Durch diffusionsdichte Beschichtungsstoffe kann der Feuchtewechsel auf ein erträgliches Maß reduziert werden [6,7].

☐ **Beschichtungsstoffe für nicht maßhaltige Bauteile**
"Nicht maßhaltige Bauteile" sind solche, deren Funktionsfähigkeit nicht von der Dimensionsstabilität des Holzes abhängt (z.B. Bekleidungen, Leimbinder, Holzfachwerk, Zäune) [8]. Hier können oder müssen sogar diffusionsoffene Anstrichstoffe verwendet werden.

In der europäischen Normung sollen die Anstrichstoffe in drei Gruppen unterteilt werden [9]:
- stable (z.B. Fenster und Türen)
- semistable (z.B. Bekleidungen und Leimbauteile)
- non stable (z.B. Holzfachwerk und Zäune)

4 Einflüsse auf die Alterung von Anstrichstoffen

Die Alterung, d.h. die Zerstörung bzw. der Abbau von Anstrichschichten auf Holz kann sowohl in der Anstrichschicht selber als auch vom Untergrund her bewirkt werden. Je intensiver das Wetter auf die Anstrichschicht einwirken kann, um so rascher findet der Abbau der Anstrichschicht statt. Dabei werden vor allem die organischen Bindemittel zerstört. Die Intensität der Wettereinwirkung läßt sich entsprechend DIN 50010 Teil 1 einteilen in [10]:

- Außenraumklima (Die Bauteile sind gegen Niederschläge und direkte Sonneneinstrahlung geschützt)
- Freiluftklima (Alle Klimaeineinflüsse können ungehindert auf die Bauteile einwirken)

Neben der Alterung der Beschichtung durch Abbau des Bindemittels (erkennbar an der Kreidung der Anstrichschicht), werden Anstrichschichten auch durch Organismen (Bakterien und Pilze) abgebaut. Einen Sonderfall der Alterung des Beschichtungssystems, der jedoch der für den Nutzer augenfälligste ist, stellt die Abblätterung der Anstrichschicht durch Zerstörung des Untergrundes oder gravierende Veränderung der Haftfestigkeit dar (z.B. Verringerung der Naßhaftung bei zahlreichen wasserverdünnbaren Anstrichstoffen).

5 Schutz vor UV-Strahlung

Anstrichstoffe sollen das Holz vor der schädigenden Einwirkung von Strahlung schützen. Ein ungenügender Schutz führt zu einem tiefgreifenden Abbau des Lignins (Abb. 1) [11]. Um insbesondere auf maßhaltigen Bauteilen den Oberflächenschutz möglichst lange zu erhalten, wurden im Rahmen der 'Rosenheimer Richtlinien' [7] Hinweise geschaffen, wie groß die Schutzfunktion einer Anstrichschicht mindestens sein muß (Abb. 2).

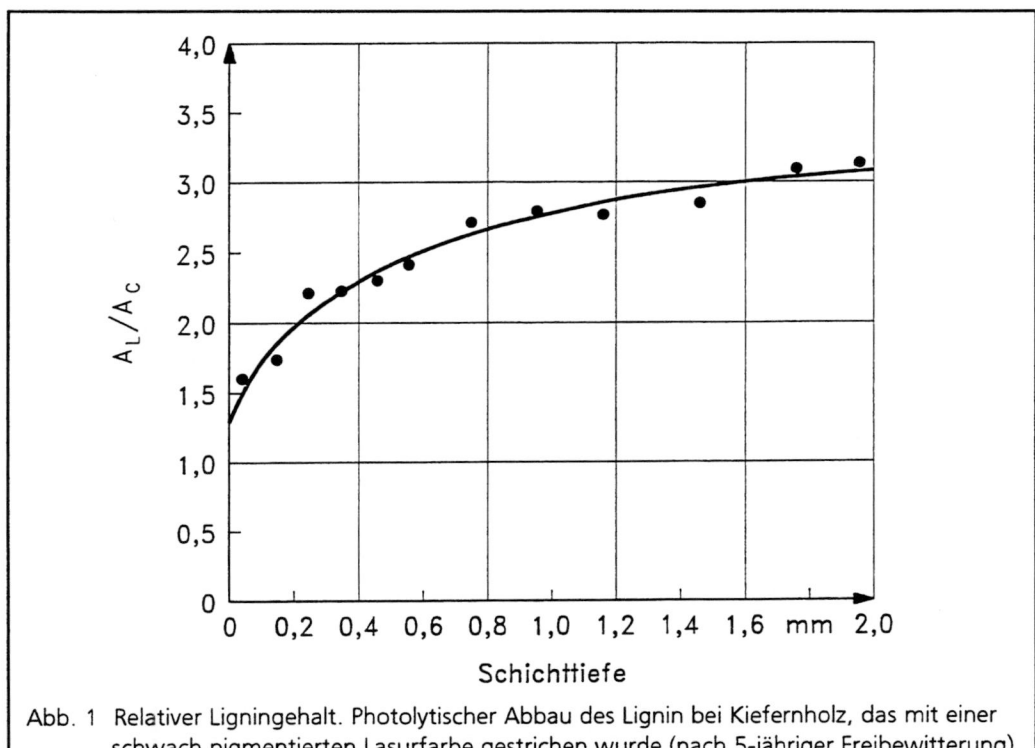

Oberflächenbehandlung von Fachwerk-Hölzern

Abb. 1 Relativer Ligningehalt. Photolytischer Abbau des Lignin bei Kiefernholz, das mit einer schwach pigmentierten Lasurfarbe gestrichen wurde (nach 5-jähriger Freibewitterung)

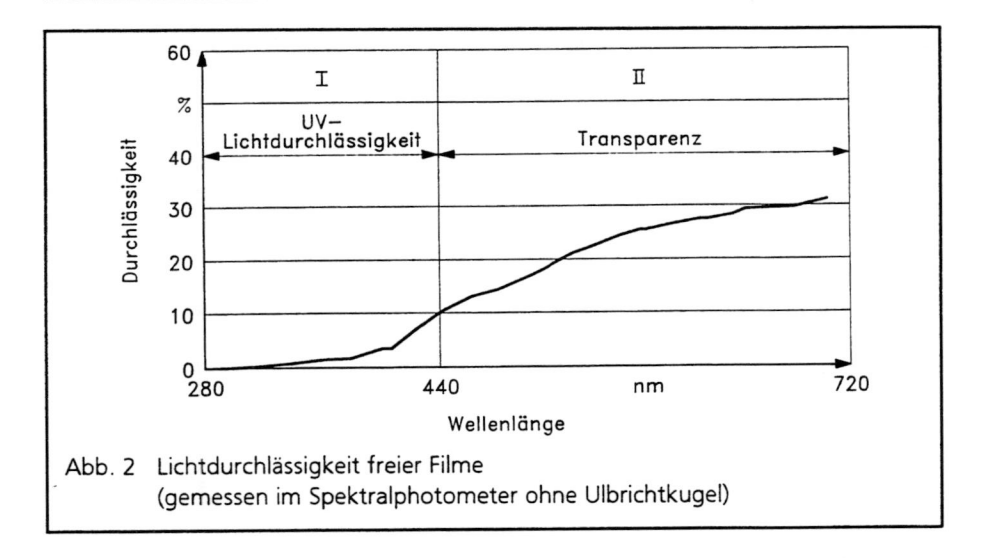

Abb. 2 Lichtdurchlässigkeit freier Filme (gemessen im Spektralphotometer ohne Ulbrichtkugel)

Hinsichtlich der Strahlungsdurchlässigkeit werden die Anstrichstoffe in drei Gruppen unterteilt:

- Deckende Beschichtungsstoffe verdecken durch die nicht transparenten Pigmente die Eigenfarbe des Holzes; die Struktur bleibt aber u.U. erkennbar.
- Lasierende Beschichtungsstoffe enthalten transparente Pigmente und lassen Helligkeitsunterschiede des Holzes erkennen.)
- Farblose Beschichtungen lassen die Farbunterschiede des Holzes in ihrer natürlichen Stufung erkennen.

Farblose und gering pigmentierte Beschichtungsstoffe sind in der Regel - sofern keine wirksamen und langzeitstabilen UV-Absorber eingesetzt werden - für die Anwendung bei direkter Bewitterung (Freiluftklima) nicht geeignet.

6 Schutz vor Wasser

Wasser kann durch Anstrichschichten in Form von flüssigem Wasser oder Wasserdampf in das Holz eindringen. Bei dichteren Anstrichsystemen findet kaum ein Flüssigkeitstransport statt.

Die Interaktion Wasser/Beschichtungsstoff wird mit dem Wasseraufnahmekoeffizienten w_t nach DIN 52617 [12] beschrieben. Die flächenbezogene Wasseraufnahme wird beim Benetzen einer Probenoberfläche (Saugfläche) aus der zeitabhängigen Massezunahme der Probe und der Größe der Saugfläche ermittelt [13].

Je höher die von einem Anstrichsystem aufgenommene Wassermenge ist, desto schneller verläuft auch die Wasserabgabe. Damit sind solche Systeme stärkeren mechanischen Spannungen ausgesetzt und tendieren eher zu Oberflächenrissen. Eine geringe und während der Alterung gleichbleibend niedrige Wasseraufnahme ist eine Voraussetzung für eine gute Witterungsstabilität [14].

Durch die Bewitterung verändert sich der w_t-Wert in charakteristischer Weise in Abhängigkeit vom Bindemitteltyp (Tabelle 1).

Bindemitteltyp	nicht flüchtiger Anteil [%]	w_t unbewittert [kg/(m²√h)]	w_t bewittert (6 Monate) [kg/(m²√h)]
Kunststoffdispersion	43	0,06	0,02
Reinacrylat, wässrig	46	0,03	0,02
Reinacrylat, lösemittelhaltig	60	0,07	0,04
Reinacrylat, wässrig	41	0,08	0,03
Copolymer-Dispersion	47	0,02	0,02

Tabelle 1   Veränderung des w_t-Wertes verschiedener Anstrichstoffe nach einer 6-monatigen Bewitterungsphase

Größer als die Wasserdurchlässigkeit ist der Einfluß der Dampfdurchlässigkeit einer Anstrichschicht. Während die Feuchteabgabe durch eine Anstrichschicht in der Regel weitgehend über die Dampfphase erfolgt, sind bei der Aufnahme beide Formen wirksam.

Hinsichtlich der Dampfdurchlässigkeit unterscheidet man nach

- **diffusionsoffenen Systemen** (z.B. Dünnschichtlasuren, Dispersionen)
- **diffusionsdichten Systemen** (z.B. Dickschichtlasuren, Lacke)

Bei Fachwerkkonstruktionen findet in der Regel die Befeuchtung des Holzes weniger über die Außenflächen als vielmehr über Konstruktionsundichtigkeiten (Fugen zur Ausfachung) oder Kondensation statt. Auch Fugen zwischen zwei Holzteilen sind Aufnahmewege für Wasser. Anderseits kann das häufig in flüssiger Form in das Holz eingedrungene Wasser nur über die in der Regel mit einer Farbfassung versehenen Außenflächen abdunsten. Bei dichten Anstrichschichten wird dieser Vorgang mehr oder minder stark behindert. Dadurch werden die Bedingungen für ein Pilzwachstum begünstigt.

Die Dampfdurchlässigkeit eines Beschichtungsystems wird durch die Wasserdampf-Diffusionswiderstandszahl μ charakterisiert. Der μ-Wert vergleicht die Dichtigkeit eines Stoffes gegenüber Wasserdampf mit dem Diffusionswiderstand einer ruhenden Luftschicht gleicher Dicke, der der μ-Wert von 1 zugeordnet ist. Der μ-Wert ist eine dimensionslose materialcharakteristische Kenngröße und wird nach DIN 52615 bestimmt [15]. Eine andere Kenngröße einer Beschichtung im Hinblick auf die Dampfdurchlässigkeit ist der s_d-Wert, der als diffusionsäquivalente Luftschichtdicke bezeichnet wird. Ihn erhält man, indem man den μ-Wert mit der Schichtdicke multipliziert. Beispielhaft werden in Tabelle 2 für einige auf Fachwerkhölzern eingesetzte Anstrichsysteme die Diffusionswiderstandszahlen angegeben.

Anstrichstoff	Diffusionswiderstandszahl (μ)
Reinacrylat, wasserverdünnbar	9 700 *
Reinacrylat, wasserverdünnbar	7 600 *
Kunststoffdispersion	2 900 *
Copolymerdispersion	1 600 *
Reinacrylat, lösemittelhaltig	11 000 *
Alkydharzlack	56 800 **
Kalk-Kasein-Anstrich	45 000 **
Kalk-Kasein-Anstrich	22 500 **
Historischer Ölanstrich	72 000 *
* Messung am freien Film im dry-cup Verfahren ** Messung an gestrichenen Fichtenbrettern im dry-cup Verfahren	

Tabelle 2 Diffusionswiderstandszahlen (µ) für einige typische Fachwerk-Anstrichstoffe

7 Beschichtungssysteme

Beschichtungssysteme bestehen in der Regel aus mehreren Schichten:

- **Grundanstrichstoff** (niedrig viskoses, gering bindemittelhaltiges, nicht oder nur schwach pigmentiertes Material, das mit Bioziden ausgerüstet sein kann)
- **Zwischenanstrichstoff** (schichtaufbauendes, häufig hochgefülltes Material)
- **Schlußanstrichstoff** (letzte Anstrichschicht, besonders widerstandsfähig, teilweise mit besonderer Glanzwirkung)

Fenster erfordern diffusionsdichte Anstrichstoffe mit - insbesondere auf den Außenflächen - ausreichender Pigmentierung.

Geeignete Systeme sind z.B.:

- Dünnschichtlasur + Dickschichtlasur
- Grundanstrichstoff + deckende Dispersionslackfarbe
- Grundanstrichstoff + deckende lösemittelhaltige Lackfarbe

Holzbekleidungen verlangen diffusionsoffene Anstrichstoffe, die jedoch ausreichend pigmentiert sein müssen, um das Holz vor der UV-Strahlung zu schützen.
Geeignete Systeme sind z.B.:

- Holzschutzlasur (mittelbraun)
- Grundanstrichstoff mit fungizider Ausrüstung + deckend pigmentierter Dispersionsanstrichstoff

Fachwerkhölzer verlangen Anstrichstoffe oder -schichten mit sehr niedrigen Wasseraufnahmekoeffizienten und Diffusionswiderständen. Anstrichstoffe mit diffusionsäquivalenten Luftschichtdicken von $s_d < 0,5$ m haben sich in der Praxis bewährt [5,13,16]. Allerdings ist darauf hinzuweisen, daß dieser Wert ein rein empirisch festgelegter Wert ist. Zum Schutz vor UV-Strahlung sollten die Beschichtungsstoffe ausreichend pigmentiert sein. Gering bindemittelhaltige Grundanstrichstoffe verbessern die Haltbarkeit deutlich.

Geeignete Systeme sind z.B.:

- Dünnschichtlasuren
- Dispersionsanstrichstoffe mit niedrigen Diffusionswiderständen

Zwar sind grundsätzlich bei Fachwerkhölzern auch dichtere Anstrichstoffe einsetzbar, doch müssen dann die Schichtdicken entsprechend gering sein. Das ist aber mit handwerklichen Mitteln nur in begrenztem Umfang realisierbar. Aus Abb. 3 lassen sich die noch zuträglichen Schichtdicken bei vorgegebener Diffusionswiderstandszahl und diffusionsäquivalenter Luftschichtdicke entnehmen.

Oberflächenbehandlung von Fachwerk-Hölzern

Abb. 3 Abhängigkeit der zulässigen Trockenschichtdicke (d) von der diffusionsäquivalenten Luftschichtdicke (s_d) bei verschiedener Dampfdiffusionswiderstandszahl (μ)

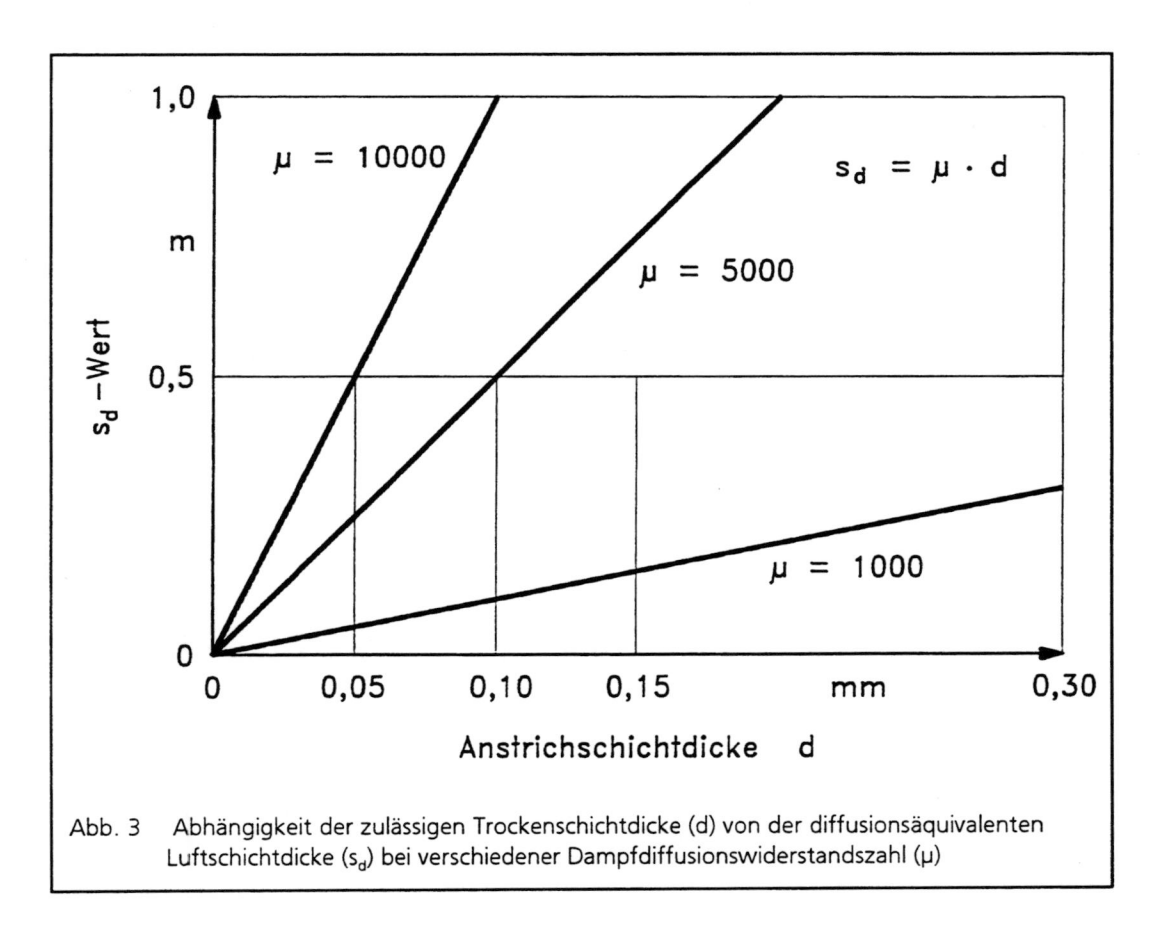

An Beschichtungen für Fachwerkhölzer sind folgende spezielle Anforderungen zu stellen:

- Sie dürfen die Wasserdampfdiffusion nicht oder nur gering behindern (niedrige Diffusionswiderstandszahlen / hohe Durchlässigkeitswerte).
- Sie sollen nach Möglichkeit einen Schutz vor Schlagregen bieten.
- Sie sollen einen ausreichenden UV-Schutz für das Holz bieten.
- Sie sollen möglichst dünn und gleichmäßig auch auf rauhen Oberflächen aufgebracht werden können.
- Sie sollen möglichst für 3 - 5 Jahre bei direkter Wetterbeanspruchung (Freiluftklima) halten.
- Sie sollen möglichst allen Wünschen einer fachwerkspezifischen farbigen Gestaltung gerecht werden.

8 Einflüsse des Untergrundes

Neben der Art und Verarbeitung der Beschichtungsstoffe ist für den Erfolg der Beschichtung (langanhaltende Wirksamkeit) die Beschaffenheit und Bearbeitung des Untergrundes entscheidend.

▸ Fehlerhaftes Holz (z.B. zahlreiche und dicke Äste, Risse, Harzgallen und Bläue (Abb. 4)) vermindert die Haltbarkeit von Beschichtungen.

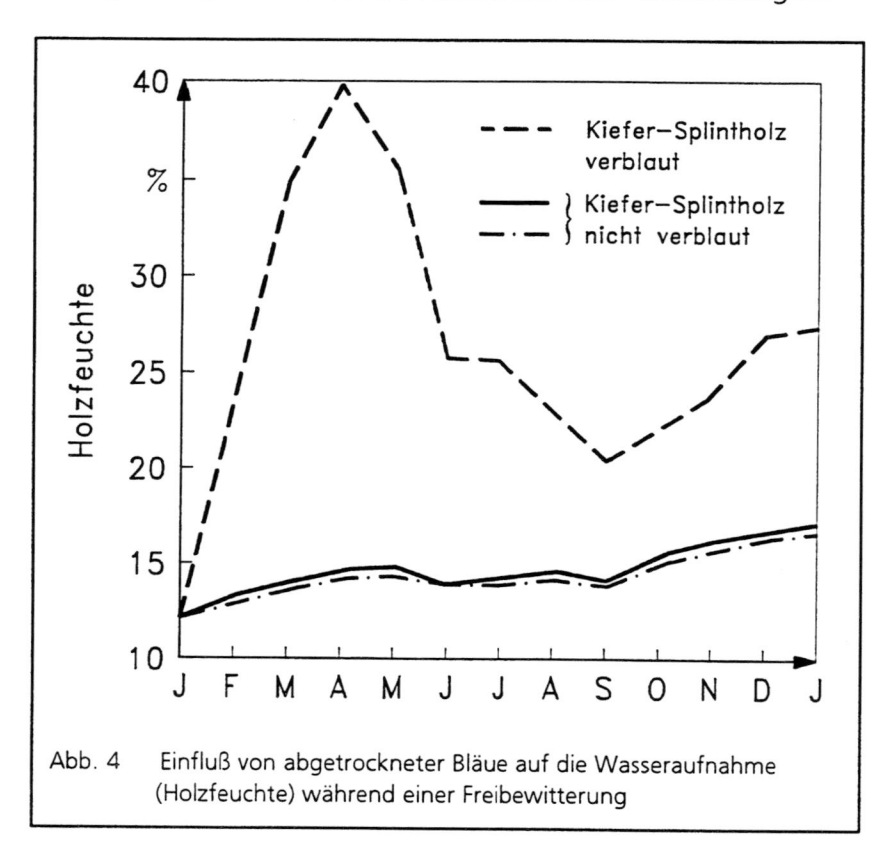

Abb. 4 Einfluß von abgetrockneter Bläue auf die Wasseraufnahme (Holzfeuchte) während einer Freibewitterung

▸ Holzoberflächen sollten je nach Anwendungsbereich glatt (z.B. gehobelt, hydrogehobelt oder finiert), jedoch nicht gequetscht sein. Rauhe Stellen erhöhen die Wasseraufnahme.

▸ Verwitterte Holzoberflächen verhindern eine gute Haftung der Beschichtung und ein dünnes Ausstreichen des Anstrichstoffes. Durch geeignete Vorarbeiten (z.B. Bürsten, Schleifen, Strahlen) muß ein tragfähiger Untergrund geschaffen werden [17].

▸ Schlecht haftende und zu dicke Altanstriche müssen entfernt werden. Verbleibende Anstrichreste sollten angeschliffen und die Ränder angeschrägt werden.

▸ Kanten sollten gerundet sein ($r \approx 2-3$ mm). An scharfen Porenrändern, z.B. bei Eiche, können ebenfalls Probleme entstehen. An scharfen Kanten verringert sich durch sogenannte Kantenflucht die Schichtdicke der Beschichtung.

▸ Durch geeignete Konstruktionen soll die Aufnahme von Wasser verhindert werden (z.B. dichte oder genügend breite Fugen).

- Dichtstoffe und andere Hilfsstoffe müssen mit dem Beschichtungsstoff verträglich sein (z.B. Silikonflucht).

- Gestrichene Holzoberflächen und -konstruktionen sind regelmäßig zu warten und kleinere Schäden alsbald zu beheben.

Abschließend ist nochmals darauf hinzuweisen, daß Anstrichschichten in den meisten Fällen nicht in der Lage sind, einen primären Schaden zu verursachen. Nur wenn andere Schutzmaßnahmen für eine Konstruktion vernachlässigt wurden, können falsch gewählte Beschichtungssysteme, zu große oder zu kleine Schichtdicken oder Verarbeitungsfehler eine Schadensentwicklung begünstigen. Konstruktive Mängel können nicht durch Anstrichsysteme behoben werden.

9 Literatur

[1] DIN 68364 : Kennwerte von Holzarten, Ausg. Nov. 1979

[2] prEN 350-2 : Dauerhaftigkeit von Holz und Holzprodukten/Natürliche Dauerhaftigkeit von Holz, Ausg. Sept.1990

[3] DIN 68800, Teil 2 : Holzschutz im Hochbau/Vorbeugende bauliche Maßnahmen, Ausg. Januar 1984

[4] Gerner, M. (1983) : Farbiges Fachwerk
Deutsche Verlagsanstalt

[5] Gerner, M.
Weidig, G.
: Deckende Anstriche auf Fachwerkholz
Arbeitsblatt des Deutschen Zentrums für Handwerk und Denkmalpflege, Fulda 1991

[6] BFS Merkblatt Nr. 18 : Technische Richtlinien für Beschichtungen auf Fenstern und Außentüren sowie anderen maßhaltigen Außenbauteilen aus Holz, Frankfurt 1989

[7] Merkblatt des Instituts für Fenstertechnik : Anstrichsysteme für Holzfenster/Anforderungen an lasierende und deckende Beschichtungen für maßhaltige Bauteile, Rosenheim 1991

[8] BFS Merkblatt Nr. 3 : Beschichtungen auf nicht maßhaltigen Außenbauteilen aus Holz, Frankfurt 1991

[9] DIN EN 927 : Lacke und Anstrichstoffe / Beschichtungsstoffe und Beschichtungssysteme für Holz im Außenbereich, Teil 1: Einteilung und Auswahl, Entwurf Januar 1993
(deutsche Fassung von prEN 927-1 : 1992)

[10] DIN 50010, Teil 1 : Klimate und ihre technische Anwendung; Klimabegriffe, Allgemeine Klimabegriffe; Ausg. Okt. 1977

[11] Böttcher, P. (1984) : Verbesserung des Langzeitverhaltens von Außenkonstruktionen aus einheimischen Hölzern durch Renovierungsanstriche
Holz als Roh- und Werkstoff 42 Nr. 3, S. 85-91

[12] DIN 52617 : Bestimmung des Wasseraufnahmekoeffizienten von Baustoffen; Ausg. Mai 1987

[13] Künzel, H. (1993) : Anforderungen an Anstrichmittel auf schwinndrißgefährdeten Holzbauteilen im Außenbau
Bericht aus dem Fraunhofer-Institut für Bauphysik Nr. 47, Stuttgart

[14] Hora, G. (1993) : Beurteilung des Feuchteschutzes von Holzaußenanstrichen
Böttcher, P. Farbe und Lack 99 Nr. 11, S. 924-928

[15] DIN 52615 : Wärmeschutztechnische Prüfungen / Bestimmung der Wasserdampfdurchlässigkeit von Bau- und Dämmstoffen; Ausg. Nov. 1987

[16] Böttcher, P. (1993) : Fachwerkanstriche
Vortrag anläßlich der Generaldebatte des Deutschen Maler- und Lackiererhandwerks am 15.10.1993, Oberursel

[17] Hävemeyer, H. (1993) : Untersuchungen zur mechanischen Anstrichentfernung an Fachwerkbauten
bi-Bauwirtschaftliche Informationen - Bauwerkerhaltung und Denkmalpflege vom 17.05.1993

Analytik von proteinhaltigen Bindemitteln in historischen Anstrichstoffen

Hilkea Rosenbrock, Josef Heinskill, Müfit Bahadir
Fraunhofer-Institut für Holzforschung
Wilhelm-Klauditz-Institut (WKI)
Bienroder Weg 54E
38108 Braunschweig

Suchbegriffe:	Proteinhaltige Bindemittel, Hochleistungsflüssigkeitschromatographie (HPLC), Aminosäuren, Proteine, Casein, Eidotter, Kapillarelektrophorese (CE)
Keywords:	Proteinous binders in paintings, High performance liquid chromatography (HPLC), Amino acids, Proteins, Casein, Egg yolk, Capillary electrophoreses (CE)

Zusammenfassung:

Mittels HPLC (Hochleistungsflüssigkeitschromatographie) wurden die proteinhaltigen Bindemittel von Anstrichen mit Eidotter und Casein auf ihre Aminosäurenverteilung hin untersucht. Dreizehn verschiedene Aminosäuren wurden zur Unterscheidung herangezogen. Es war möglich, frisch hergestellte Anstrichsysteme auf Casein bzw. auf Eidotterbasis voneinander aufgrund der Aminosäurenverteilung zu unterscheiden. Caseinhaltige Anstriche enthalten ca. 25 Gew.-% Glutaminsäure, auf Eidotter basierende nur ca. 11 Gew.-%.Eidotterhaltige Farben enthalten ca. doppelt soviel Gew.-% an Serin wie caseinhaltige Anstriche. Die gleiche Art der Analyse war bei der Untersuchung von bewitterten Anstrichsystemen nicht erfolgreich. Auch mittels der Kapillarelektrophorese wurden die Proteine analysiert, wodurch aber ebenfalls keine Unterscheidung zwischen Eidotter und Casein im Anstrichsystem möglich war.

Abstract:

HPLC was applied on freshly produced and weathered proteinous painting materials. Because of different content of 13 various amino acids in casein and egg yolk it was possible to differ between casein and egg yolk for freshly prepared paintings. Casein-based paintings contain about 25 weight-% glutaminacid, egg yolk- based paintings also contain about the double weight-% serin. The same analysis with weathered paintings was not successful. The proteins were also analysed by capillary electrophoresis.

With this method it was not possible to differ between casein and egg yolk-based paintings.

1 Einleitung

Bei der Restaurierung von Fachwerkgebäuden wird unter anderem versucht, die Farbzusammensetzung genau so zu wählen, wie sie im Orginal war. Dadurch wird der Gesamteindruck des Denkmals erhalten bzw. wieder hergestellt. Bis in dieses Jahrhundert hinein war es allgemein üblich, Anstriche mit Bindemitteln aus Naturmaterialien, z.B. Harzen, Ölen, tierischen und pflanzlichen Leimen herzustellen. Bei den Bindemitteln handelt es sich um Stoffe, die in der Regel eine hochmolekulare Zusammensetzung haben. Sie erfüllen die Aufgabe, eine Schutzschicht zu bilden, Pigmente und Zusatzstoffe zusammenzuhalten und den Feuchteschutz des Holzes zu gewährleisten.

In dieser Arbeit wurden häufig im Fachwerkbereich verwandte Bindemittel wie Kuhcasein in Kalk-Caseinanstrichen und Hühnereidotter in Eitemperasystemen untersucht [1], [2], [3]. Von geringerer Bedeutung für diesen Bereich sind die tierischen Leime (z.B. Haut-, Knochen- und Lederleime), die jedoch ebenfalls in reiner Form untersucht wurden.

Mit Hilfe von einfachen mikrochemischen Nachweismethoden ist es vielfach nicht möglich, Rückschlüsse auf die Zusammensetzung der proteinhaltigen Anstriche zu erhalten, da die Proteine über komplexe Strukturen verfügen und die chemischen Veränderungen während des Alterns des Anstrichs nicht bekannt sind [1].

Alle Proteine sind aus etwa 20 verschiedenen Aminosäuren aufgebaut, die in charakteristischen Sequenzen miteinander verbunden sind [4], [5], [6]. Diese natürlichen Aminosäuren besitzen alle an demselben C-Atom eine Amino- und eine Carboxylgruppe. Jede der ca. 20 Aminosäuren hat eine andere Seitenkette, die Eigenschaften wie z.B. Struktur, elektrische Ladung, Größe und die Löslichkeit beeinflußt. In wässrigen Lösungen sind die Aminosäuren ionisiert und können als Säuren und Basen reagieren. Durch die unterschiedliche Verknüpfung und Menge der einzelnen Aminosäuren entstehen Proteine in vielen Varianten und Eigenschaften. Ziel dieser Arbeit war es, aufgrund der unterschiedlichen Anteile der verschiedenen Aminosäuren die Proteine zu unterscheiden. Dabei wurden zuerst die Aminosäurenverhältnisse in den unverarbeiteten Stoffen (Kuhcasein, Hühnereidotter und Knochenleim) mittels HPLC bestimmt und untereinander verglichen. Anschließend wurden die frisch hergestellten Farbsysteme aus den entsprechenden Materialien auf ihre Aminosäurenzusammensetzung untersucht und mit den unverarbeiteten proteinhaltigen Zusatzstoffen verglichen. Die gleiche Vorgehensweise wurde bei den bewitterten Anstrichsystemen aus ausgewählten Fachwerkobjekten angewandt. Weiterhin wurde mittels Kapillarelektrophorese (CE) überprüft, ob eine Übereinstimmung zwischen den Proteinen in den frischen Produkten, den frisch hergestellten und den gealterten Anstrichen besteht.

2 Experimentelles

2.1 Aminosäuren

Die Proteine werden durch Hydrolyse in ihre Bausteine, die Aminosäuren, zerlegt. Da sich möglicherweise ein Teil der Proteine während der Alterung zersetzt hatten, bzw. nicht mehr in ihrer ursprünglichen Form vorlag, wurde primär die Analytik der Aminosäuren und sekundär die Bestimmung der Proteine durchgeführt. Für die Zerlegung der Proteine in die Aminosäuren wurde eine Standardhydrolyse bei 110 °C für 24 Stunden in 6 N HCl durchgeführt [7], [8]. Da die Aminosäuren nur über sehr geringe Extinktionskoeffizienten verfügen, wurden sie mit Dabsylchlorid derivatisiert, wobei folgende Reaktion abläuft [9], [10], [11]:

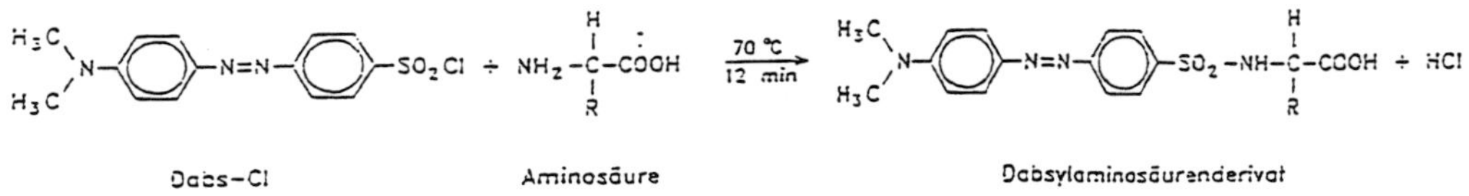

Abb. 1   Reaktionsgleichung der Aminosäuren mit Dabsylchlorid

Die Aminosäurendabsylderivate wurden anschließend mit Hilfe der Hochleistungsflüssigkeitschromatographie (HPLC) getrennt. Zur Trennung wurde ein Gradientensystem, bestehend aus einem 50 mM Natriumacetat-Puffer, pH=6,4 mit einem Gehalt von 4% Dimethylformamid und Acetonitril verwandt. Der Säulenofen wurde auf 40 °C temperiert. Die Trennung erfolgte mit einer Spherisorb ODS-2 Vorsäule (3 µm, 40 mm, ID 4 mm) und einer ODS-2 Hauptsäule (5 µm, 250 mm, ID 4 mm). Das Injektionsvolumen betrug 20 µl. Mit einem schnell scannenden UV-VIS-Detektor wurden Spektren von den getrennten Produkten über den gesamten Wellenlängenbereich (370- 700 nm) aufgenommen. Für die Auswertung wurde eine Wellenlänge von 435 nm herangezogen.

2.2 Proteine

Das proteinhaltige Material (Casein, Eidotter, Kalk-Caseinanstriche, Eitemperaanstriche) wurde in einem 10 mM Phosphatpuffer, pH=9 gelöst. Die verwendete Quarzkapillare der CE hatte eine Länge von 70 cm und einen Innendurchmesser von 75 µm. Es wurde ein Strom von 25 kV angelegt, und die Probeninjektion erfolgte hydrodynamisch über 5 Sekunden. Für die Trennung wurde ein 50 mM Phosphatpuffer mit einem pH=9, der 5 mM Cetyltrimethylammoniumbromid enthält, verwendet. Die Detektion der Proteine erfolgte bei 200 und 205 nm im UV-Bereich [12].

3 Ergebnisse

3.1 Hochleistungsflüssigkeitschromatographie (HPLC)

Zu Beginn wurden mittels HPLC die Aminosäurenverteilungen in den beiden wichtigsten Rohmaterialien (Casein und Eidotter) untersucht und miteinander verglichen.

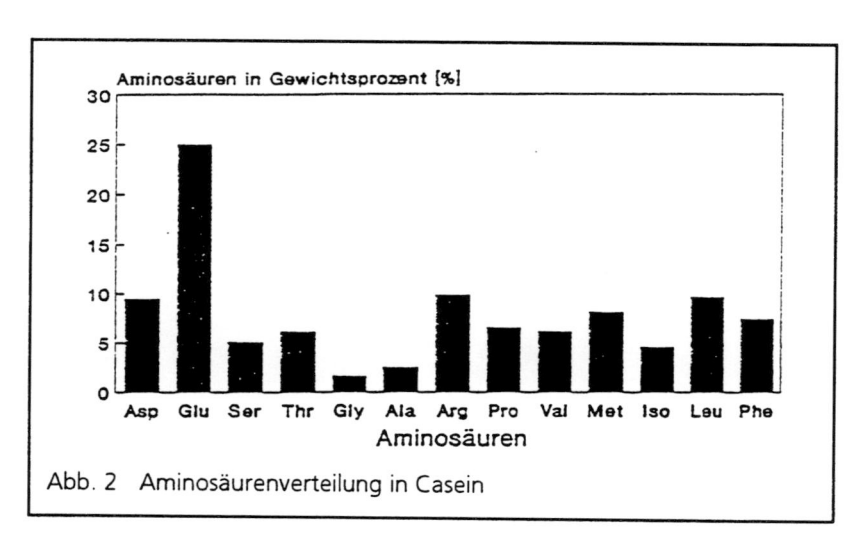

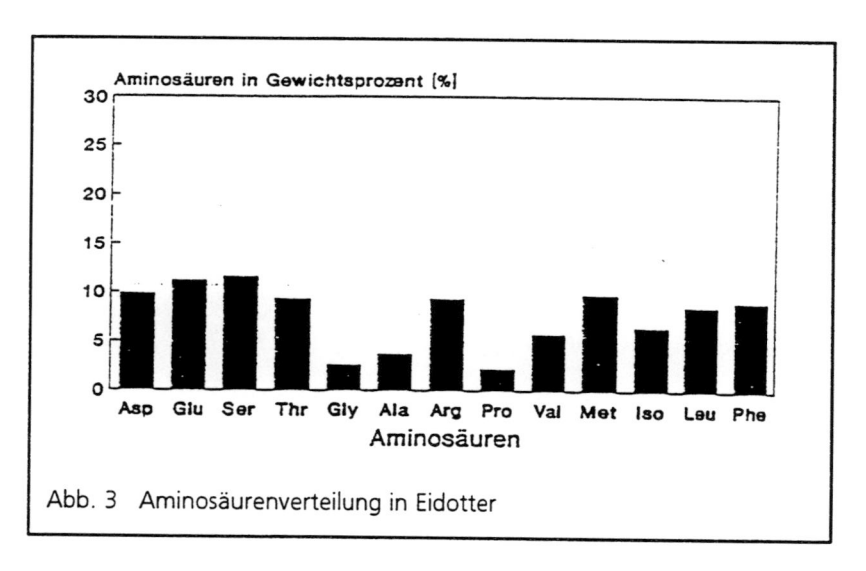

Abb. 2 Aminosäurenverteilung in Casein

Abb. 3 Aminosäurenverteilung in Eidotter

Bei einem Vergleich der Aminosäurenverteilung in Casein und im Eidotter wurden eindeutige Unterschiede zwischen den beiden Bindemitteln festgestellt: Glutaminsäure ist mit ca. 25 Gew.-% im Casein enthalten, bei Eidotter nur mit ca. 11 Gew.-%, der Gehalt an Serin ist beim Eidotter ca. doppelt so hoch wie im Casein.

Bei der Untersuchung der verschiedenen Handelsformen der Glutin-Leime ergaben sich Unterschiede in der Aminosäurenverteilung. Diese Leime sind insbesondere durch ihren hohen relativen Gehalt an Glycin (ca. 25 Gew.-%) und Alanin (ca. 17 Gew.-%) von

Analytik von proteinhaltigen Bindemitteln in historischen Anstrichstoffen 69

Casein (Ala: 2,5 Gew.-% und Gly: 1,6 Gew.-%) und Eidotter (Ala: 3,7 Gew.-% und Gly: 2,6 Gew.-%) eindeutig zu unterscheiden.

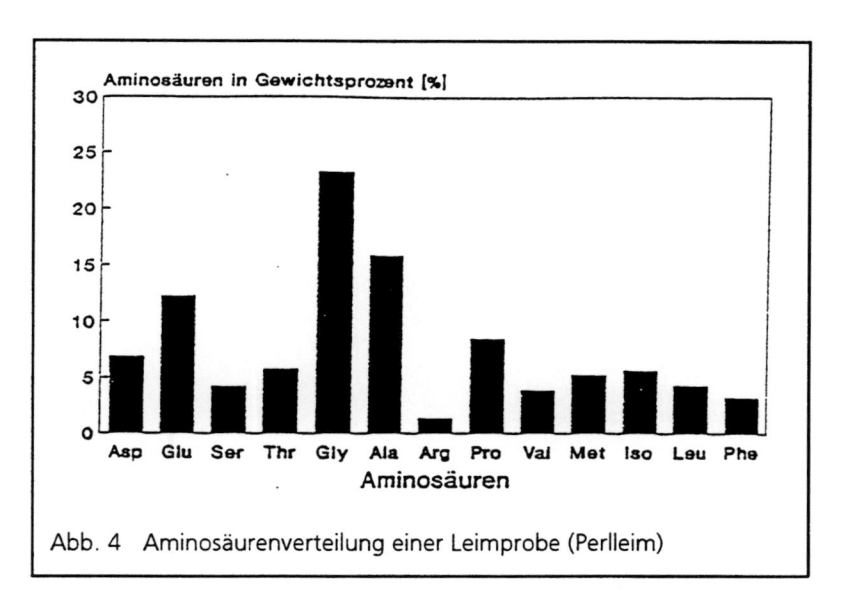

Abb. 4 Aminosäurenverteilung einer Leimprobe (Perlleim)

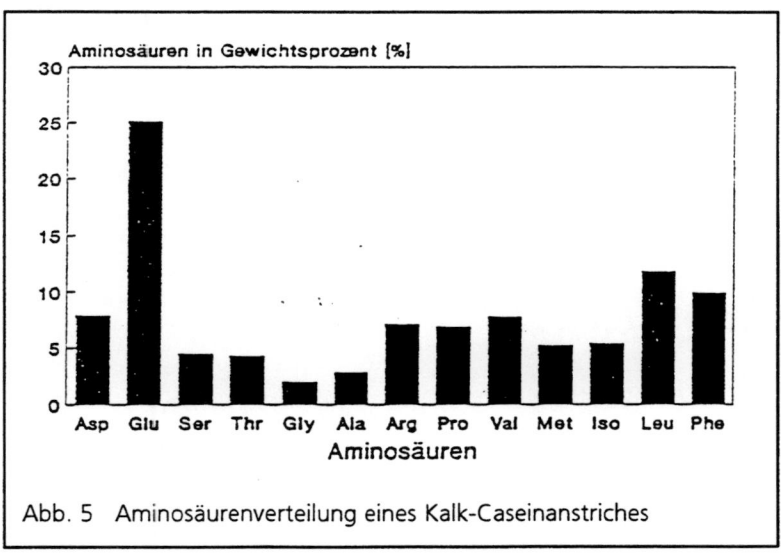

Abb. 5 Aminosäurenverteilung eines Kalk-Caseinanstriches

Die gleichen Untersuchungen wurden bei frisch hergestellten Kalk-Caseinanstrichen und Eitemperasystemen durchgeführt. Hier wurden die in den Rohmaterialien charakteristischen Aminosäurenverteilungen wiedergefunden. Es gelten die gleichen Unterscheidungskriterien wie bei den Rohprodukten: Kalk-Caseinanstrich enthält ca. 9 Gew.-% Glutaminsäure mehr und Eitempera ca. doppelt so viel Gew.-% an Serin.

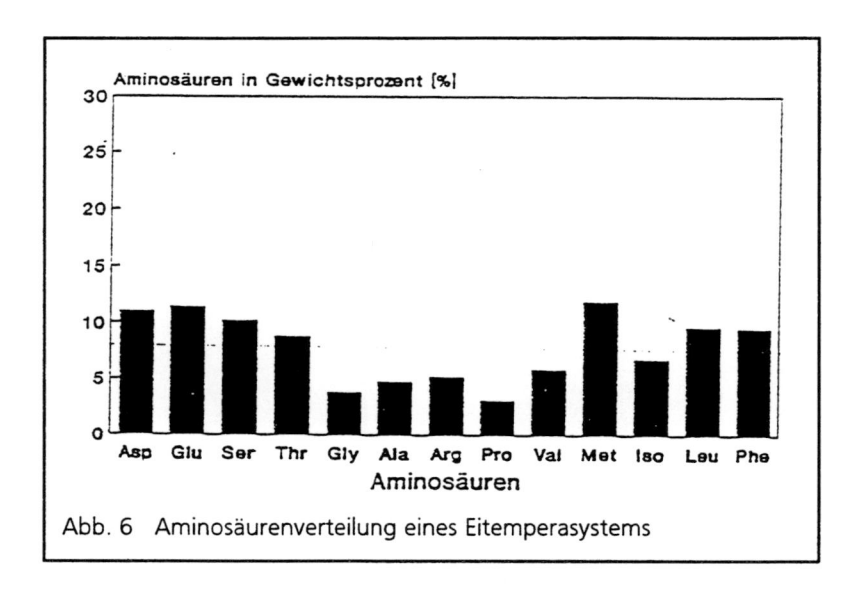

Abb. 6 Aminosäurenverteilung eines Eitemperasystems

Die gleichen Unterscheidungskriterien bei diesen Anstrichsystemen sind noch vorhanden, nachdem sie vier Monate im Normalklima nach DIN 50014 gelagert wurden.

Bei Anwendung der Analytik auf bewitterte Systeme (Kalk-Caseinanstrich und Eitempera) konnten die charakteristischen Unterscheidungsmerkmale nicht wieder gefunden werden, da einige Aminosäuren überhaupt nicht mehr nachweisbar waren. Dabei zeigte ein ca. vierzehn Jahre alter bewitterter Kalk-Caseinanstrich keinen bedeutenden Unterschied zu einem vergleichsweise nur ca. sechs Monate alten im Außenbereich aufgebrachten Kalk-Caseinanstrich.

3.2 Kapillarelektrophorese (CE)

Bei der Analytik der Proteine, die mit Hilfe der (CE) durchgeführt wurde, werden bei einem Vergleich zwischen Eidotter und Eitempera teilweise übereinstimmende Migrationszeiten der Proteine vorgefunden. Bei Betrachtung des frisch hergestelltem Kalk-Caseinanstrichs werden die im Casein enthaltenen Proteine nicht mehr identifiziert. Diese könnte auf eine rasche Denaturierung der Proteine durch Calciumhydroxid hinweisen.

4 Zusammenfassung

Die charakteristischen Aminosäurenverteilungen der proteinhaltigen Rohmaterialien werden in den frisch hergestellten Anstrichen wiedergefunden. Bei der Untersuchung von be-witterten Proben konnten die Aminosäuren nur zum Teil identifiziert werden und so waren keine Rückschlüsse auf die Ausgangsmaterialien möglich. Evtl. eignet sich die Methode aber für die Untersuchung von historischen Anstrichen aus dem Innenbereich, da dort verschiedene Witterungseinflüsse nicht zum Tragen kommen.

Mittels kapillarelektrophoretischer Untersuchungen konnten bisher keine eindeutigen Ergebnisse erzielt werden.

Abkürzungen:
Asp   Asparaginsäure
Glu   Glutaminsäure
Ser   Serin
Thr   Threonin
Gly   Glycin
Ala   Alanin
Arg   Argenin
Pro   Prolin
Val   Valin
Met   Methionin
Iso   Isoleucin
Leu   Leucin
Phe   Phenylalanin

5 Literatur

[1] Schramm, H.P. (1988) : Historische Malmaterialien und ihre Identifizierung.
    Hering, B.   Akademische Druck- und Verlagsanstalt, Graz

[2] Sutermeister, E. (1932) : Das Kasein.
    Springer Verlag, Berlin
    (Reprint Kremer, Aichstetten, 1988)

[3] Schönburg, K. (1988) : Wandmalerei- innen und außen-.
    Bauverlag GmbH, Wiesbaden, Berlin

[4] Müller, O. (1977) : Grundlagen in der Biochemie I.
    Thieme Verlag, Stuttgart/New York

[5] Lehninger, H.L. (1987) : Prinzipien der Biochemie.
    W. de Gruyter Verlag, Berlin

[6] Stryer, L. (1988) : Biochemie
    Verlag Spektrum der Wissenschaft, Heidelberg

[7] Moore, S. (1963)   : Chromatographic determination of amino acids by use of
    Stein, W.H.   automatic recording equipment.
    Methods in Enzymology, No.6, S. 819-831

[8] Simpson, R.J. (1976) : Complete amino acid analysis of proteins from a single
    Neuberger, M.R.   hydrolysate.
    Liu, T.-Y.   Jour. of Bio. Chem. 251 No. 17, S. 1936-1940

[9] Brückner, H. (1993) : Aminosäurenanalytik mit HPLC, Aktueller Stand, 4.
                           Darmstädter Chromatographie-Symposium, Darmstadt,
                           15.06.1993

[10] Chang, J.-Y. (1983) : Amino acid analysis in the picomole range by precolumn
     Knecht, R.   derivatization and high performance liquid chromatography.
     Braun, D.G.
                            Methods in Enzymology, 91

[11] Knecht, R. (1986)   : Liquid chromatographic determination of aminoacids after
     Chang, J.-Y.   gas phase hydrolysis and derivatization with (Dimethyl-
                            amino-) azobenzenesulfonylchloride.
                            Anal. Chem. 58 No. 12, S. 2375-2379

[12] Novotny, M.V. (1990) : Recent advances in capillary elektrophoresis of proteins,
     Cobb, K.A.   peptides and amino acids.
     Liu, J.   Electrophoresis, No. 11, S. 735-749

Untersuchungen zur Anstrichalterung und deren Bedeutung für die Lebensdauer

Guido Hora
Fraunhofer-Institut für Holzforschung
Wilhelm-Klauditz-Institut (WKI)
Bienroder Weg 54E
38108 Braunschweig

Suchbegriffe: Anstrichalterung, Lebensdauer, Dispersionen

Keywords: Ageing of coating, durability, dispersions

Zusammenfassung:

Die Haltbarkeit oder Lebensdauer eines fachwerkspezifischen Anstrichstoffs ist ein wesentliches Kriterium zur Beurteilung seiner Eignung. Eine optimale Lebensdauer des Anstrichs kann zumindest aus dekorativer und protektiver Sicht eine Verlängerung der Renovierungsintervalle bewirken. Wäßrige und lösemittelhaltige Dispersionen weisen nach 5-jähriger Bewitterung zum überwiegenden Teil eine zufriedenstellende Lebensdauer auf. Erheblich kürzere Lebensdauern, wie sie zwei der sechs in dieser Arbeit untersuchten Produkte zeigten, lassen sich auf anstrichtechnische Mängel zurückführen. Daher sollten Anstrichprodukte vor der Applikation am Bauwerk auf die entscheidenden haltbarkeitsbestimmenden Eigenschaften hin untersucht werden. Hierunter zählen Filmbildung, Pigment-Volumen-Konzentration (PVC), Glastemperatur und Haftung.

Abstract:

The durability or lifetime expectation of a coating for non-stable outdoor wooden constructions is an important criteria to judge about its applicability. A higher lifetime expectation leeds to an extension of renovation periods yielding a longer decorative and protective function of the coating. After 5 years of natural exposure the majority of modern water-borne and solvent-borne dispersions is still intact and in an overall sufficient shape. A significant shorter lifetime that was observed on two of six products under investigation can be linked with coating deficiencies. Therefore, prior to the application of a coating the main durability relevant properties, like film forming ability, pigment-volume-concentration (PVC), glastransition and adhesion should be determined.

1 Einleitung

Bei historischen, denkmalgeschützten Fachwerkkonstruktionen kann eine zu kurze Haltbarkeit der Beschichtung teilweise irreperable Schädigungen des Holzes bewirken, die zum vollständigen Zerfall dieser Kulturgüter beitragen können. Ein wichtiges Beurteilungskriterium einer Oberflächenbehandlung beim Fachwerkholz ist daher dessen Lebensdauer.

1987 waren im Freilichtmuseum Hessenpark 3 Fachwerkhäuser errichtet worden. Zur Oberflächenbehandlung wurden zahlreiche Anstrichstoffe mit und ohne Grundierung auf die Fachwerkhölzer aufgetragen. Parallel dazu wurden kleinere Testbretter mit den entsprechenden Anstrichstoffen dort und im Wilhelm-Klauditz-Institut natürlich bewittert. Bereits nach wenigen Jahren zeigten sich z.T. recht deutliche Unterschiede im Bewitterungsverhalten. Nach mehrjähriger Bewitterung war ein geringer Teil der Anstrichsysteme schon merklich zerstört, wohingegen der größte Teil noch einwandfrei war.

Ziel dieser weiterführenden Untersuchungen sollte es daher sein, die Ursachen der unterschiedlichen Lebensdauern zu ergründen und einen Beitrag zur Erfassung und Bewertung von haltbarkeitsrelevanten Charakteristiken in einem frühen Alterungsstadium zu liefern. Aus der Vielzahl der im Hessenpark eingesetzten Anstrichstoffe wurden fünf typische Vertreter ausgewählt, die sich während einer mehrjährigen Bewitterung z.T. unterschiedlich verhielten. Ein weiteres lt. Herstellerangaben für den Einsatz am Fachwerk geeignetes Produkt, das bereits nach gut einjähriger Bewitterung versagte, wurde als sechstes Produkt in die Untersuchungen mit einbezogen. Dieses sechste Produkt repräsentiert nur begrenzt die breite Palette an handelsüblichen Produkten, ist aber aufgrund der extrem schlechten Eigenschaften für grundlegende Untersuchungen nützlich.

Zunächst wurden die sechs Dispersionen chemisch und physikalisch charakterisiert. Anschließend sollten Parameter und Charakteristiken der Alterung erfaßt und bewertet werden. Zur Vermeidung langer Prüfzeiten ist es erforderlich, solche Charakteristiken zu ermitteln, die bereits im Ausgangszustand und/oder nach relativ kurzen Alterungszeiträumen einen Hinweis auf Veränderungen der Anstrichhaltbarkeit geben können.

2 Chemische und physikalische Charakterisierung der untersuchten Dispersionen

Die Tabelle 1 faßt die wesentlichsten Eigenschaften der untersuchten Systeme zusammen. Vor Applikation der Anstrichsysteme wurden 1987 einige Materialeigenschaften der 5 im Hessenpark verwendeten Anstrichstoffe ermittelt.

Untersuchungen zur Anstrichalterung

Bezeichnung	Bindemitteltyp	Farbton[3]	Auftragsmenge [g/m²]	Feststoff [M.-%]	Dichte [g/cm³]	Pigmentgehalt [2)4)] [M.-%]
Wäßrige Naturfarbe / A	Industriell hergestelltes Latexprodukt	rotbraun	120	48,4[2)]	k.A.	22,8
Wäßrige Kunststoff-Dispersion / B	PVAC-Copolymerisat auf Basis von Vinylacetat (VA) und Maleinsäure-di-n-butyl-ester [3)]	dunkelbraun / seidenglänzend	110	41,9[1)] 42,8[2)]	1,16[1)] 1,17[2)]	14,5
Wäßriges Reinacrylat/ C	Acrylat-Copolymerisat auf Basis von Butylacrylat (BA) und Methylmethacrylat (MMA) [3)]	braun/matt	130-165	48,2[1)] 45,5[2)]	1,27[1)] 1,32[3)]	19,4
lösemittelhaltiges Reinacrylat / D	Acrylat-Copolymerisat auf Basis von Butylacrylat (BA) und Methylmethacrylat (MMA) [3)]	braun/matt	120	54,8[1)] 60,1[2)]	1,19[1)] 1,30[2)]	40,3
Wäßriges Copolymerisat / E	Thermoplastisches Acrylpolymer auf Basis von Butylacrylat (BA)und Methylacrylat (MMA) [3)]	dunkelbraun/ seidenglänzend	96-120	47,4[1)] 47,3[2)]	1,22[1)] 1,23[2)]	16,9
Wäßriges Reinacrylat / F	Acrylat-Copolymerisat auf Basis von Butylacrylat (BA) und Methylacrylat (MMA) [3)]	dunkelbraun	80-200	27,6[1)] 40,8[2)]	1,14[1)] 1,25[2)]	17,2

1) : 1987 durch das WKI bestimmt
2) : 1992 durch das WKI gemessen
3) : laut Herstellerangaben
4) : Pigmentgehalt nach DIN 55678 T2 bei 800°C

Tab. 1 Produktbezeichnung und Materialeigenschaften der untersuchten Anstrichsysteme

Hierzu zählten neben anderen der Festkörpergehalt nach DIN 53216 T1 - diese Eigenschaft wurde zusätzlich an frischen Proben nach DIN 53189 bestimmt - und die Dichte nach DIN 53217 T2. Weiterhin wurde an Flüssigmaterial, das nicht älter als ein Jahr war, der Pigmentgehalt nach DIN 55678 T2 bestimmt. Die pH-Werte der Produkte lagen zwischen 7 und 8.

3 Allgemeiner Zustand der Dispersionen nach mehrjähriger Bewitterung

Die sechs Dispersionen A bis F wurden auf einem Bewitterungsstand (45°, Südwest) im Freigelände des Wilhelm-Klauditz-Institut für mehrere Jahre der natürlichen Bewitterung unterzogen. Weiterhin wurden die Dispersionen B bis F im Hessenpark einer insgesamt vierjährigen Bewitterung von 1988 bis 1992 ausgesetzt. Die Dispersionen wurden jeweils auf Fichten- und Eichenholz aufgetragen.

Beim wäßrigen Latexprodukt A, das nicht markttypisch ist, sind nach gut einjähriger Bewitterung deutliche Zerstörungen der Anstrichschicht (Abplatzungen, Rißbildung) zu beobachten (siehe Abb. 1).

Abb. 1   Anstrichstoff A (wasserverdünnbares Latexprodukt) auf Fichtenholz nach 11-monatiger natürlicher Bewitterung

Nach 18-monatiger Bewitterungszeit ist das Anstrichsystem bereits derart zerstört, daß eine Renovierung einer mit dem Produkt A gestrichenen Fachwerkfassade dringend erforderlich wäre [3].

Nach mehrjähriger Bewitterung ist das Produkt B sowohl auf Fichten- als auch auf Eichenholz ausgesprochen gut intakt (siehe Abb. 2).

Abb. 2 Anstrichstoff B (wasserverdünnbares Copolymerisat) auf Fichtenholz nach mehrjähriger natürlicher Bewitterung (1. - 3. v.l.: 6 Jahre und 4. v.l.: 4 Jahre)

In keiner der bewitterten Anstrichbretter des Produktes C traten Anstrich- oder Holzrisse auf. Lediglich ein leichter (Fichte) bis mäßiger (Eiche) Schimmelpilzbefall und eine erhöhte Kreidungsneigung sind zu beobachten (siehe Abb. 3).

Bei dem Produkt D sind nach mehrjähriger Bewitterung auf Fichtenholz vereinzelt kleinere Holzrisse und an den gerundeten Kanten zum Teil Abwitterungen zu erkennen. Das Anstrichsystem ist zwar noch weitgehend intakt, aber Schimmelpilzbefall (Eiche) und Glanzverlust bewirken ein negatives optisches Erscheinungsbild (siehe Abb. 4).

Bei dem Anstrichsystem E tritt nach 4- bzw. 6-jähriger Bewitterungszeit lediglich eine ausgeprägte Holzrißbildung auf. Entlang der Holzrisse zeigen sich vereinzelt leichte Abwitterungserscheinungen (siehe Abb. 5). Im Vergleich zu Fichtenholz ist das Erscheinungsbild auf Eichenholz deutlich schlechter.

Abb. 3 Anstrichstoff C (wasserverdünnbares Acrylat) auf Eichenholz nach mehrjähriger natürlicher Bewitterung (1. - 3. v.l.: 6 jahre und 4. v.l.: 4 Jahre)

Abb. 4 Anstrichstoff D (lösemittelhaltiges Acrylat) auf Fichtenholz nach mehrjähriger natürlicher Bewitterung (1. - 3. v.l.: 6 Jahre und 4. v.l.: 4 Jahre)

Untersuchungen zur Anstrichalterung

Abb. 5 Anstrichstoff E (wasserverdünnbares Copolymerisat) auf Fichtenholz nach mehrjähriger natürlicher Bewitterung (1. - 3. v.l.: 6 jahre und 4. v.l.: 4 Jahre)

Abb. 6 Anstrichstoff F (wasserverdünnbares Acrylat) auf Fichtenholz nach mehrjähriger natürlicher Bewitterung (1. - 3. v.l.: 6 Jahre und 4. v.l.: 4 Jahre)

In einem absolut renovierungsbedürftigen Zustand zeigt sich die Dispersion F bereits nach 4-jähriger Bewitterung (siehe Abb. 6). Infolge von starken Versprödungen platzt die Anstrichoberfläche bereits deutlich auf, so daß kein ausreichender UV- und Feuchteschutz für das darunterliegende Holz mehr gewährleistet ist. Auf Eichenholz ist die Verwitterung deutlich stärker ausgeprägt.

Nach mehrjähriger natürlicher Bewitterung läßt sich bezüglich des allgemeinen Erscheinungsbild der sechs Dispersionen die folgende Rangfolge aufstellen:

Fichte	**Eiche**
1. Produkt B (sehr gut)	1. Produkt B (gut)
2. Produkt C (gut)	2. Produkt C (gut)
3. Produkt E (noch gut)	3. Produkt E (ausreichend)
4. Produkt D (ausreichend)	4. Produkt D (noch ausreichend)
5. Produkt F (mangelhaft)	5. Produkt F (sehr mangelhaft)
------------	------------
6. Produkt A (sehr mangelhaft)	6. Produkt A (sehr mangelhaft)

Wie zu erkennen ist, versagt der überwiegende Teil der untersuchten Anstriche schneller auf Eichenholz als auf Fichtenholz. Vier der fünf Anstrichstoffe sind nach mehrjähriger Bewitterung noch weitgehend intakt, so daß man diesen eine zufriedenstellende Lebensdauer bescheinigen kann. Eines der fünf Produkte weist z.T. erhebliche Mängel auf, die eine Renovierung einer damit gestrichenen Holzkonstruktionen erforderlich machen. Anhand der Untersuchungen in den nächsten Kapiteln soll aufgezeigt werden, mit welchen Meßmethoden und anhand welcher Kennwerte bereits in einem frühen Alterungsstadium die schlechten Haltbarkeitstendenzen bei den Produkten A und F zu erkennen gewesen wären.

4 Veränderung des Wasseraufnahmekoeffizienten w_t nach 6-monatiger natürlicher Bewitterung

Der Wert für den Wasseraufnahmekoeffizienten w_t wurde an unbewitterten und bewitterten Anstrichen in Anlehnung an DIN 52617 bestimmt. Die Messung erfolgte an zweimalig auf Fichtenholz aufgetragenem Anstrichmaterial.

Durch eine 6-monatige Wetterbeanspruchung der Anstrichsysteme auf einem Bewitterungsstand (45°, südwest) ändert sich der w_t-Wert z.T. erheblich (siehe Tab. 2). Während bei Produkt A eine Erhöhung der Wasseraufnahmefähigkeit zu beobachten ist, wird die Aufnahme von Wasser in den Produkten B, D und F durch eine natürliche Bewitterung erschwert. In den Produkten C und E verändert die 6-monatige Bewitterung die Wasseraufnahmefähigkeit praktisch nicht.

Untersuchungen zur Anstrichalterung 81

Die 6-monatig bewitterten Prüfkörper des Produktes A nehmen ungefähr 0,15 kg/(m²√h) Wasser auf, womit bereits die Größenordnung des rohen Fichtenholzes erreicht wird. Diese Beobachtungen lassen sich dahingehend interpretieren, daß sich der Feuchte- und UV-Schutz des Produktes A nach dieser kurzen Bewitterungszeit bereits deutlich reduziert hat, bzw. ein solcher nicht mehr vorhanden ist. Zumindest eine deutliche Erhöhung der Wasseraufnahme, wie sie beim Produkt A nach 6-monatiger Bewitterung beobachtet wird, läßt auf eine eingeschränkte Lebensdauer schließen. Generell ist allerdings aus dem Verhalten dieses Kennwertes keine Haltbarkeitstendenz ablesbar, wie die Ergebnisse an den übrigen Produkte zeigen.

Bezeichnung	$W_{t,unbewittert}$ + [kg/(m²√h)]	$W_{t,bewittert}$ + [kg/(m²√h)]
A	0,090 ± 0,010	0,150 ± 0,010
B	0,060 ± 0,010	0,020 ± 0,005
C	0,030 ± 0,005	0,020 ± 0,005
D	0,070 ± 0,010	0,040 ± 0,010
E	0,020 ± 0,005	0,020 ± 0,005
F	0,080 ± 0,010	0,030 ± 0,005
Bemerkung: +: Die w_t-Werte wurden auf Fichtenholz bestimmt		

Tab. 2 Einfluß einer 6-monatigen Freibewitterung auf den Wasseraufnahmekoeffizienten w_t von sechs auf Fichtenholz aufgetragenen fachwerkspezifischen Anstrichsystemen

5 Einsatz von EDX-Spektroskopie für die Schadensanalyse des wäßrigen Latexproduktes A

Mit Hilfe der Elektronen-Dispersiven-Röntgenanalyse (EDX) lassen sich die Bestandteile an anorganischen Elementen bestimmen und in gewissen Grenzen quantifizieren. Bei dem System A beobachtet man einen im Vergleich zu den übrigen Produkten hohen Anteil an Eisen mit im Mittel ca. 58 Masse-% (siehe Tab. 3 und Abb. 7). Da das nachgewiesene Eisen fast ausschließlich Bestandteil der Pigmente ist, kann man davon ausgehen, daß bei diesem Produkt eine überhöhte Pigmentierung vorliegt. Somit wird die "kritische Pigment-Volumen-Konzentration (CPVC)" überschritten. Die CPVC beschreibt die Pigmentvolumenkonzentration, bei der sich wesentliche Anstricheigenschaften (z.B. Glanz, Elastizität, Wassertransport) sprunghaft ändern.

Probe	Fe	Ba	Ti	Mg	Si	Al	Ca	S	Cl	Sonstige
A	56,0	13,5	n.i.	1,8	11,1	10,1	3,5	4,0	n.i.	k.A.
B	12,7	n.i.	3,4	13,9	57,1	3,4	n.i.	4,5	n.i.	5,5+
C	9,6	n.i.	1,5	13,2	55,4	20,2	n.i.	n.i.	n.i.	n.i.
D	k.A.	k.A.	k.A.	k.A.	k.A.	k.A.	k.A.	k.A.	k.A.	k.A.
E	48,6	n.i.	12,3	3,9	15,9	15,2	n.i.	n.i.	4,2	n.i.
F	26,1	44,2	n.i.	n.i.	5,3	13,4	n.i.	13,4	1,9	3,0++ 6,1+++

Bemerkung:
+: K
++: Na
+++: Cr

Tab. 3 Halbquantitative Bestimmung der anorganischen Bestandteile des Produktes (Mittelwerte aus Doppelbestimmung)

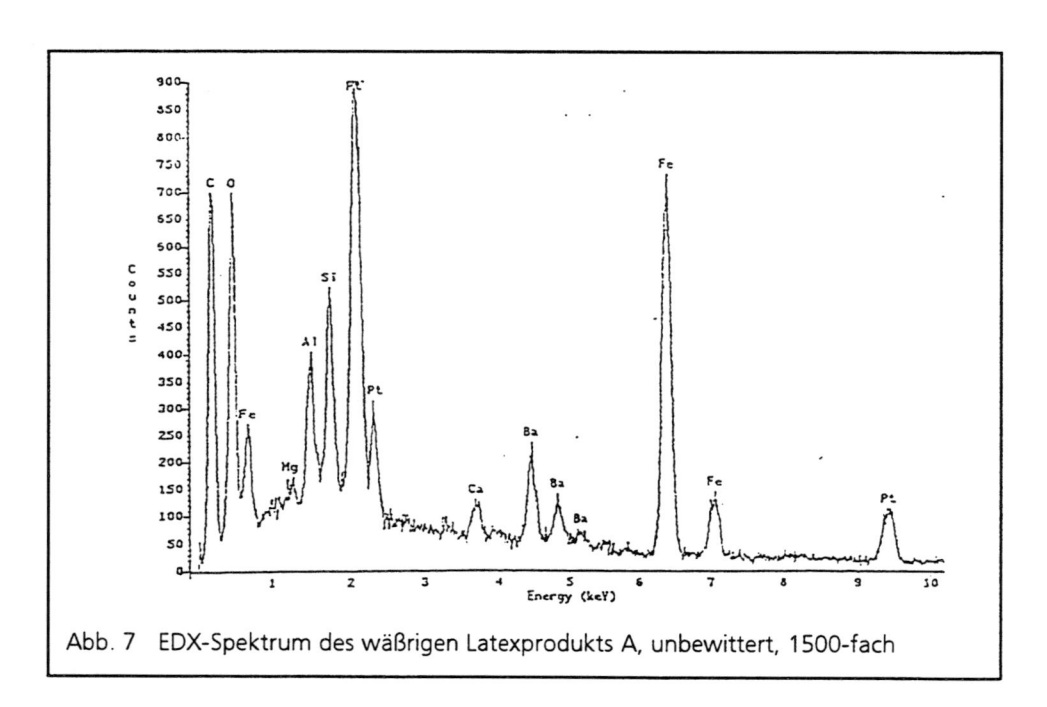

Abb. 7 EDX-Spektrum des wäßrigen Latexprodukts A, unbewittert, 1500-fach

Ein Überschreiten der CPVC führt dazu, daß die Bindemittelmenge nicht ausreicht, um alle Pigmente und Füllstoffe im Anstrichfilm zusammenzuhalten. Im allgemeinen führt dieses zu einem übermäßig porösem Anstrichfilm [2].

Mit dieser Feststellung lassen sich auch die mikroskopischen Beobachtungen erklären. Ein Überschreiten der CPVC in Anstrichfilmen führt zu einer inhomogenen Oberflächenstruktur, die durch zahlreiche unvollständig geschlossene Bereiche charakterisiert ist. An diesen Stellen können Wasser und UV-Strahlung die Anstrichschicht ungehindert passieren, und das Holz ist großflächig der witterungsbedingten Zerstörung ausgesetzt.

Die Ursache der eingeschränkten Lebensdauer des Systems A läßt sich durch Kombination von Rasterelektronenmikroskopie und EDX-Spektroskopie aufzeigen. Schlechte Filmbildungseigenschaften innerhalb des Anstrichs oder auch an der Grenzfläche Holz/Anstrich können rasterelektronenmikroskopisch visualisiert und über EDX-Analyse den Pigmenten oder Füllstoffen zugeschrieben werden.

6 Bestimmung der Glasübergangstemperatur T_g

Mit Hilfe der Dynamischen Differenz-Kalorimetrie (DDK oder DSC) und der Thermogravimetrie (TG) wurde die Glasübergangstemperatur T_g der sechs verschiedenen Dispersionstypen, ein ebenfalls wichtiger Parameter der Alterung, ermittelt. Höhere Glasübergangstemperaturen von Dispersionen bedeuten eine verminderte Elastizität und eine größere Gefahr des mechanischen Versagens [5]. Arbeiten von Schmidt [4] dokumentieren, daß Glastemperaturen oberhalb + 10°C die Haltbarkeit nachhaltig verringern können. Bei höheren Glastemperaturen ist die Beweglichkeit der Molekülketten im Bindemittel der Anstrichstoffe stark eingeschränkt, da weniger freies Volumen vorhanden ist.

Die Ergebnisse variierten erwartungsgemäß signifikant. Bei den Produkten A, B und D wird oberhalb von +10°C keine Glasübergangstemperatur beobachtet. In der Tab. 4 finden sich daher lediglich die T_g-Werte der Dispersionen C, E und F.

Bezeichnung	Glasübergangstemperatur T_g in °C
C	15 ± 3
E	17 ± 3
F	34 ± 5

Tab. 4 Glasübergangstemperatur T_g der fachwerkspezifischen Produkte C, E und F

Mit Hilfe dieser physikalischen Modellvorstellung läßt sich annehmen, daß in der Dispersion F, mit dem höchsten T_g-Wert bei ca. 34°C, im "frischen" Zustand die inneren Spannungen höher als bei den anderen Produkten sind. Die Wahrscheinlichkeit des mechanischen Versagens, z.B. durch Abplatzungen, ist somit in dem Produkt F deutlich höher als bei den übrigen Produkten. Folglich ist aus den T_g-Messungen zu erwarten, daß dieser Dispersionstyp eine verkürzte Lebensdauer aufweist, was die praktischen Erfahrungen bestätigen.

Daß nur die Kenntnis des T_g-Wertes alleine nicht ausreicht, um die Haltbarkeit zu prognostizieren, wird anhand des Anstrichstoffs A deutlich. Die wäßrige Latexdispersion hat keine Glasübergangstemperatur oberhalb + 10°C, sie versagt aber aus den weiter oben genannten Gründen nach kürzester Bewitterungszeit.

7 Rasterelektronenmikroskopische (REM-) Untersuchungen

Die mikrostrukturelle Beschreibung von Anstrichstoffen und etwaiger Veränderungen während der Bewitterung ist mit Hilfe der Rasterelektronenmikroskopie möglich [1]. An allen sechs Dispersionen wurden die Grenzflächenausbildung und die Oberflächenbeschaffenheit (Morphologie) sowohl der unbewitterten als auch der bewitterten Anstrichfilme untersucht. Die wesentlichsten Erkenntnisse aus der REM-Analyse für das Produkt A werden hier vorgestellt.

Die mittlere Schichtdicke der unbewitterten Dispersion A beträgt 45 µm und ist damit sehr niedrig (1 µm = 0,001 mm). Teilweise treten Zerklüftungen innerhalb des Anstrichs und im Grenzbereich zum Holz auf. Abb. 8 zeigt das typische Aussehen eines repräsentativen Querschnittes durch den Grenzbereich zwischen Anstrichstoff A und den Holzzellen nach 6-monatiger Bewitterung. Die mittlere Schichtdicke hat nach dieser relativ kurzen Bewitterungszeit bereits deutlich abgenommen und beträgt nur noch 25 bis 30 µm. Desweiteren löst sich an einigen Stellen der Anstrichfilm von den Zellwänden.

Nach 11-monatiger Bewitterung verstärken sich die großflächigen Zellwandablösungen (siehe Abb. 9). Neben einer nochmaligen Verminderung der Schichtdicke auf ungefähr 15 bis 20 µm werden starke Zerklüftungen innerhalb des Anstrichmaterials erkennbar, die offensichtlich durch einen erheblichen Bindemittelabbau ausgelöst wurden. Der Anstrich weist praktisch nur noch einen punktuellen Zellwandverbund auf. Die Reste des Beschichtungssystems liegen lose auf dem Holzgerüstuntergrund auf. Dieses Schadensbild wird zu diesem Zeitpunkt ebenfalls im makroskopischen Maßstab deutlich sichtbar [3].

Die Oberflächenmorphologie des Produktes A ist in weiten Teilen durch eine stark unebene Gestalt charakterisiert. Linienförmige Trennzonen im Anstrichgefüge, die sich am Holzfaserverlauf orientieren, sind vereinzelt an der Oberfläche dieser Dispersion vorhanden. Dadurch kann sich bereits im frischen Zustand kein vollständig homogener und geschlossener Anstrichfilm bilden (siehe Abb. 10).

Untersuchungen zur Anstrichalterung 85

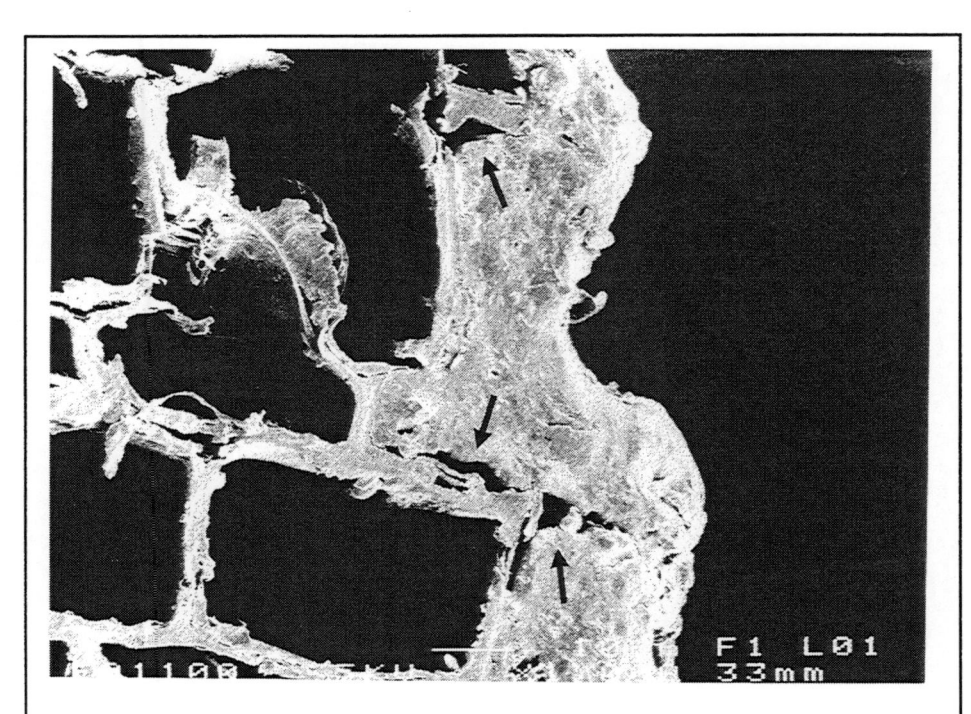

Abb. 8   Grenzbereich zwischen dem Produkt A und der Fichtenholzoberfläche
(Querschnitt) nach 6-monatiger Bewitterung (1000-fach)

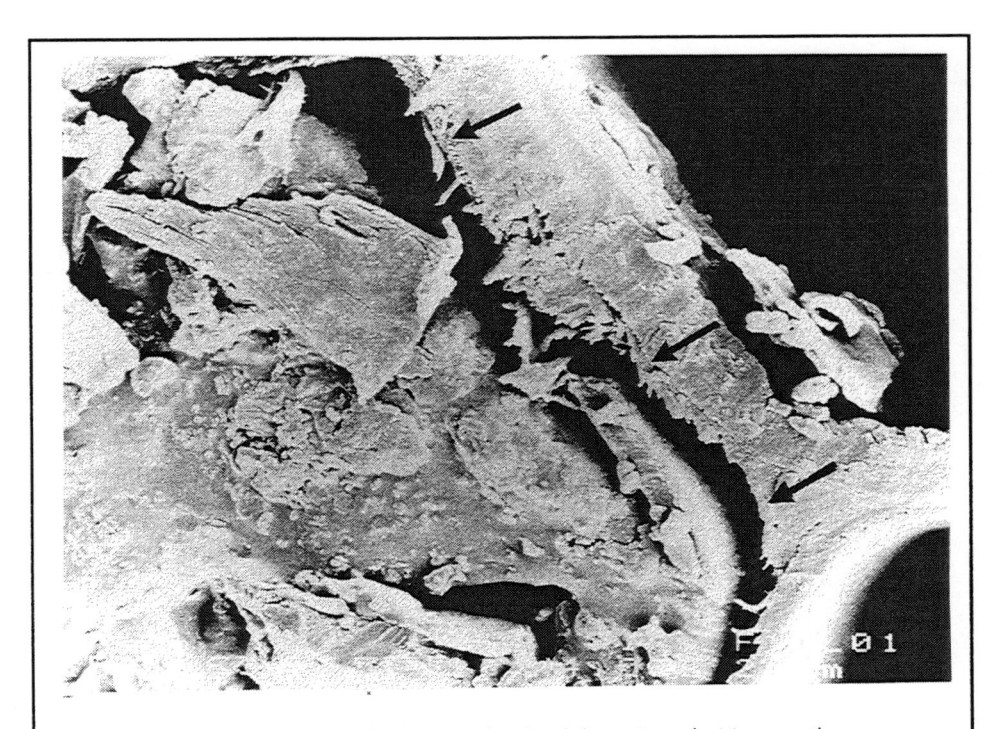

Abb. 9   Großflächige Zellwandablösung des Produktes A nach 11-monatiger
Bewitterung (4000-fach)

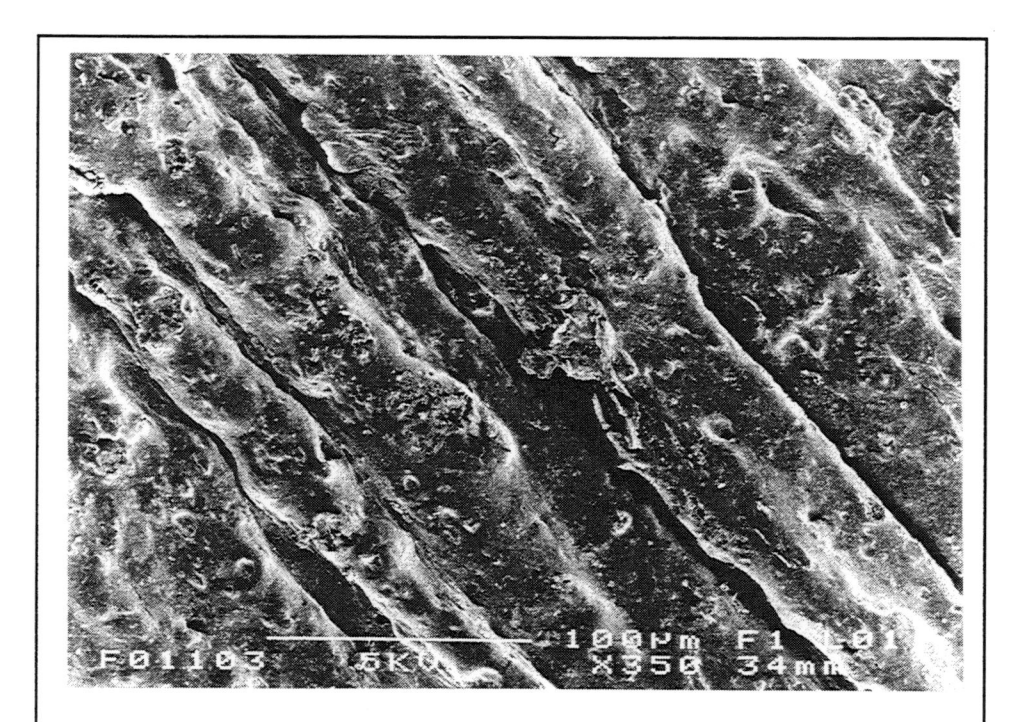

Abb. 10 Unbewitterte Oberfläche des Produktes A mit Zerklüftungen und Hohlräumen (350-fach), die sich entlang des Holzfaserverlaufs orientieren

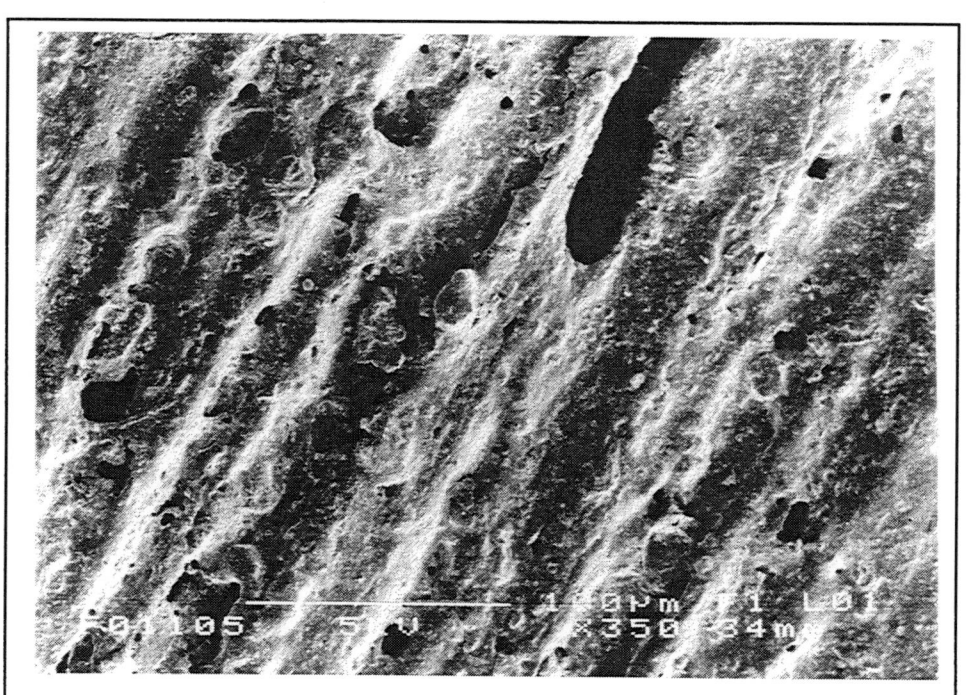

Abb. 11 Oberfläche des Produktes A nach 6-monatiger Bewitterung, Anteil und Größe der Zerklüftungen und Hohlräume ist angestiegen (350-fach)

Nach 6-monatiger Bewitterung verstärken sich die Zerklüftungen auf der Anstrichoberfläche (siehe Abb. 11). Etwa 80% - 90% der Gesamtoberfläche ist noch mit Anstrichmaterial ausgefüllt, die restlichen 10% - 20% liegen mehr oder weniger frei und bieten dem Holz keinen Schutz vor Feuchtigkeit und UV-Strahlung.

8 Bedeutung der Ergebnisse im Hinblick auf die Lebensdauer und die Verwendung im Fachwerkbau

Moderne Fachwerkanstriche, wie sie heutzutage vornehmlich als wasserverdünnbare Dispersionen oder Lasuren angeboten und eingesetzt werden, besitzen i.a. ausreichende Lebensdauern von 5 und mehr Jahren. Deutlich geringere Haltbarkeiten (1 bis 3 Jahre), wie sie an zwei der sechs in dieser Arbeit untersuchten Anstrichstoffe beobachtet wurden, sind auf anstrichspezifische Mängel zurückzuführen. Mit Hilfe analytischer und mikroskopischer Meßmethoden hätten sich diese Mängel jedoch frühzeitig erkennen lassen. Schwerpunkt dieser Arbeit war daher, wesentliche anstrichspezifische Faktoren zu ergründen, die zum Erreichen einer optimalen Lebensdauer eingehalten werden müssen.

Oberste Grundanforderung an eine Dispersion ist dessen Fähigkeit zur homogenen und geschlossenen Filmbildung. Weiterhin ist eine Glastemperatur des frischen Anstrichmaterials (nach einwöchiger Trocknung) unterhalb von + 10°C erforderlich. Beide Eigenschaften sollten vor Applikation des Anstrichstoffs bekannt sein.

Haltbarkeitseinschränkende Faktoren, die aus Anstrichmängeln resultieren, müssen vor Applikation einer Beschichtung auf Fachwerkhölzern frühzeitig erkannt werden. Von einem Anstrichstoff, der unter Laborbedingungen bereits negative Haltbarkeitstendenzen offenbart, ist zu erwarten, daß er unter Praxisbedingungen ebenfalls beschleunigt versagt.

9 Schlußfolgerungen

Zahlreiche Schadensfälle aus der Praxis zeigen, daß trotz einer hohen Lebensdauer des Anstrichmaterials darunterliegendes Fachwerkholz irreperabel zerstört werden kann. Für die Auswahl eines Beschichtungssystems ist dessen Haltbarkeit dennoch ein wichtiges Kriterium. Niedrige Lebensdauern von Anstrichstoffen stellen nämlich in jedem Fall eine zusätzliche Gefahr der Holzzerstörung dar. Durch einschlägige anstrichspezifische Untersuchungen lassen sich diese Faktoren aber vor Applikation an kulturhistorisch wertvollen Fachwerkbauten erkennen und vermeiden.

10 Literatur

[1] Ellmer, K. (1978) : Mikrotechnologische Untersuchungen an oberflächenbeschichteten Hölzern
Diplomarbeit im Fachbereich Biologie, Universität Hamburg

[2] Hess, M. (1979)
Hamburg, H.R.
Morgans, W.M.
: Hess's Paint Film Defects
Halsted Press, New York

[3] Hora, G. (1993)
Böttcher, P.
: Beurteilung des Feuchteschutzes von Holzaußenanstrichen
Farbe und Lack 99, Nr. 11, S. 924-928 und
WKI-Mitteilung Nr. 590/1993

[4] Schmidt, E.V. (1992) : Glasumwandlungstemperatur und Wasseraufnahme von bewitterten Holzlasuren
Farbe und Lack 98, S. 330-333

[5] Wicks, Z.W. (1986) : Free Volume and the Coatings Formulator
Journal of Coating Technology Vol. 58, Dec., S. 23-32

Langzeitmessungen an drei wiederaufgebauten Fachwerkhäusern im Freilichtmuseum Hessenpark, Neu-Anspach

H. Hävemeyer, D. Greubel, L. Mehlhorn, P. Böttcher
Fraunhofer-Institut für Holzforschung
Wilhelm-Klauditz-Institut (WKI)
Bienroder Weg 54E
38108 Braunschweig

Suchbegriffe: Fachwerk, Langzeitmessungen, Holzfeuchteänderungen, Temperaturmessungen, Verformungsmessungen, Anstrichuntersuchungen

Keywords: Framework, Long-term measurements, Moisture changes of wood, Temperature measurements, Measurements of deformation, Investigations of coatings

Zusammenfassung:

Im Freilichtmuseum Hessenpark bei Neu-Anspach wurden vom Wilhelm-Klauditz-Institut von 1987 bis 1992 im Rahmen von BMFT-geförderten Forschungsprojekten Langzeitmessungen an drei wiedererrichteten Fachwerkhäusern durchgeführt. Neben der Beobachtung und Bewertung unterschiedlicher Anstrichsysteme und Holzschutzverfahren wurden Holzfeuchten der Fachwerkhölzer gravimetrisch gemessen. Außerdem wurden die Quell-Schwind-Verformungen und Fugenbildungen der Fachwerkhölzer sowie die Temperaturverläufe in den Wandquerschnitten automatisch erfaßt. Sämtliche verwendeten diffusionsoffenen Anstrichsysteme erwiesen sich für den Fachwerkanstrich als geeignet. Die Anforderungen an die Anstrichsysteme und die Verarbeitung wurden anhand der Beobachtungen formuliert.

In Abhängigkeit von der Fassadenausrichtung, der Lage der Meßstelle im Wandgefüge und dem Ausgangszustand der Hölzer wurden stark unterschiedliche Feuchteverläufe und Verformungen gemessen. Im Bereich der intensiv bewitterten Westfassaden ergaben sich an neu eingebautem Eichenholz langzeitig hohe Holzfeuchten sowie starke Schwindverformungen und Fugenbildungen. Im Schwellenbereich kam es durch eindringendes Wasser bereits nach dreieinhalb Jahren zu einem Fäulnisschaden. Die Auswertung der Temperaturmessungen verdeutlichte den großen Einfluß der Strahlung auf das Trocknungsverhalten des Holzes. Aus den Temperaturmessungen abgeleitete Wärmeleitfähigkeiten liegen im Bereich der angesetzten Rechenwerte.

Abstract:

Long-term measurements have been made on three reconstructed framework houses through the Wilhelm-Klauditz-Institut and supported through research projects by the BMFT in the open air museum 'Hessenpark' at Neu-Anspach from 1987 - 1992. Beside the observation and grading of different coating systems and wood protection procedures gravimetric measurements respecting moisture of framework wood have been carried out. Moreover, the deformation of swelling and shrinking and the joint formation of the framework wood as well as the temperature progress in the wall diameter have been measured automatically. All applied painting systems have been proved as qualified regarding framework painting. The requirements of the coating system and the treatment have been formulated through application and observation.

With reference to the facing direction, the location of the measuring points within the wall structure and the initial state of the wood different moisture progresses and deformation have been stated. In the range of the high weathered west faces have turned out high wood moistures as well as strong shrinking deformation and joint formation on oak-wood freshly built-in. Rot damage has already been caused in the swelling area by penetration of water after a period of three and a half years. The valuation of the temperature measurements explained the large influence of the radiation on the drying behaviour of the wood. Thermal conductivity calculated from temperature measurements come up to the values that are to use for calculations.

1 Einleitung

Das WKI hat von 1987 bis 1990 gemeinsam mit vier weiteren Forschungseinrichtungen im Rahmen des vom BMFT geförderten Projektes "Untersuchungen zu Schädigungen von Fachwerkgebäuden" an drei Experimentierhäusern im Hessischen Freilichtmuseum bei Neu-Anspach Langzeituntersuchungen zum wärme-, feuchte- und anstrichtechnischen Verhalten von Fachwerkwänden durchgeführt [1].

Die Untersuchungen an den Häusern im Hessischen Freilichtmuseum wurden vom WKI als ein Teilprojekt des vom BMFT finanzierten Forschungsverbundes "Fachwerkbautenverfall und -erhaltung" von Mai 1990 bis Ende 1992 fortgesetzt.

Parallel hierzu hat das WKI seit 1990 im Rahmen des oben genannten Projektes an vorwiegend in den neuen Bundesländern befindlichen Pilotobjekten vor Ort und im Labor holzspezifische Untersuchungen zu den unterschiedlichen Fragestellungen der Sanierungsobjekte durchgeführt [2], [3].

2 Beschreibung der Testhäuser und Meßprogramm

Bei der 1987 erfolgten Wiedererrichtung der drei Häuser (Abb. 1), die nachfolgend entsprechend ihrer Herkunftsorte mit "Lauterbach-Maar", "Momberg I" und "Momberg II" bezeichnet werden, wurden unterschiedliche Hölzer verwendet. Neben originalem, wiederverwendetem Eichenholz wurde beim Haus "Lauterbach-Maar" frisch eingeschlagenes Eichenholz eingesetzt, während bei "Momberg I" zum Teil frisch eingeschlagenes Fichtenholz und bei "Momberg II" technisch vorgetrocknetes Fichtenholz gewählt wurde. Bei diesen beiden Häusern wurden Erdgeschoßschwellen aus frischem Eichenholz eingebaut.

Abb. 1 Testhäuser im Hessenpark

An den Testhäusern wurden Ausfachungen mit unterschiedlichen historischen und neuzeitlichen Materialien eingesetzt, die zum Beginn des Vorhabens in der Baupraxis angewandt, diskutiert oder als Sanierungsvariante neu entwickelt worden waren. Diese Varianten lassen sich unterteilen in:

- Ausfachungen nach historischem Vorbild mit Lehm und Kalkputz
- historisch modifizierte Ausfachungen mit verbesserten Wärmedämmeigenschaften (Außen- und Innendämmungen)
- neuzeitliche und experimentelle Ausfachungen

Die Untersuchungen des WKI an den Testhäusern bezogen sich auf das Feuchteverhalten des Fachwerkholzes, das Temperaturverhalten des Holzes und der Gefache, die Dimensionsänderungen des Holzes sowie die Änderungen der Fugenweiten an den Holzanschlüssen und zwischen Holz und Gefach [4]. Außerdem wurden unterschiedliche Holzschutz- und Anstrichsysteme an den Fachwerkhölzern angewendet und deren Langzeitverhalten beurteilt [5].

Die nebeneinanderstehenden Testhäuser sind mit ihren Giebelflächen nach Westen und Osten orientiert. Meßtechnisch einbezogen wurden alle Fassaden des Testhauses Lauterbach-Maar sowie die Westgiebel der beiden anderen Testhäuser Momberg I und Momberg II. Die Anordnung der Meßstellen ist anhand der West- und Südseite des Hauses Lauterbach-Maar in der Abbildung 2 beispielhaft dargestellt.

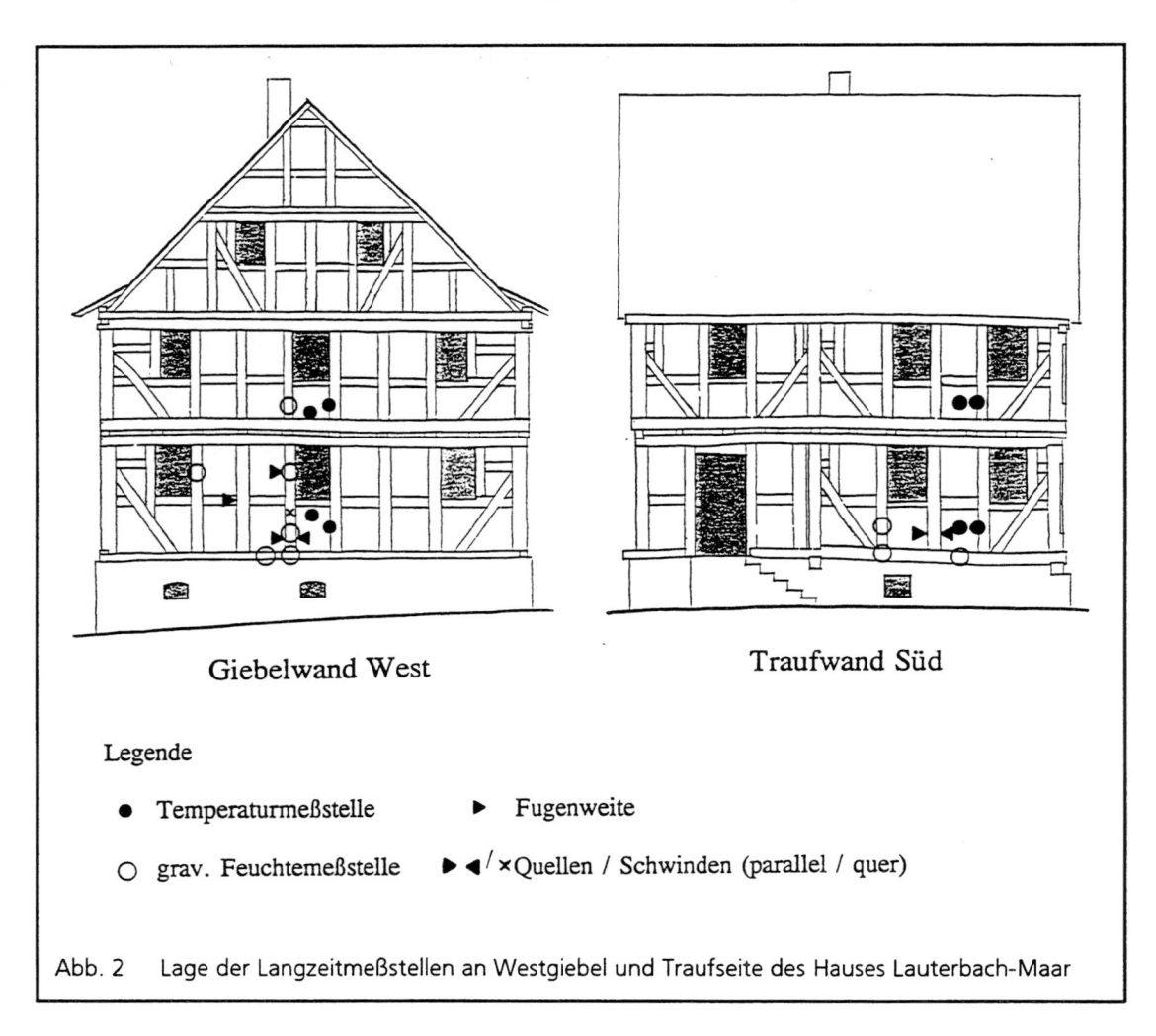

Giebelwand West   Traufwand Süd

Legende

- ● Temperaturmeßstelle   ▶ Fugenweite
- ○ grav. Feuchtemeßstelle ▶◀/× Quellen / Schwinden (parallel / quer)

Abb. 2   Lage der Langzeitmeßstellen an Westgiebel und Traufseite des Hauses Lauterbach-Maar

3 Untersuchungsprogramm des WKI und meßtechnische Ausstattung der Testhäuser

3.1 Holzschutz- und anstrichtechnische Untersuchungen

Verbunden mit dem Wunsch nach einer frei sichtbaren Fachwerkfassade besteht bei der Restaurierung historischer Fachwerkbauten häufig die Aufgabe einer farbigen Gestaltung von Holz- und Ausfachungsflächen.

Zahlreiche in kürzerer Zeit nach der Sanierung auftretende Fäulnisschäden am Holz wurden der falschen Auswahl oder Applikation der Anstrichstoffe zugeschrieben. Daher wurden im Rahmen der Langzeituntersuchungen an den Versuchshäusern im hessischen Freilichtmuseum eine große Anzahl marktüblicher Anstrichstoffe und -systeme untersucht.

Die Hersteller von Anstrichstoffen für Holz wurden aufgefordert, für Fachwerke geeignete Anstrichstoffe zu benennen. Aus den angebotenen Produkten wurden 39 ausgewählt und entsprechend den Angaben und Anleitung der Hersteller auf den Holzteilen der drei Häuser appliziert. Dazu wurden die Wandflächen unterteilt, so daß insgesamt 33 verschiedene Systeme aufgetragen und seit Herbst 1988 untersucht werden konnten.

Da voraussehbar war, daß entsprechend den unterschiedlichen Orientierungen der Versuchsflächen an den Testhäusern die Bewitterungsintensität stark schwankte, wurden parallel hierzu Fichten- und Eichenproben mit den gleichen Beschichtungssystemen auf Bewitterungsgestellen im Hessischen Freilichtmuseum und im Freigelände des Wilhelm-Klauditz-Institutes in Braunschweig in 45°-SW-Exposition dem Wetter ausgesetzt. Die Versuchsflächen wurden je Quartal mindestens einmal visuell begutachtet. Die Probebrettchen wurden regelmäßig gewogen und vierteljährlich begutachtet.

Von allen verwendeten Produkten wurden, soweit technisch möglich, im Labor die anstrichspezifischen Kenndaten (Festkörpergehalt, Dichte, Viskosität, Flammpunkt und Brechungsindex) sowie die Feuchtedurchlässigkeit der Anstrichsysteme (s_d- und μ-Werte) ermittelt.

3.2 Materialfeuchtemessungen

Die Materialfeuchten der Fachwerkhölzer wurden gravimetrisch an mehrteiligen Proben tiefengestaffelt gemessen (Abb. 3a). Die Meßstellen bestanden jeweils aus einer Holzscheibe, die, in einer Schraubfassung aus Kunststoff sitzend, abgedichtet und bündig in der Holzoberfläche saß, und in einer Bohrung dahinter liegenden zylindrischen Holzproben. Diese, je nach Dicke des Fachwerkholzes drei bis sechs Proben, wurden in wöchentlichen Abständen jeweils kurzzeitig aus der Meßstelle entnommen und gewogen.

Die Feuchtemeßstellen befanden sich im Bereich der alten und neuen Eiche
- in den Schwellen im ungestörten Querschnittsbereich,
- in den Schwellen unterhalb der Zapfenlöcher der Ständer und
- im unteren und oberen Bereich der Ständer.

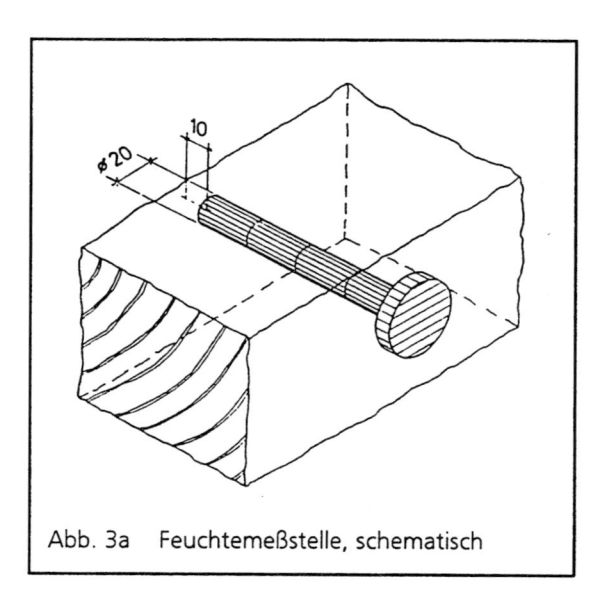

Abb. 3a Feuchtemeßstelle, schematisch

Im Bereich der frischen und der vorgetrockneten Fichte befanden sich Meßstellen in den Ständern. Zur vorläufigen Abschätzung der Feuchteverläufe während des Meßzeitraumes wurden diese anhand eines zuvor aus benachbartem Holz ermittelten Darrgewichtes bestimmt. Nach Abschluß der Messungen wurden die Stellvertreter gemäß DIN 52183 gedarrt und deren Holzfeuchteverläufe ermittelt. Gegen Ende des Meßzeitraumes wurden im Bereich der Meßstellen gravimetrische Kontrollmessungen an Bohrkernen durchgeführt.

3.3 Temperaturmessungen, Dimensionsänderungen und rechnergestützte Meßwerterfassung

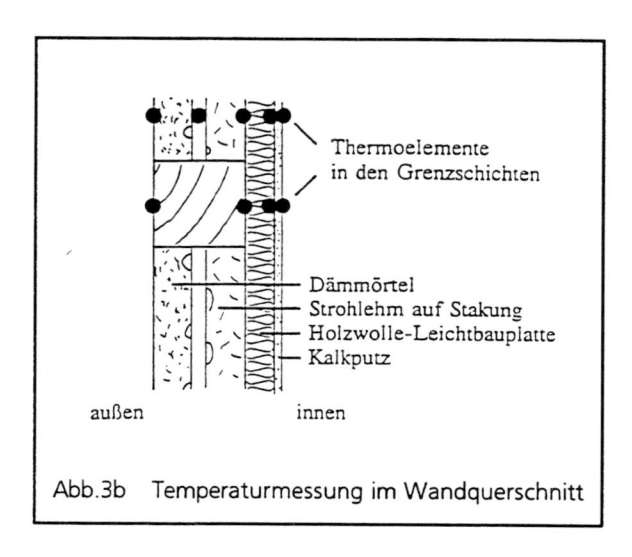

Abb. 3b Temperaturmessung im Wandquerschnitt

Die Temperaturen wurden rechnergestützt mit Thermoelementen nach DIN 42710 an den Bauteilschichtgrenzen der Wandquerschnitte sowohl im Bereich des Holzes als auch in einigen Gefachen stündlich gemessen. Die Anordnung der Thermoelemente im Wandquerschnitt ist in Abb. 3b beispielhaft für einen Wandbereich mit Dämmputz auf Lehmstakung und Innendämmung mit Holzwolleleichtbauplatten dargestellt.
Dimensionsänderungen der Fachwerkhölzer sowie die Änderung der Fugenbreite zwischen Ständer und Riegel bzw. zwischen Ständer und Gefach wurden

Langzeitmessungen an drei wiederaufgebauten Fachwerkhäusern 95

- ebenfalls rechnergestützt - mit Linearpotentiometern stündlich erfaßt. Abbildung 3c zeigt eine schematische Darstellung dieser Meßstellenanordnung.

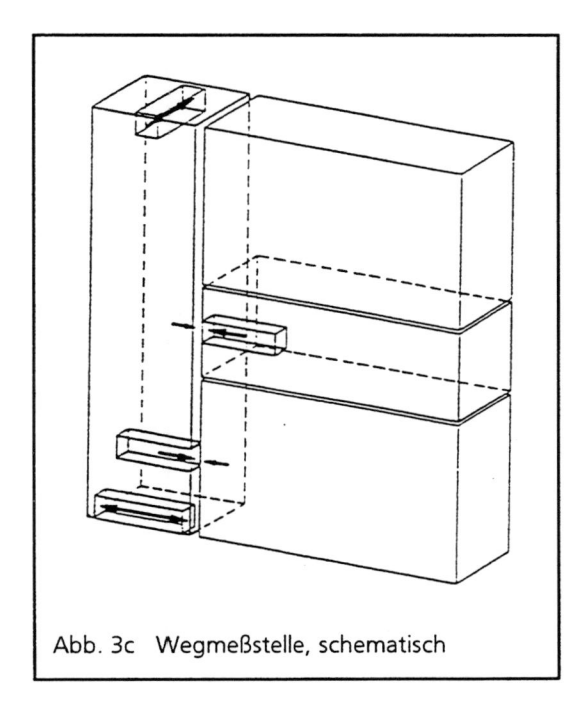

Abb. 3c Wegmeßstelle, schematisch

In Abb. 4 ist die an den Testhäusern angewandte Meßtechnik für die Meßwerterfassung am Beispiel des Hauses "Lauterbach-Maar" in einem Blockschaltbild dargestellt. Ein Rechner wählte zu vorgegebenen Zeitpunkten spezielle Meßstellen an. Die Signale der Sensoren wurden über Meßstellenumschalter zu einem Signalverstärker geleitet. Die dort normierten Meßgrößen wurden anschließend von einem Spannungs- in ein Stromsignal von geringerer Störanfälligkeit gewandelt. Die beschriebenen Einzelkomponenten waren - zu einem Block vereint - in jedem der drei Häuser installiert. Von diesen Meßwerterfassungseinheiten wurden die gemessenen Daten an den Meßrechner übertragen und von diesem abgespeichert. Per Modem wurden die Daten in regelmäßigen Zeitabständen über das Telefonnetz vom WKI abgerufen.

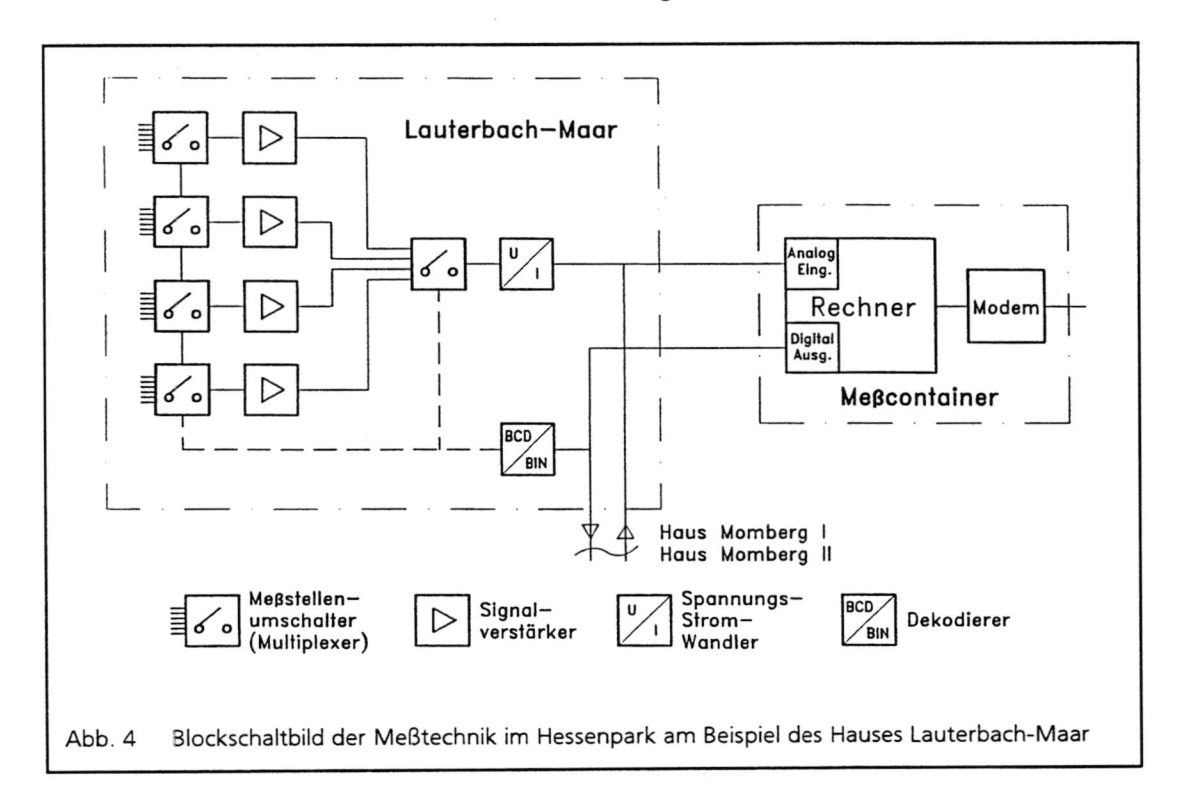

Abb. 4 Blockschaltbild der Meßtechnik im Hessenpark am Beispiel des Hauses Lauterbach-Maar

4 Ergebnisse

4.1 Anstrichsysteme und Holzschutzmaßnahmen

Die Langzeitbeobachtungen der Anstrichsysteme im Hessischen Freilichtmuseum brachten zusammenfassend folgende Ergebnisse:

Beurteilung der an den Testhäusern verwendeten Anstrichsysteme

- Alle stärker pigmentierten Systeme (deckend und lasierend) zeigten nach vierjähriger Freibewitterung unabhängig von der Himmelsrichtung nur vernachlässigbar geringe Schäden.
- Dünnschichtlasuren lassen nur eine begrenzte Farbgestaltung zu.
- Einige mit deckenden Pigmenten ausgerüstete Systeme neigen zu Farbveränderungen.
- Bei zu hohen Holzfeuchten (zu hohe Ausgangsfeuchte oder Befeuchtung durch eindringendes Wasser) können selbst sehr diffusionsoffene Anstrichsysteme eine Zerstörung des Holzes durch Pilze nicht verhindern.
- Auf den Bewitterungsgestellen differierten die untersuchten Anstrichstoffe deutlich. Hier reichte die Bewertungsskala nach vierjähriger Bewitterung von "stark zerstört" bis "weitgehend ohne Schäden".

Die Untersuchungen ergaben, daß grundsätzlich alle Beschichtungssysteme für den Einsatz an Sichtfachwerken geeignet sind, sofern sie den Austritt von Wasser aus der Holzoberfläche nicht oder nicht wesentlich behindern. Ein s_d-Wert von ca. < 0,5 m wird empirisch als unbedenklich eingeschätzt (s. S. 60). Dies bedeutet, daß z.B. ein Beschichtungssystem mit einem μ-Wert von 5000 mit einer maximalen Schichtdicke von 0,1 mm aufgetragen werden darf (Abb. 5). Das bereitet bei vielen Beschichtungssystemen, zumal bei ungenügender Untergrundvorbehandlung aber bereits Schwierigkeiten. Zahlreiche Beschichtungssysteme, insbesondere lösemittelhaltige weisen zudem μ-Werte > 5000 auf.

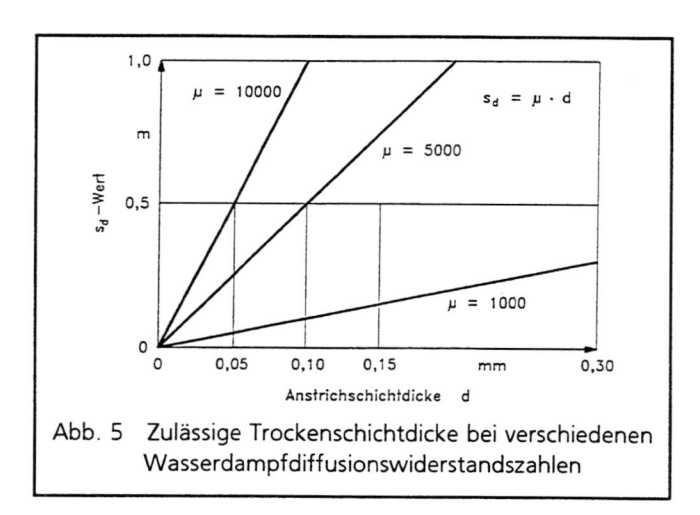

Abb. 5 Zulässige Trockenschichtdicke bei verschiedenen Wasserdampfdiffusionswiderstandszahlen

Es lassen sich aufgrund der Untersuchungen folgende Anforderungen an für Fachwerkholz geeignete Anstrichsysteme und deren Verarbeitung stellen:

Anforderungen an die Beschichtungssysteme

- niedrige Diffusionswiderstandszahl (hohe Durchlässigkeit)
- ausreichender Schlagregenschutz
- ausreichender UV-Schutz für das Holz
- breitgefächerte Möglichkeit der Farbgestaltung (nur durch deckende Systeme gewährleistet)
- gute Verstreichbarkeit auf rauhen Flächen
- zufriedenstellende Wetterbeständigkeit (mindestens 3 - 5 Jahre bei direktem Wettereinfluß, Freiluftklima)

Anforderungen an die Verarbeitung

- sorgfältige Vorbereitung des Untergrundes (Entfernung von Altanstrichen und verwitterten oder durch holzzerstörende Pilze befallene Holzteilen)
- strikte Beachtung der Verarbeitungshinweise der Hersteller (insbesondere Oberflächentemperaturen bei Einsatz von wasserverdünnbaren Systemen)
- bei zu trockenem Holz Vornässung der Flächen
- sorgfältiges Verstreichen des Anstrichstoffes
- Einhaltung der vorgegebenen maximalen Schichtdicke unter Berücksichtigung eines maximalen s_d-Wertes von 0,5 m
- regelmäßige, jährliche Kontrolle der Anstrichflächen und Ausbesserung kleiner Schäden

Die Untersuchungen verschiedener Holzschutzgrundierungen ergaben, daß diese aufgrund ihrer geringen Eindringtiefe nicht in der Lage sind, Schäden durch holzzerstörende Pilze zu verhindern. Dies ist nur durch Maßnahmen möglich, die sicherstellen, daß das Holz nicht über den Fasersättigungsbereich hinaus befeuchtet wird. Grundierte Flächen zeigen jedoch eine deutlich bessere Haltbarkeit der Anstrichsysteme als solche ohne Grundierung.

Vollimprägnierungen des Holzes (z.B. durch Injektage), insbesondere der kritischen Knotenpunkte, schützen auch weniger resistente Holzarten (z.B. Fichte) sicher vor einem Befall durch holzzerstörende Pilze.

4.2 Feuchteverhalten der Fachwerkhölzer

Holz ist ein hygroskopischer Werkstoff, bei dem sich eine Holzfeuchte einstellt, die mit der Umgebung im Gleichgewicht steht (Ausgleichsfeuchte). Bei fachwerksichtigen Fassaden liegt die Ausgleichsfeuchte der Hölzer je nach Lage und Bewitterung bei 15 ± 3 M.-%. Die Anpassung an den Ausgleichszustand erfolgt an der Holzoberfläche relativ schnell, so daß die Holzfeuchte im oberflächennahen Bereich der Wetterbelastung direkt folgt. Die innenliegenden Querschnittsbereiche passen sich dagegen langsamer an, und kurzzeitige Wetteränderungen wirken sich nicht oder nur stark gedämpft aus. Entsprechend bilden sich in den Holzquerschnitten von Fachwerkhölzern Feuchteprofile aus.

Anhand der Feuchteverläufe ausgewählter Meßstellen wird im folgenden das je nach Lage der Meßstelle und Ausgangszustand des Holzes teilweise sehr unterschiedliche Verhalten der Fachwerkhölzer an den Fassaden der Testhäuser dargestellt. Abb. 6a zeigt den Verlauf am Beispiel einer sechsteiligen Meßstelle in altem Eichenholz an der Ostseite des Hauses Lauterbach-Maar. Nach einer anfänglichen Feuchteerhöhung, bedingt durch Bewitterung der aufgeschlagenen Fachwerkkonstruktion vor dem Ausfachen im Frühjahr 1988, trocknete das Holz kontinuierlich bis in den Bereich der Ausgleichsfeuchte. Etwa zwei Jahre nach der Ausfachung wurde in allen Querschnittsbereichen eine Holzfeuchte von 20 M.-% unterschritten.

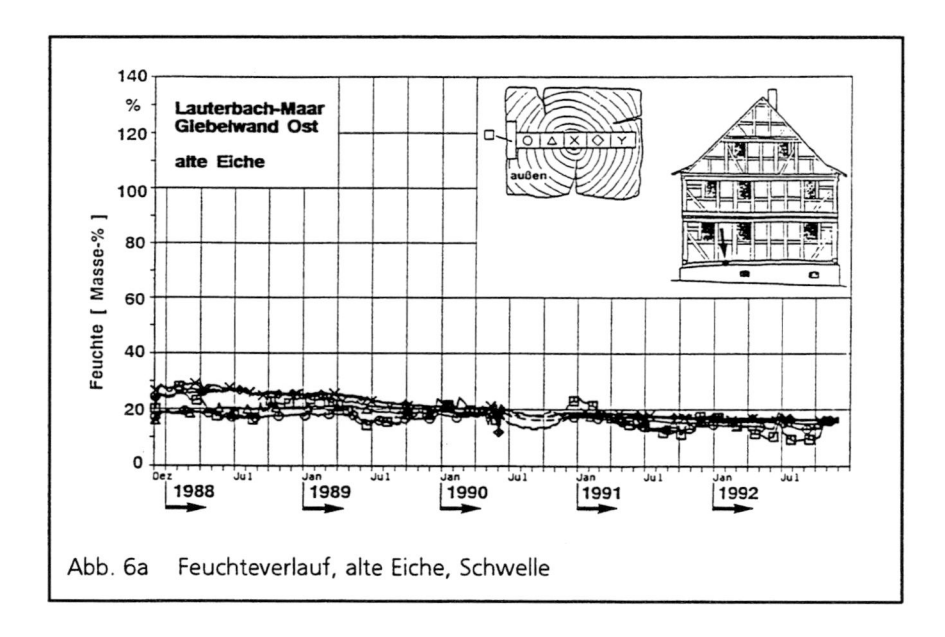

Abb. 6a Feuchteverlauf, alte Eiche, Schwelle

In Abb. 6b ist eine sechsteilige Meßstelle in einer Schwelle aus altem Eichenholz unter dem Zapfenloch des Ständers dargestellt. Die hohe Befeuchtung von über 120 M.-% infolge Bewitterung im nicht ausgefachten Zustand ist innerhalb von zwei Jahren ebenfalls auf unter 20 M.-% über den gesamten Querschnitt gesunken. Ein im März 1989 festgestellter Moderfäulebefall im Bereich der Meßstelle ist im November 1989 ausgetrocknet und abgestorben. Weitere Befeuchtungen fanden im Meßzeitraum nicht statt.

Abb. 6c zeigt den unkritischen Feuchteverlauf im Querschnitt eines Ständers aus alter Eiche. Lediglich der Stellvertreter an der Ständeroberfläche feuchtet in der kalten Jahreshälfte witterungsbedingt kurzzeitig auf.

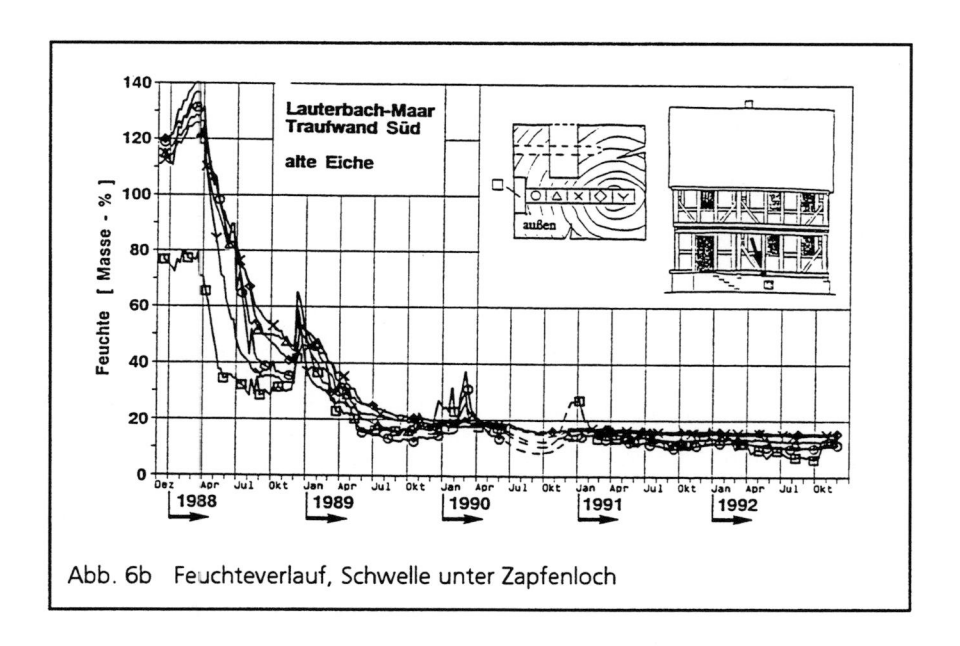

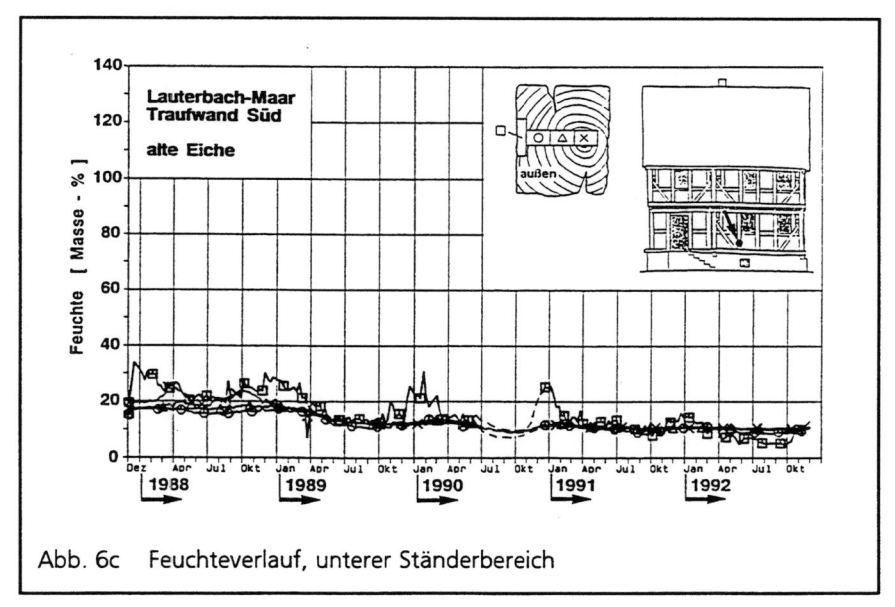

Langzeitmessungen an drei wiederaufgebauten Fachwerkhäusern

Abb. 6b Feuchteverlauf, Schwelle unter Zapfenloch

Abb. 6c Feuchteverlauf, unterer Ständerbereich

Abb. 7a zeigt eine fünfteilige Meßstelle im ungestörten Bereich einer Schwelle aus neuem Eichenholz an der Westseite des Hauses Lauterbach-Maar. Während die äußerste Probe nach knapp zwei Jahren den Bereich der Ausgleichsfeuchte erreicht hat, trocknen die inneren Stellvertreter innerhalb von fünf Jahren von ca. 60 - 70 M.-% Holzfeuchte auf einen Wert um 30 M.-%. Der Trocknungsprozeß verlangsamte sich hier von Jahr zu Jahr, so daß ein baldiges Erreichen der Ausgleichsfeuchte im Schwelleninneren nicht zu erwarten war. Die zusätzliche Befeuchtung aus dem Zapfenlochbereich und der Einfluß der Ausfachung verhindern die Trocknung zusätzlich. Im Frühjahr 1992 wurden umfangreiche Fäulnisschäden im inneren Bereich dieser Schwelle festgestellt.

Abb. 7a Feuchteverlauf, neue Eiche, Schwelle

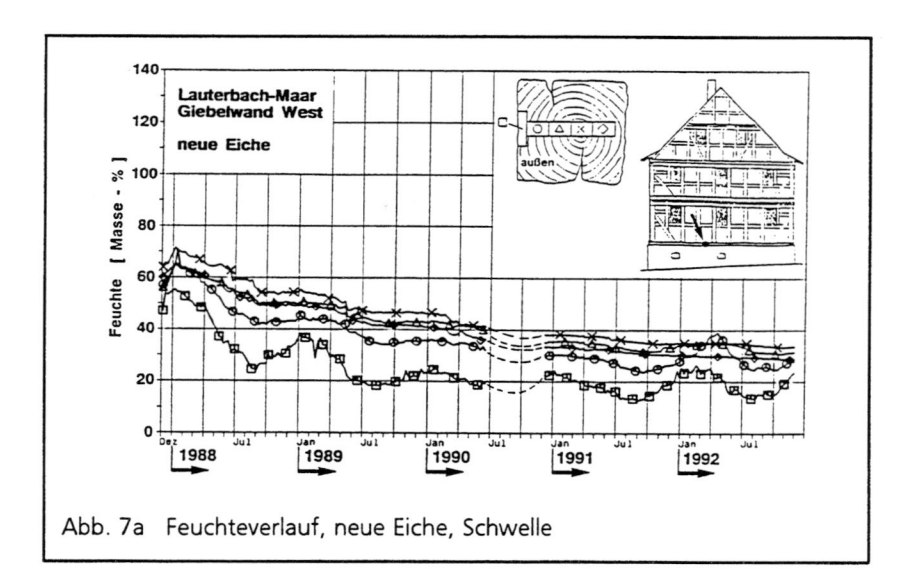

Abb. 7b zeigt eine Meßstelle in neuem Eichenholz unterhalb des Zapfenloches eines Ständers. Im nicht ausgefachten Zustand kam es durch direkte Befeuchtung der Zapfenlöcher zu Auffeuchtungen über 100 M.-%. Diese hohe Feuchte trocknete innerhalb von zweieinhalb Jahren auf das Niveau des ungestörten Holzquerschnittes. Durch die inzwischen eingetretene Fugenöffnung zwischen dem Ständer und der Ausfachung kam es im Folgezeitraum zu erneuten direkten Befeuchtungen des Zapfenloches, was an der starken Auffeuchtung der inneren Stellvertreter der Meßstelle erkennbar ist. Der Ursprung des im Frühjahr 1992 festgestellten Fäulnisschadens in der Schwelle lag im Bereich des Zapfenloches.

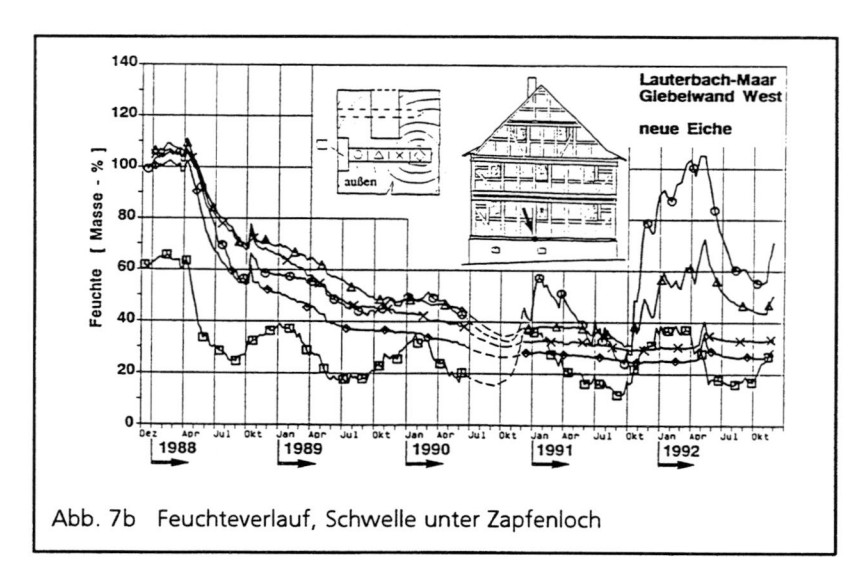

Abb. 7b Feuchteverlauf, Schwelle unter Zapfenloch

Abb. 7c zeigt das Feuchteverhalten einer vierteiligen Meßstelle in einem Ständer aus neuem Eichenholz. Die Einbaufeuchte lag auch hier zwischen 40 und 60 M.-%.

Nach 3 1/2-jähriger Trocknung haben auch die innenliegenden Stellvertreter den Bereich der Ausgleichsfeuchte erreicht. In der kalten Jahreszeit kommt es jedoch zu deutlichen Auffeuchtungen der Proben.

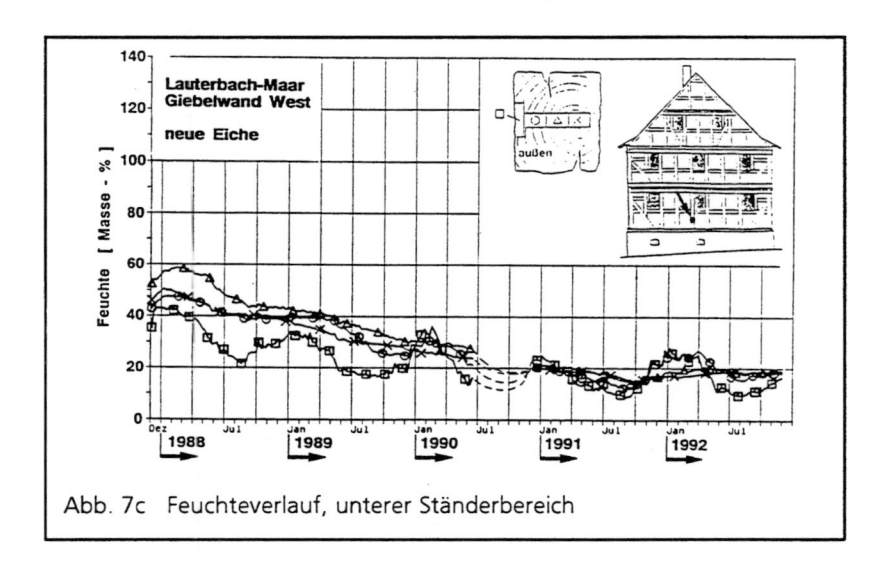

Abb. 7c Feuchteverlauf, unterer Ständerbereich

Der Einfluß des Wandaufbaues auf das Feuchteverhalten des Holzes wird an den Meßstellen im Bereich der Schwelle aus neuer Eiche am Westgiebel des Hauses Momberg II deutlich. In diesem Bereich wurde eine nach außen hinterlüftete Luftschicht zwischen der Fachwerkwand und der innenliegenden Dämmschicht angeordnet. Die raumseitige Wärmedämmung wurde durch 50 mm dicke Holzwolleleichtbauplatten mit innenseitigem, dickschichtigem Kalkputz gebildet. Dieser Wandaufbau stellt eine unzureichende Wärmedämmung dar, so daß er als Sanierungsvariante für Wohngebäude nicht empfohlen werden kann. Die Feuchteverläufe der luftumspülten Schwelle im Bereich des ungestörten Holzquerschnittes (Abb. 8a) und unter dem Zapfenloch (Abb. 8b) zeigen deutlich den positiven Einfluß der Hinterlüftung auf das Trocknungsverhalten des Holzes.

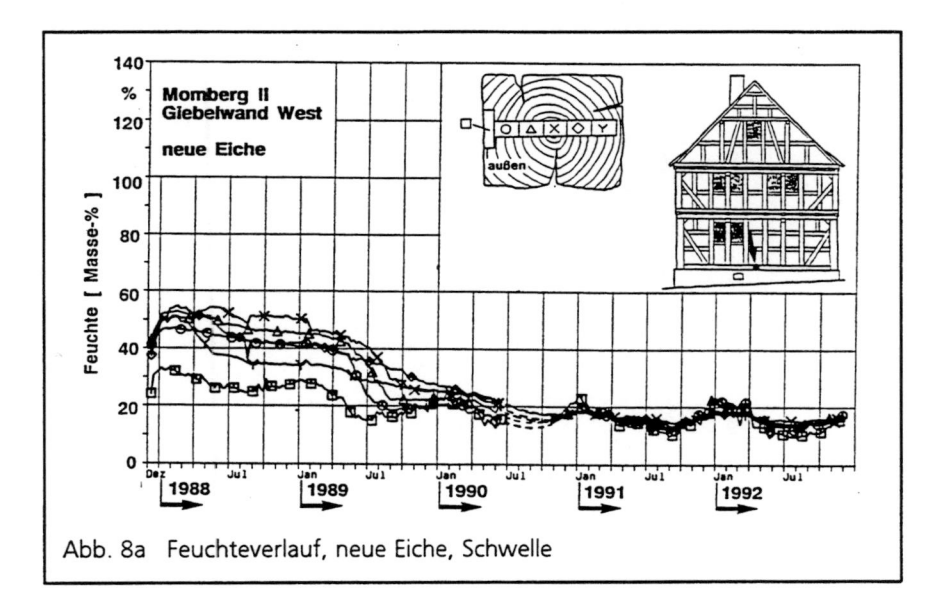

Abb. 8a Feuchteverlauf, neue Eiche, Schwelle

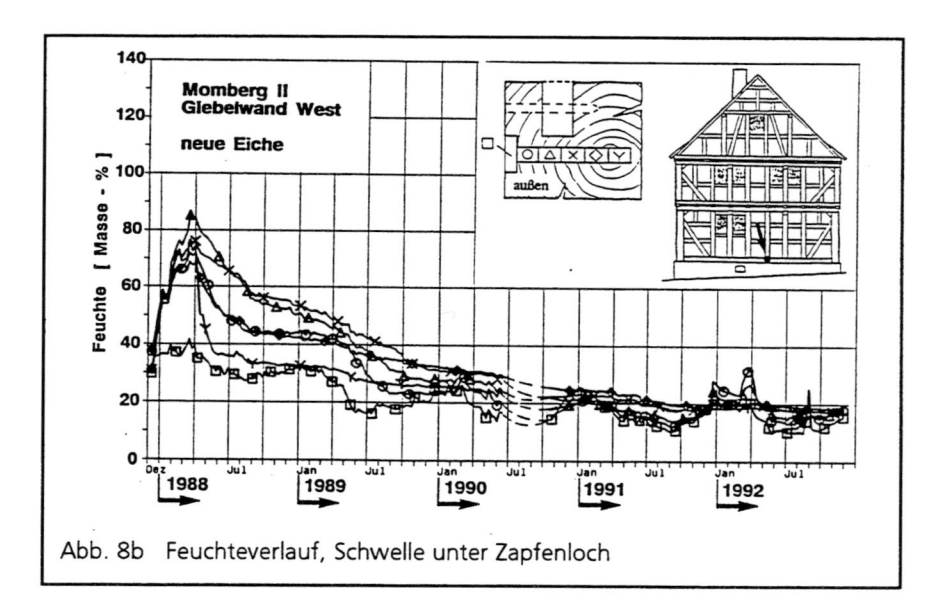

Abb. 8b Feuchteverlauf, Schwelle unter Zapfenloch

Innerhalb von zweieinhalb bis dreieinhalb Jahren ist das Eichenholz im gesamten Querschnitt auf Feuchten unterhalb von 20 M.-% heruntergetrocknet, was in vergleichbaren Bereichen ohne Hinterlüftung der Schwelle nicht erreicht wurde (siehe Abb. 7a, 7b).

Die Holzfeuchteverläufe an den Meßstellen im Bereich des Fichtenfachwerks der Häuser Momberg I und II waren durch schnelles Auffeuchten in der Winterperiode und Trocknung im Sommer gekennzeichnet. Bei der vorgetrockneten Fichte (Abb. 9b) fielen diese Schwankungen jedoch geringer aus als bei der frisch eingebauten Fichte (Abb. 9a). Der Einfluß von breiten Schwindrissen im Bereich der Meßstellen, durch die es zu direkten Befeuchtungen der Stellvertreter kam, ist bei diesen Meßstellen jedoch besonders zu berücksichtigen.

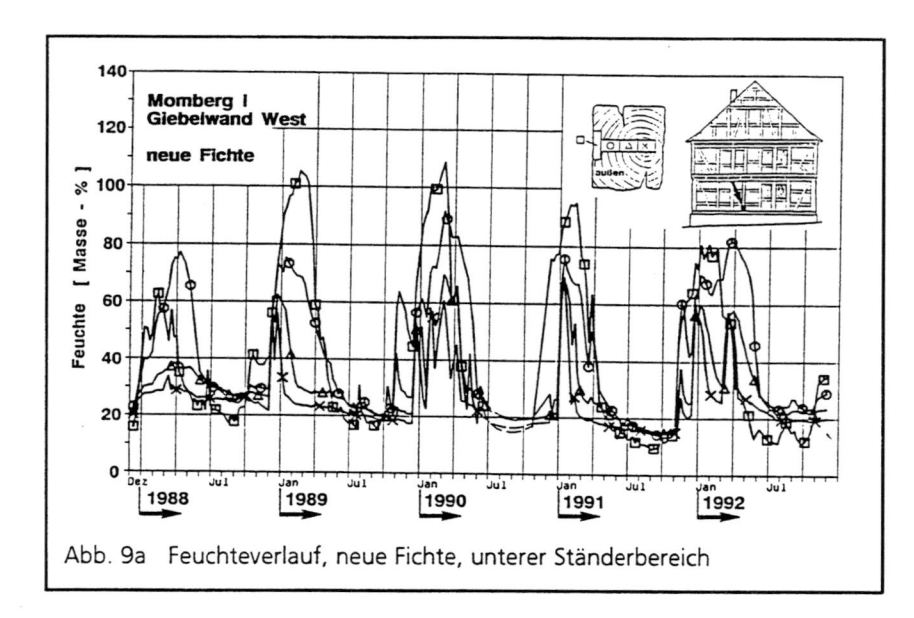

Abb. 9a Feuchteverlauf, neue Fichte, unterer Ständerbereich

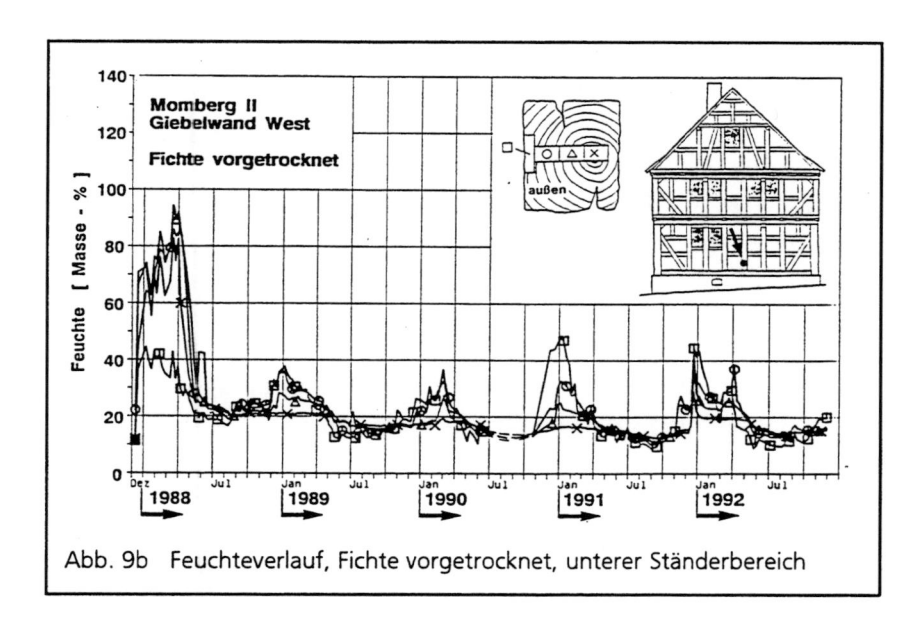

Abb. 9b Feuchteverlauf, Fichte vorgetrocknet, unterer Ständerbereich

Zum Ende des Meßzeitraumes wurden in der Nähe der gravimetrischen Meßstellen Bohrkerne entnommen, an denen die Materialfeuchte der Fachwerkhölzer gravimetrisch bestimmt wurde. Die in der Tiefe in Schritten von 10 bis 20 mm gestaffelten Bohrkerne wurden gemäß DIN 52183 nach der Entnahme luftdicht verpackt, im Labor gewogen und anschließend bis zur Gewichtskonstanz gedarrt. Die Materialfeuchte in M.-% errechnet sich aus der Gewichtsdifferenz der Bohrkerne vor und nach dem Darren.

Der in den Langzeitmeßstellen ermittelte Feuchteverlauf innerhalb der Holzquerschnitte konnte mit den gravimetrischen Feuchtemessungen an Bohrkernen für vergleichbare Zeitpunkte qualitativ bestätigt werden. Durch die recht grobe Auflösung aufgrund der Länge der Stellvertreter und bedingt durch verschiedene Störgrößen (z.B. Risse, Undichtigkeiten), kommt es in Bereichen mit höherer Materialfeuchte jedoch zu Abweichungen der absoluten Feuchte zu vergleichbaren Zeitpunkten.

Die Vorteile der gravimetrischen Dauermeßstellen liegen in der Wiedergabe des langzeitigen Feuchteverhaltens von Bauteilen. Bei gravimetrischen Dauermeßstellen muß besonders auf die Dichtigkeit der Meßstelleneinfassung und auf den Verlauf von Schwindrissen geachtet werden, um das Eindringen von Wasser in die Hohlräume zu verhindern.

4.3 Verformungsverhalten der Fachwerkhölzer

Der Feuchtebereich, bei dem die Zellwände des Holzes, jedoch kaum die Zellumen wassergesättigt sind (Fasersättigungsbereich), liegt bei heimischen Holzarten zwischen 28 und 32 M.-%. Unterhalb der Fasersättigung sind nahezu alle Holzeigenschaften feuchteabhängig. Das Holz zeigt bei der Trocknung Schwindverformungen, die in den Hauptrichtungen des Holzes - axial, radial und tangential - stark differieren. Nach DIN 1052 beträgt das axiale Schwind- und Quellmaß ca. 0,01 % je M.-% Holzfeuchteänderung und kann vernachlässigt werden. Das Schwind- und Quellmaß quer zur Faser beträgt nach DIN 1052 0,24 % je M.-% Holzfeuchteänderung. Dieser Wert ist das Mittel aus dem radialen (0,16 %/M.-%) und dem tangentialen (0,32 %/M.-%) Schwind- und Quellmaß. Bei frisch eingebautem Holz (u ≥ 30 M.-%) sind demnach bis zum Erreichen eines ausgeglichenen Feuchtezustandes (15 - 18 M.-%) je nach Jahrringstruktur Schwindverformungen von 1,9 % bis 4,8 % zu erwarten. Dies entspricht bei einer Ständerbreite von 230 mm einem Schwindmaß zwischen 4 und 11 mm bzw. Fugenweiten zwischen Holz und Ausfachung von 2 bis 5,5 mm.

Je nach Einschnittart der Hölzer findet in unterschiedlichem Umfang eine Schwindrißbildung statt, die aus dem unterschiedlichen Schwindmaß in radialer und tangentialer Richtung resultiert. Einstielig eingeschnittene Holzquerschnitte weisen deshalb die größten Schwindrisse auf.

Die direkte Zuordnung der Meßergebnisse von Feuchte- und Verformungsmeßstellen wird dadurch erschwert, daß in dem betrachteten Querschnittsteil die Trocknung oder Befeuchtung der Randbereiche zur Ausfachung hin bei der Feuchtemessung nicht mit erfaßt wird. Diese Bereiche liefern jedoch bereits einen meßbaren Beitrag zur Schwindung, während die gemessenen Feuchten in der Querschnittsmitte noch im Bereich der Fasersättigung liegen.

Abb. 10a zeigt die Verformung eines Ständers aus altem Eichenholz am Ostgiebel des Hauses Lauterbach-Maar. Die gesamte Schwindung betrug in dem Meßzeitraum 0,8 % der Ständerbreite. An einer ähnlichen Meßstelle auf der Südseite des Hauses betrug die gesamte Schwindung hingegen 1,5 % der Ständerbreite (Abb. 10b).

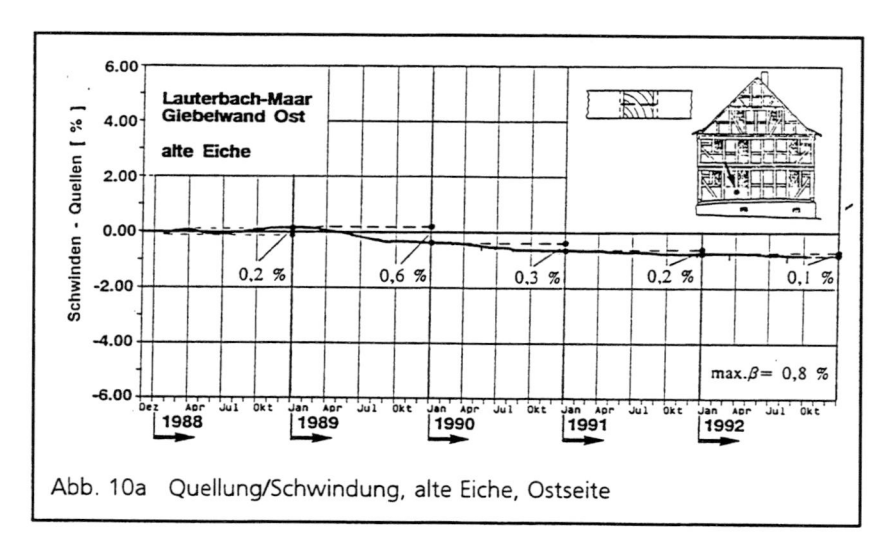

Abb. 10a Quellung/Schwindung, alte Eiche, Ostseite

Die unterschiedliche Schwindung kann u.a. auf die stärkere Strahlungsbelastung an der Südseite gegenüber der Ostseite der Testhäuser zurückgeführt werden. Nach dem Ausfachen im Sommer 1988 quollen die Hölzer im Bereich beider Meßstellen geringfügig auf. Die Hauptschwindung fand bei beiden Meßstellen in der ersten Jahreshälfte 1989 statt. Dieses Schwindverhalten stimmt mit dem in diesem Bereich ersichtlichen Feuchteverhalten zeitlich und in der Größenordnung überein (siehe Abb. 6c).

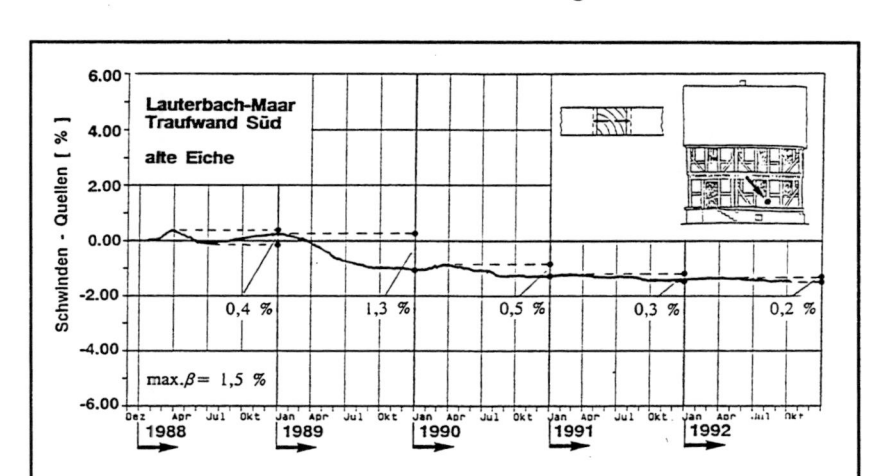

Abb. 10b Quellung/Schwindung, alte Eiche, Südseite

Ausgeglichene Schwind- und Quellbewegungen des Holzes sind an einer Meßstelle an neuer Fichte (Abb. 10c) gemessen worden. Da sich die Holzfeuchten an den Nadelholzbauteilen schnell im Bereich der Ausgleichsfeuchte befanden, wurden im Meßzeitraum jährliche Schwindverformungen von 0,6 % bis 1,2 % gemessen, die sich in der kalten Jahreshälfte jeweils wieder nahezu durch Quellung zurückstellten.

Dieses periodische Schwind-Quellverhalten ist unvermeidbar und erzeugt Fugenbewegungen, die zum Abriß zwischen Holz und Gefach mit anschließendem periodischem Öffnen und Schließen der Fugen führen.

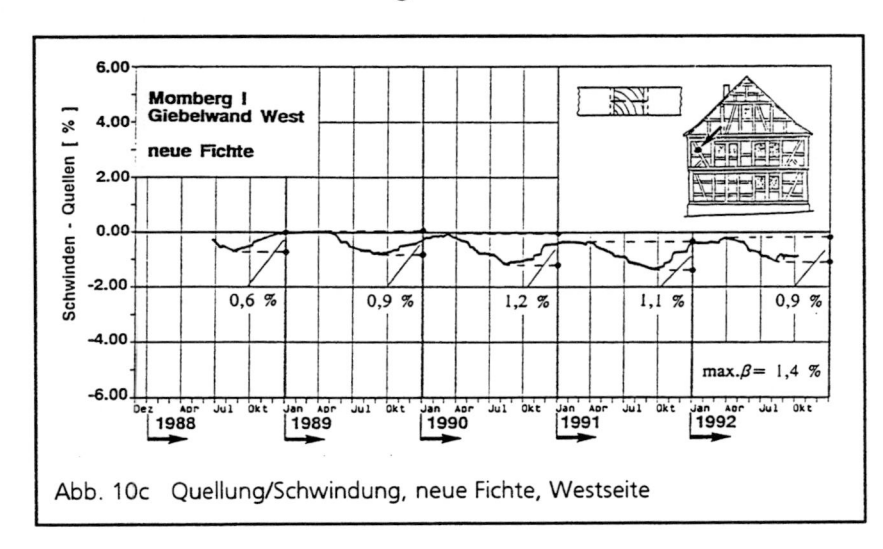

Abb. 10c Quellung/Schwindung, neue Fichte, Westseite

An einem Ständer aus neuem Eichenholz wurde im Meßzeitraum parallel zur Wandrichtung ein Gesamtschwindmaß von 2,8 % gemessen (Abb. 11a), während das Gesamtschwindmaß rechtwinklig zur Wandrichtung am gleichen Ständer 4,2 % betrug (Abb. 11b). Die Abweichungen zwischen diesen beiden Richtungen sind auf die relativ schnelle Austrocknung im oberflächennahen Querschnittsbereich und evtl. auf Unterschiede im Jahrringverlauf zurückzuführen. Der zugehörige Feuchteverlauf in diesem Ständer ist Abb. 7c zu entnehmen.

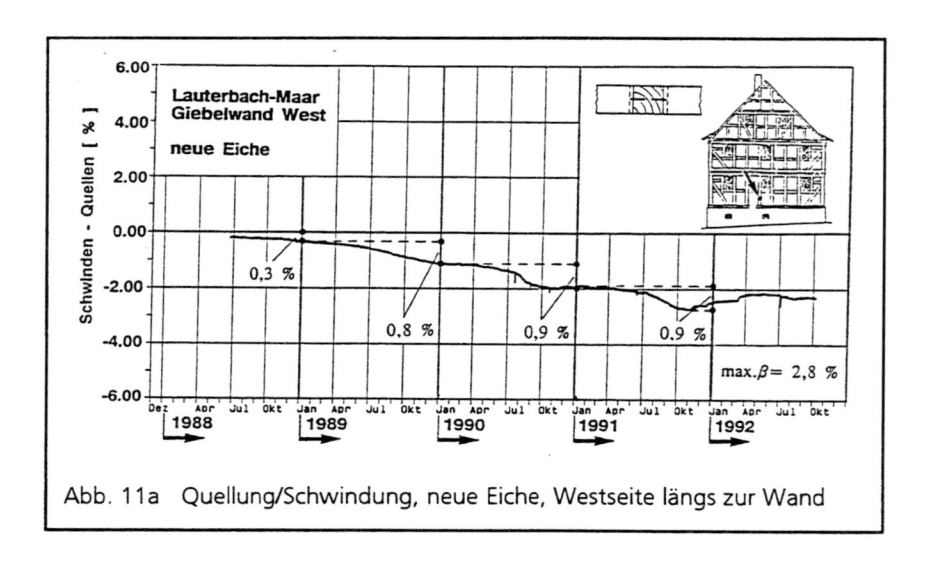

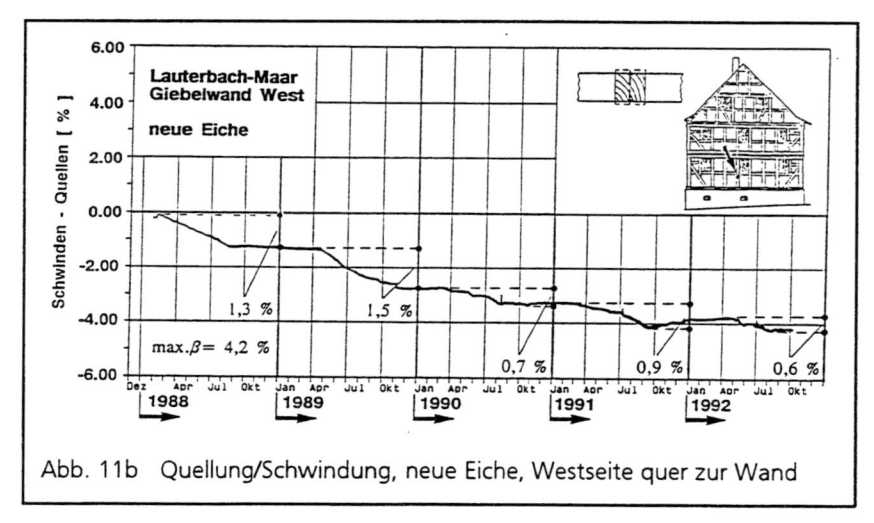

Abb. 11a Quellung/Schwindung, neue Eiche, Westseite längs zur Wand

Abb. 11b Quellung/Schwindung, neue Eiche, Westseite quer zur Wand

Ab Sommer 1991 ist die Ausgleichsfeuchte im gesamten Ständerquerschnitt aus frischer Eiche erreicht, so daß das Quellen und Schwinden auch hier in eine periodische Schwingung in einer Größenordnung von 0,6 % der Ständerbreite übergeht.

Die Fugenbildung zwischen Ständer und Ausfachung verhielt sich an der Meßstelle im Ständer aus frischer Eiche (Abb. 12a), sowohl bezüglich des Gesamtmaßes der Fuge von 4,1 mm als auch bezüglich der jährlichen Zunahme der Fugenbildung, analog zu der Verformungsmessung parallel zur Wand an dem gleichen Ständer (Abb. 11a). Die Fuge öffnete sich jeweils von April bis Oktober und blieb von Oktober bis April nahezu konstant.

Gänzlich anders verhielten sich die Fugen im Anschlußbereich der Fachwerkhölzer (z.B. zwischen Ständer und Riegel). Die Meßstellen zeigten hier übereinstimmend ein deutlich unruhigeres Verhalten der Fuge zwischen den Hölzern.

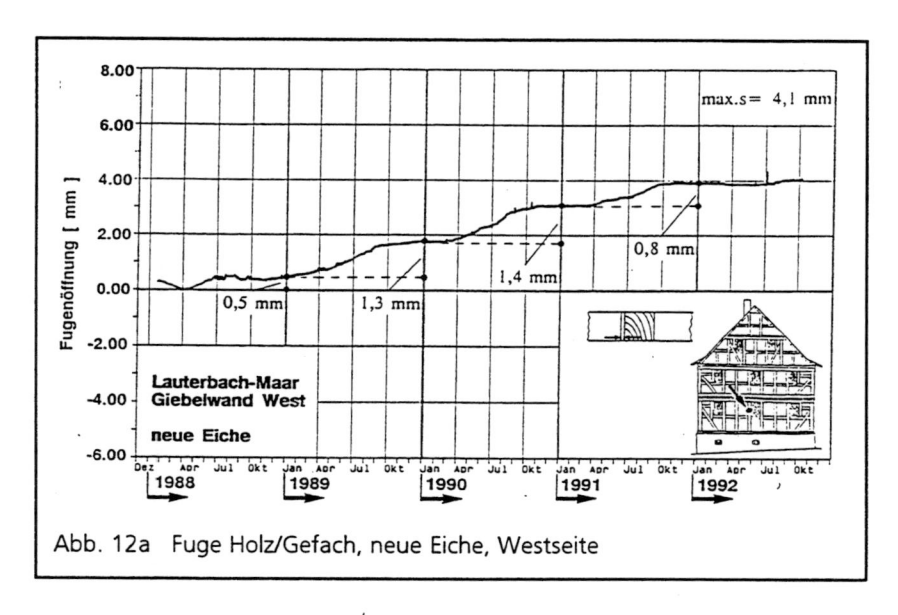

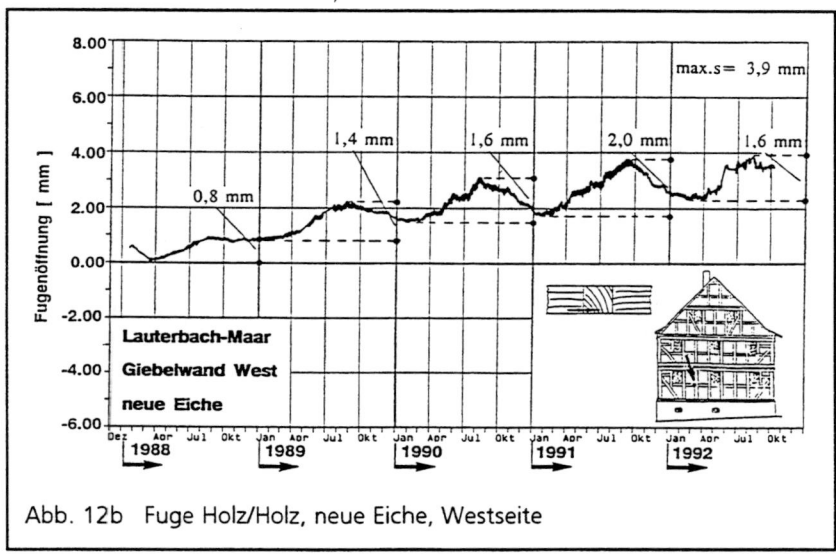

Abb. 12a Fuge Holz/Gefach, neue Eiche, Westseite

Abb. 12b Fuge Holz/Holz, neue Eiche, Westseite

Es wurden periodische Fugenbewegungen an den Meßstellen von 1,4 mm bis 2 mm bei der neuen Eiche (Abb. 12b) gemessen. Die absolute Fugenöffnung betrug am Ende des Meßzeitraumes 2,3 mm im Winter und 3,9 mm im Sommer.

An den neuen Eichenhölzern findet im Anschlußbereich im Gegensatz zum Gefachbereich in der kalten Jahreszeit ein teilweises Schließen der Fuge statt. Zum einen ist dies auf Bewegungen des Gefüges zurückzuführen. Zum anderen lassen die Fugenbewegungen auch darauf schließen, daß der Anschlußbereich Ständer-Riegel aufgrund des größeren Oberflächenanteiles (Zapfenloch) zwar im Sommer schneller trocknen kann als der ungestörte Gefachbereich, jedoch durch Befeuchtung im Winter auch wieder auffeuchtet und quillt. Dieses Verhalten gibt einen weiteren Hinweis auf die erhöhte Feuchtebelastung von Zapfenverbindungen.

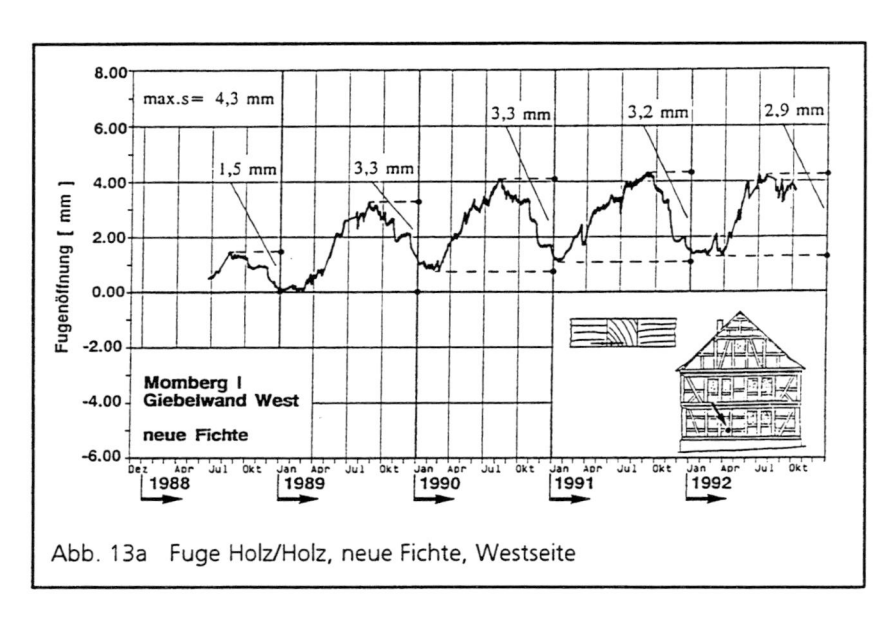

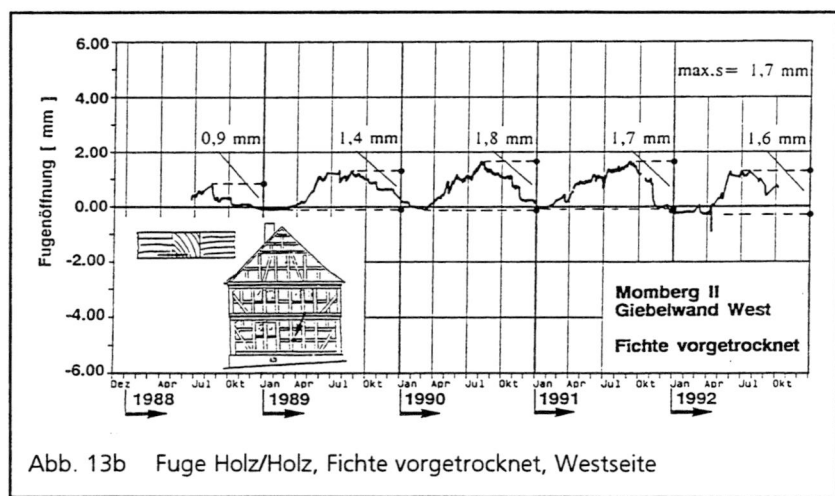

Abb. 13a Fuge Holz/Holz, neue Fichte, Westseite

Abb. 13b Fuge Holz/Holz, Fichte vorgetrocknet, Westseite

An einer gleichartigen Meßstelle im Bereich der neuen Fichte (Abb. 13a) zeigte sich mit Fugenbewegungen um 3 mm ein noch ausgeprägteres Schwind-Quell-Verhalten als bei der neuen Eiche. Die absolute Fugenöffnung betrug hier am Ende des Meßzeitraumes 1,4 mm im Winter und 4,3 mm im Sommer. An der Meßstelle im Bereich der vorgetrockneten Fichte wurden Fugenbewegungen bis 1,8 mm gemessen (Abb. 13b), wobei sich die Fugen in der kalten Jahreszeit vollständig schlossen.

4.4 Temperaturverhalten der Wandquerschnitte im Holz- und Gefachbereich

Die Temperaturdifferenzen zwischen der Oberflächentemperatur von dunkel gestrichenem Fachwerkholz auf der Südseite des Testhauses Lauterbach-Maar mit den zugehörigen Lufttemperaturen an den jeweils im Schatten liegenden Ost- bzw. Westseiten des Gebäudes wurden beispielhaft für den Meßzeitraum Mai/1989 bis Juni/1990 ausgewertet. Während des ganzen Jahres treten infolge Strahlung erhöhte Oberflächen-temperaturen auf, die in der Summe einen beträchtlichen Zeitraum ausmachen (Abb. 14a). Über den Tagesgang betrachtet, wurden zwischen 10 Uhr und 16 Uhr die größten Oberflächentemperaturen gemessen. Als maximale Temperaturdifferenzen wurden um 13 Uhr bis zu 48 K (Abb. 14b), bei einer absoluten Temperatur von über 60 °C an der Holzoberfläche gemessen. Auch im Winter kommt es bei einer Lufttemperatur von unter 0 °C auf dem Holz vereinzelt zu Oberflächentemperaturen von bis zu 20 °C. Die in der Tendenz niedrigeren Holzfeuchten auf der Südseite des Testhauses Lauterbach-Maar bestätigen den erheblichen Einfluß der Strahlung auf das Trocknungsverhalten des Holzes.

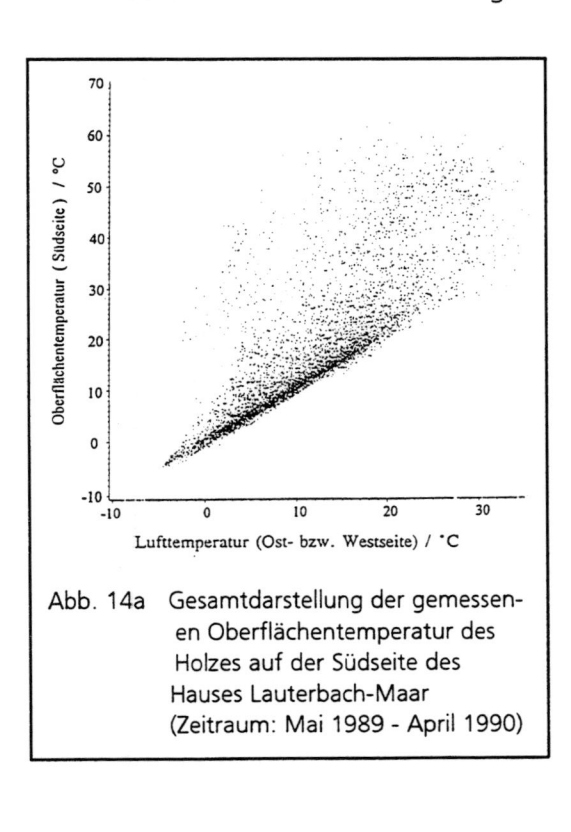

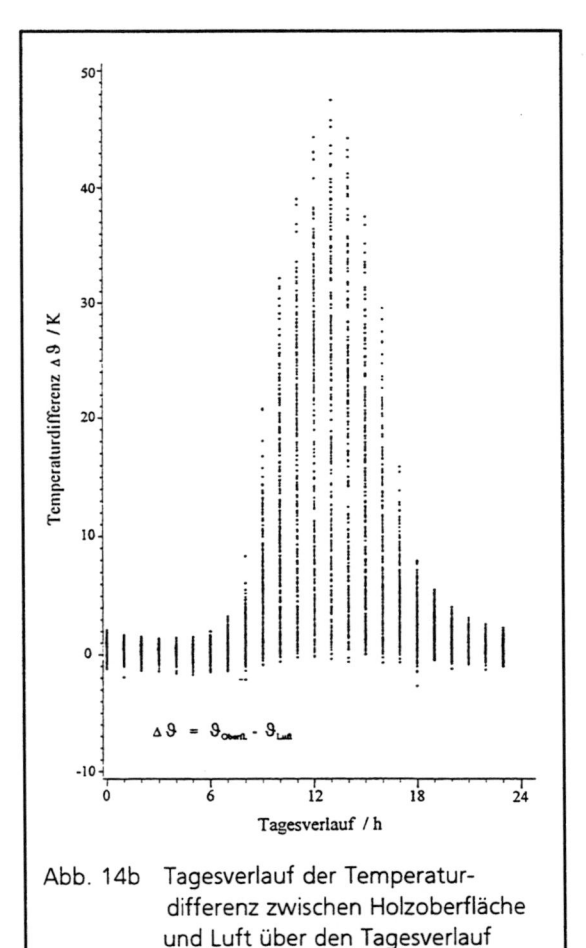

Abb. 14a Gesamtdarstellung der gemessenen Oberflächentemperatur des Holzes auf der Südseite des Hauses Lauterbach-Maar (Zeitraum: Mai 1989 - April 1990)

Abb. 14b Tagesverlauf der Temperaturdifferenz zwischen Holzoberfläche und Luft über den Tagesverlauf (Zeitraum: Mai 1990 - April 1990)

$\Delta\vartheta = \vartheta_{Oberfl.} - \vartheta_{Luft}$

Den Temperaturverlauf in den Schichtgrenzen zeigen die Abb. 15a,b für einen Wandbereich des Hauses Lauterbach-Maar mit Dämmputz auf Lehmstakung und Innendämmung aus Holzwolleleichtbauplatten (Wandbereich HM2) anhand von Tagesmittelwerten der stündlichen Temperaturmessungen. Qualitativ sind an den Temperaturverläufen das unterschiedliche Niveau der Tagesschwankungen an den Holz- und Gefachoberflächen sowie die winterlichen Temperaturprofile im Wandquerschnitt zu erkennen.

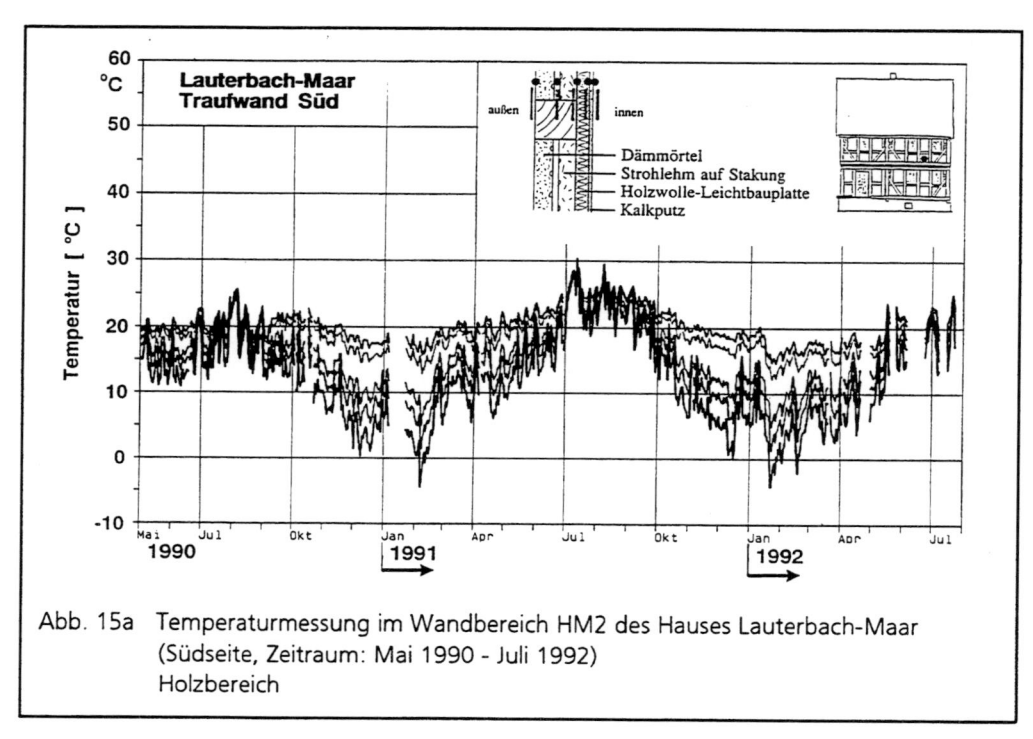

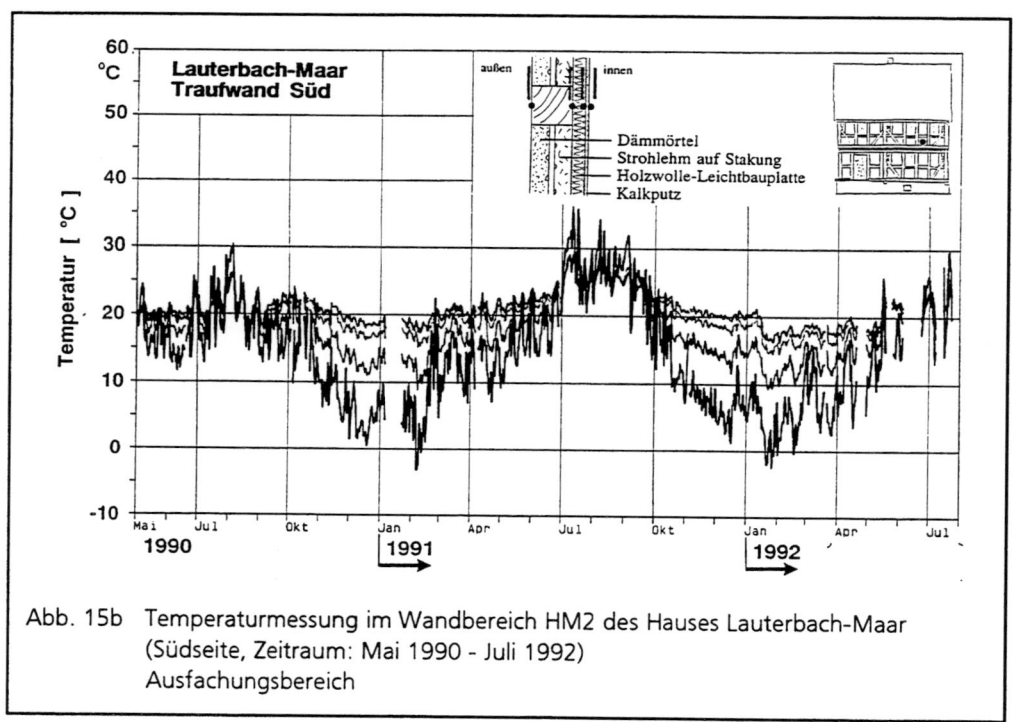

Abb. 15a Temperaturmessung im Wandbereich HM2 des Hauses Lauterbach-Maar
(Südseite, Zeitraum: Mai 1990 - Juli 1992)
Holzbereich

Abb. 15b Temperaturmessung im Wandbereich HM2 des Hauses Lauterbach-Maar
(Südseite, Zeitraum: Mai 1990 - Juli 1992)
Ausfachungsbereich

In Wandbereichen mit unterschiedlich angeordneter Innendämmung aus Holzwolleleichtbauplatten (HWL) wurde das Temperaturverhalten während eines Zeitraumes mit niedrigen Außentemperaturen und Temperaturdifferenzen über den Wandquerschnitt von über 20 K analysiert. In den betrachteten Wandbereichen ist die HWL-Platte der Baustoff mit relativ konstanten Materialkennwerten und großer Temperaturdifferenz zwischen Innen- und Außenseite. Für überschlägige Berechnungen der wärmetechnischen Kennwerte wurde die Wärmestromdichte für diese Teilschicht anhand der Rechenwerte der Wärmeleitfähigkeit von HWL (λ = 0,093 W/(mK)) und der gemessenen Temperaturdifferenz errechnet und über den gesamten Wandquerschnitt als konstant angesetzt. Anhand der gemessenen Temperaturdifferenzen können die Wärmeleitfähigkeiten der anderen Materialien im Wandquerschnitt berechnet und qualitativ untereinander und mit den Rechenansätzen verglichen werden.Da diese Rechenansätze nur für stationäre Zustände gelten, können lediglich nächtliche Zeiträume, in denen für einige Stunden nahezu stationäre Zustände herrschen, für eine Bewertung herangezogen werden. Die Auswertung ist in Abb. 16 beispielhaft für den Wandbereich HM2 mit Dämmputz auf Lehmstakung und Innendämmung aus HWL-Platte dargestellt.

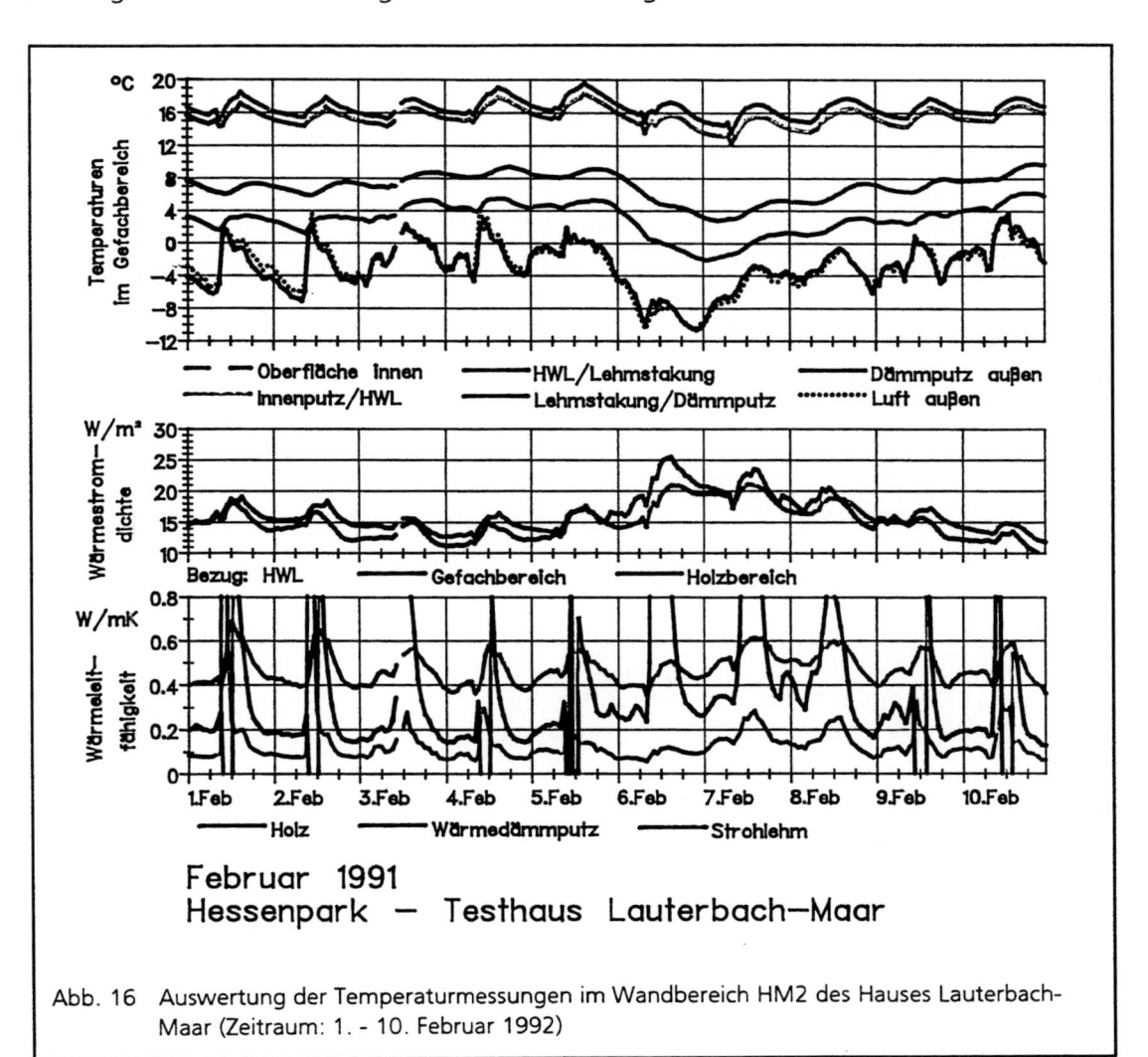

Abb. 16 Auswertung der Temperaturmessungen im Wandbereich HM2 des Hauses Lauterbach-Maar (Zeitraum: 1. - 10. Februar 1992)

Die aus den Temperaturmessungen ermittelten Wärmeleitfähigkeiten des Eichenholzes und des Wärmedämmputzes entsprechen mit ca. 0,2 W/(mK) bzw. ca. 0,1 W/(mK) den anzusetzenden Rechenwerten. Die Wärmeleitfähigkeit des Strohlehms auf Stakung liegt bei ca. 0,4 W/(mK). Dies entspricht dem λ-Wert für einen Leichtlehm mit einer Rohdichte von 1100 kg/m³ [6].

5 Schlußfolgerungen

Die Feuchte- und Verformungsmessungen an den Testhäusern im Hessenpark machen deutlich, daß die mangelnde Dichtigkeit der Fassade aufgrund der Kleinteiligkeit der Konstruktion der wesentliche Schwachpunkt von Fachwerkwänden ist. Insbesondere bei der Verwendung von frischem Holz mit hoher Feuchtigkeit ergeben sich bei der Trocknung im Einbauzustand breite Schwindfugen zwischen Holz und Ausfachung sowie Schwindrisse in den Holzquerschnitten. Durch diese Fugen und Risse kann Schlagregen bis in das Innere der Wandkonstruktion eindringen und sich im Bereich der Holzverbindungen sammeln. Diese Feuchteanreicherungen können nur durch Verdunstung an Spaltoberflächen sowie durch Diffusion und Kapillarleitung in angrenzende Bereiche wieder austrocknen. Die dauerhaft erhöhte Holzfeuchte kann, ausgehend von den Holzverbindungen, Fäulnisschäden verursachen, was durch einen nach dreieinhalbjähriger Bewitterung aufgetretenen Schaden an einem der Testhäuser bestätigt wird. Der Einbau von frischem Holz mit hoher Holzfeuchte sollte deshalb bei Sanierungsmaßnahmen vermieden werden, um die Fugenbildung möglichst gering zu halten.

An den Meßstellen der Testhäuser weisen die Fugen zwischen Holz und Gefach und zwischen den Hölzern im Bereich der Verbindungen im ausgeglichenen Feuchtezustand periodische Fugenweitenänderungen mit unterschiedlicher Charakteristik in der Größenordnung von bis zu 3 mm auf. Konzepte zur dauerhaften Abdichtung des Fugenbereiches der Fachwerkfassaden müssen deshalb sowohl die Fuge zwischen Holz und Gefach als auch zwischen den Hölzern erfassen. Mit den bisher angewendeten Methoden der Fugendichtung ist dies nicht sicher zu erreichen. Das frühzeitige Versagen von Abdichtungen in Fugenbereichen mit hoher Feuchtebelastung führt eher zu einer Verstärkung der Belastung.

Durch Anstriche können beim Sichtfachwerk Schäden durch eindringendes Wasser nicht verhindert oder behoben werden. Ein diffusionsdichter Fachwerkanstrich wirkt sich bei konstruktiven und bauphysikalischen Mängeln an der Fachwerkfassade zwar schadensverstärkend, jedoch nicht schadensverursachend aus. Trotzdem sollte ein möglichst diffusionsoffenes Anstrichsystem gewählt werden, um von der Anstrichseite her günstige Bedingungen für den Feuchtehaushalt des Holzes zu schaffen [7].

Die Grenzen für die schadensfreie Ausbildung von Sichtfachwerk werden durch die vorhandene Schlagregenbelastung der Fassade gesteckt. Fachwerksichtige Fassaden halten lediglich einer geringen Schlagregenbelastung stand [8]. Bei stärkerer Witterungsbeanspruchung wird eine Bekleidung erforderlich. Als wirksamster Schutz auf der Wetterseite eines Fachwerkgebäudes ist die vollflächige Abdeckung der Fassade durch Verputz oder Verschindelung in Verbindung mit der Verwendung von trockenem Holz zu sehen.

6 Literatur

[1] Veit, J. (1991) : Bautechnische und bauphysikalische Untersuchungen an drei Fachwerkbauten im Hessischen Freilichtmuseum
Sonderheft "Erhaltung von Fachwerkbauten"; S. 28 - 31
Herausgeber: Gesamtprojektleitung des Verbundforschungsprojektes Fachwerkbautenverfall und Erhaltung

[2] Greubel, D. (1992) : Auswirkungen innenliegender Wärmedämmungen auf das Feuchteverhalten von Fachwerkwänden.
Werkstoffwissenschaften und Bausanierung, Teil 1,
Band 420, S. 292 - 304, ExpertVerlag, Esslingen

[3] Stuis, M. : Untersuchungen an Fachwerkhäusern unter natürlicher und zeitgerafft simulierter Bewitterung.
wksb - Zeitschrift für Wärmeschutz, Kälteschutz, Schallschutz, Brandschutz Heft 33, S. 10 - 20

[4] Stuis, M. (1991)
Kratz, W.
: Untersuchungen des Wärme- und Feuchteschutzes von Fachwerkkonstruktionen. Teil 2: Holzfeuchte - Formänderungen
Sonderheft "Erhaltung von Fachwerkbauten"; S. 40 - 45;
Herausgeber: Gesamtprojektleitung des Verbundforschungsprojektes Fachwerkbautenverfall und Erhaltung,
Fulda-Johannesberg, ISBN 3-925665-15-3

[5] Böttcher, P. (1991) : Untersuchungen des Wärme- und Feuchteschutzes von Fachwerkkonstruktionen. Teil 2: Holzschutz - Oberflächenbehandlung
Sonderheft "Erhaltung von Fachwerkbauten"; S. 46 - 51;
Herausgeber: Gesamtprojektleitung des Verbundforschungsprojektes Fachwerkbautenverfall und Erhaltung,
Fulda-Johannesberg, ISBN 3-925665-15-3

[6] Minke, G. (1994) : Lehmbau-Handbuch
S. 55, ökobuch-Verlag, Staufen bei Freiburg

[7] Böttcher, P. (1992) : Einfluß der Oberflächenbehandlung auf die Haltbarkeit von Fachwerkhölzern
WKI-Kurzbericht Nr. 41/92

[8] Künzel, H. (1991) : Sanierung von Fachwerkfassaden
Baumarkt 90, Heft 3, S. 158 - 161

Auswirkungen von Innendämmungen auf das Feuchteverhalten von Fachwerkwänden unter zeitgerafften und überhöhten Klimabedingungen

Johann W. Herlyn
Fraunhofer-Institut für Holzforschung
Wilhelm-Klauditz-Institut (WKI)
Bienroder Weg 54E
38108 Braunschweig

Suchbegriffe: Fachwerk, Innendämmung, Simulierte Bewitterung, Doppelklimakammer, Zeitraffung, Materialfeuchteverlauf

Keywords: Framework, Interior thermal insulation, Simulated wheathering, Twin climate chamber, Time accelaration, Moisture course

Zusammenfassung:

In der Doppelklimakammer des Wilhelm-Klauditz-Instituts wurde das Feuchteverhalten von Fachwerkwänden mit Innendämmungen zeitgerafft und unter überhöhten Klimabedingungen untersucht. Es wurden Wärmedämmungen, die sich an traditionell im Fachwerkbau gebräuchlichen Materialien orientierten, und moderne Dämmstoffe mit Strohlehm- und Ziegelausfachungen kombiniert. Die Holzfeuchten wurden gravimetrisch, die Feuchteänderungen in der Ausfachung radiometrisch gemessen. Auffällige Feuchteänderungen wurden nur in Hölzern gemessen, die an Ausfachungen mit einem Lehm-Kork-Stroh-Gemisch als Innendämmung angrenzten. In diesem Wandaufbau wurde ebenfalls die höchste Feuchteänderung in den Ausfachungsmaterialien gemessen. Während diese Feuchteänderungen in einer rechnerisch nachvollziehbaren Größenordnung und in einem engen Zusammenhang mit den hygrischen Eigenschaften dieser Baustoffe lagen, konnten die Holzfeuchteänderungen nicht mit vereinfachten, eindimensionalen Ansätzen berechnet werden. Zur Erklärung dieser unerwartet hohen Holzfeuchten wurde ein Feuchtetransportmodell herangezogen, das den realen, mehrdimensionalen Feuchteströmen entspricht.

Abstract:

The moisture behaviour of framework walls with interior thermal insulation under time-accelerated and excessive conditions was investigated in the twin climate chamber of the Wilhelm-Klauditz-Institute. Insulations oriented towards materials which traditionally are used in half-timbered houses were combined with modern damping materials with straw-clay and brick sections. The wood moisture was measured gravimetrically, the moisture changes in the section were measured radiometrically. Significant moisture changes were only noticed on wood which bordered on sections with an insulation of a mixture of clay, cork and straw. In this wall structure also the most important changes in moisture were measured in the materials used for the sections. While these moisture changes fluctuated within a mathematically comprehensible range and correlated closely with the hydric properties of the building materials, the change in wood moisture could not be calculated with simplified one-dimensional statements. In order to explain the unexpectedly high wood moisture, a moisture transport scheme was referred to corresponding to the real and multi-dimensional moisture flows.

1 Einleitung

Für die nachträgliche Verbesserung des Wärmeschutzes von Fachwerkaußenwänden, deren Fachwerkhölzer sichtbar bleiben sollen, kommt nur der Einbau einer Innendämmung in Frage, wenn die historischen Ausfachungsmaterialien erhalten werden sollen. Die Anordnung einer Dämmung auf der Raumseite einer Außenwand kann insbesondere durch Tauwasserbildung im Wandquerschnitt zu bauphysikalischen Problemen führen. Zur Untersuchung dieser Problematik wurden Bewitterungssimulationen in der Doppelklimakammer des Wilhelm-Klauditz-Instituts, Braunschweig, durchgeführt.

Aus diesen Versuchen wurden Gefachvarianten aus schweren Ausfachungsmaterialien mit Wärmeleitfähigkeiten größer oder gleich 0,70 W/(mK) und aus leichten Innendämmungen mit Wärmeleitfähigkeiten kleiner oder gleich 0,08 W/(mK) ausgewählt.

Die hier beschriebenen Feuchteänderungen im Gefach und im Holz wurden durch Klimabeanspruchungen aus unterschiedlichen Lufttemperaturen und -feuchten des Innen- und Außenklimas bewirkt. Bisherige Auswertungen der Simulationsergebnisse befaßten sich neben Dimensionsänderungen hauptsächlich mit Feuchteänderungen im Holz infolge simulierter Beregnung [11, 12, 13, 14]. Dabei stand die Problematik von Fugen, insbesondere im Bereich von Zapfenlöchern, im Vordergrund. Das Ziel dieser Untersuchung besteht in dem Nachweis und der Auswertung von Feuchteänderungen, die durch Feuchtewanderungen aus dem Rauminneren in die Fachwerkwand verursacht werden. Diese können zum einen durch Tauwasserbildung im Wandquerschnitt mit anschließender kapillarer Feuchteaufnahme, zum anderen durch Wasserdampfdiffusion mit sorptiver Auffeuchtung entstehen.

2 Versuchsbeschreibung

2.1 Wandquerschnitte

Die Tabelle 1 zeigt den Aufbau der ausgewählten Fachwerkwände. Alle Ausfachungsvarianten wurden in Fachwerk aus wiederverwendetem Eichenholz gebaut, dessen Außenoberfläche mit einer Dispersionsfarbe auf Acrylbasis gestrichen wurde.
Die Gefache wurden mit Strohlehm oder gebrannten Ziegeln ausgefacht, die, im Gegensatz zu Lehmausfachungen, häufig nicht verputzt wurden. Stellvertretend für moderne Dämmstoffe wurden Wärmedämmputz, bestehend aus mineralischen Bindemitteln mit Polystyrolschaumpartikeln, und EPS-Hartschaumplatten eingebaut. Weiterhin wurde ein Dämmstoff eingesetzt, der sich an dem traditionell im Fachwerkbau gebräuchlichen Baustoff Lehm orientierte. Dieser bestand aus einem Gemisch aus Lehm, Kork, Kieselgur und Stroh und wird im folgenden als Leichtlehm oder Leichtlehmdämmung bezeichnet.

EA2, EA6	
Ausfachung	Holz
115 mm Vormauerziegel 45 mm Wärmedämmputz 20 mm Kalkputz	160 mm Eiche / 20 mm Kalkputz
EA3, EA7	
Ausfachung	Holz
115 mm Vormauerziegel 45 mm Leichtlehm 20 mm Kalkputz	160 / 240 mm Eiche / 20 mm Kalkputz
EA5	
Ausfachung	Holz
20 mm Kalkputz 140 mm Strohlehm 50 mm EPS-Hartschaum 20 mm Kalkputz	160 mm Eiche / 50 mm EPS-Hartschaum 20 mm Kalkputz

Tabelle 1: Kennzeichnung und Aufbau der Wandquerschnitte (von außen nach innen)

In der Abb. 1 ist die Lage der Gefache in einem Ausschnitt der Versuchswand dargestellt. Die Querschnitte mit Vormauerziegeln und Wärmedämmputz oder Leichtlehm wurden in je zwei Gefache eingebaut, der Aufbau aus Strohlehm und EPS-Hartschaumplatten in ein Gefach. Nur in dem Gefach EA5 wurde die Innendämmung auch vor das Fachwerkholz eingebaut. In den anderen Gefachen wurde der Innenputz auf das Eichenholz direkt aufgetragen.

Abb. 1 Außenansicht mit Lage der Gefache und Meßstellen

● Stellvertreter zur Holzfeuchtemessung

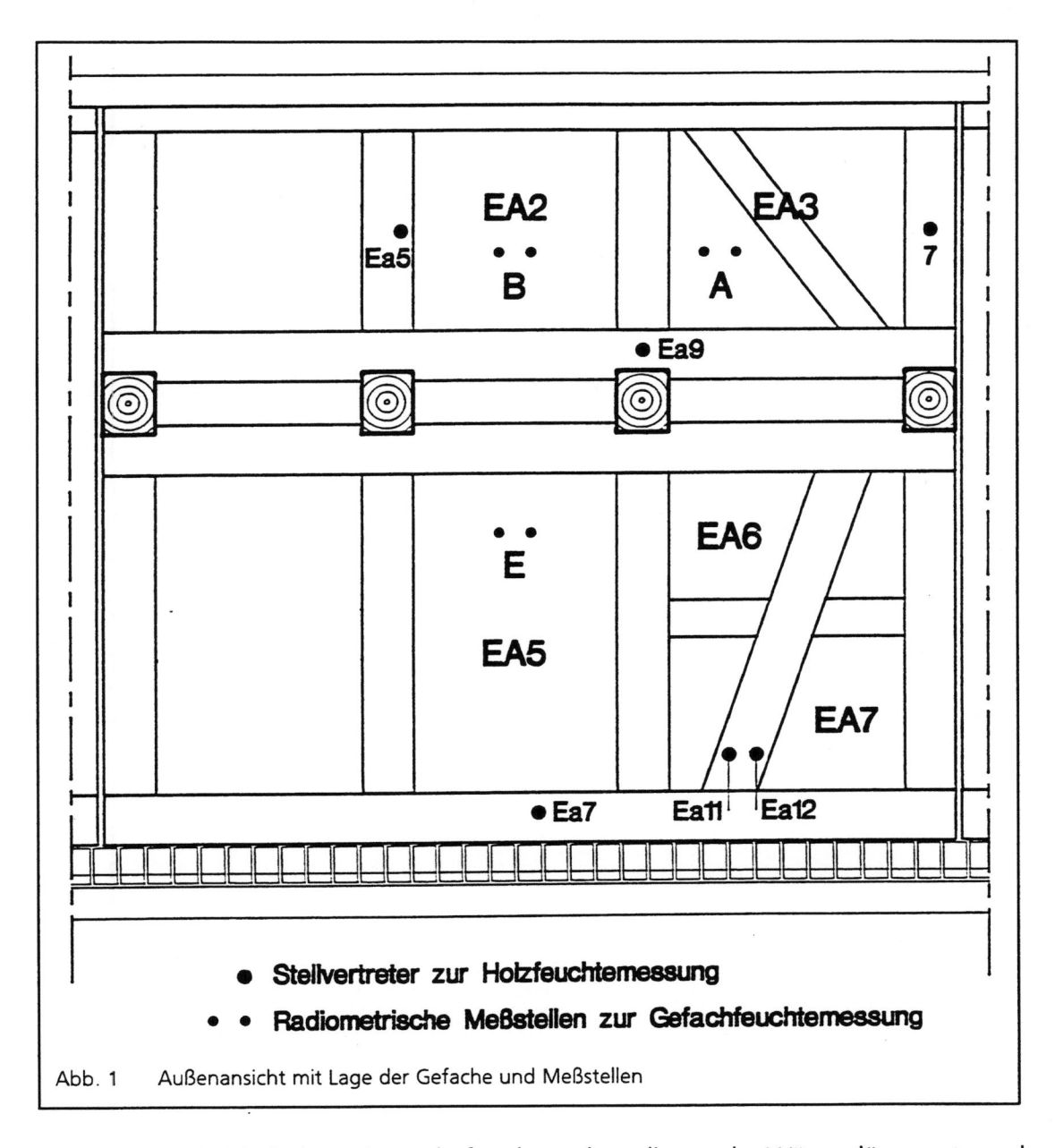

● ● Radiometrische Meßstellen zur Gefachfeuchtemessung

Von den bauphysikalischen Eigenschaften betrachtet, liegen der Wärmedämmputz und der Leichtlehm mit Wärmeleitfähigkeiten von 0,07 bzw. 0,08 W/(mK) und Wasserdampfdiffusionswiderstandszahlen von 15 bzw. 10 eng zusammen (s. Tab. 2). Auffällig ist die hohe maximale Wasseraufnahmefähigkeit des Leichtlehms mit 76 M.-%. Der EPS-Hartschaum hat mit 0,03 W/(mK) die geringste Wärmeleitfähigkeit und mit einem µ-Wert von 95 den höchsten Diffusionswiderstand. Der Strohlehm und der Vormauerziegel weisen ähnliche Dämmeigenschaften auf. Der Diffusionswiderstand des Strohlehms ist, wenn auch gering, niedriger als der des Ziegels.

Mit den hier beschriebenen Materialien und deren Eigenschaften liegt eine repräsentative Auswahl von heute bei nachträglichen Wärmeschutzverbesserungen eingesetzten Baustoffen vor.

2.2 Klimabedingungen

Die Versuchswand wurde insgesamt in vier Simulationsläufen bewittert. In der ersten bis vierten Simulation wurden unterschiedliche Lufttemperaturen und -feuchten des Innen- und Außenklimas gefahren. In der zweiten und dritten Simulation wurden zusätzlich Niederschlag und Sonnenstrahlung simuliert.

Die Holzfeuchteänderungen wurden nur aus der ersten und vierten Simulation ausgewertet, um Einwirkungen aus Beregnung und Bestrahlung ausschließen zu können. Feuchteänderungen der Ausfachungsmaterialien wurden nur in der dritten Simulation gemessen, jedoch zu Zeitpunkten, an denen Auffeuchtungen infolge Beregnung mit großer Wahrscheinlichkeit ausgeschlossen werden konnten.
Die Abb. 2 zeigt den Verlauf der Steuerkurven für die Lufttemperatur und relative Luftfeuchte auf der Kaltseite der Doppelklimakammer. Auf der Warmseite wurde ein konstantes Klima mit einer Lufttemperatur von 23 °C und einer relativen Luftfeuchte von 50 %r.F. eingestellt.

Als Außenklima wurde das mittlere jährliche Braunschweiger Klima auf eine Periodendauer von 56 Tagen zeitgerafft. Der Temperatur- und der Taupunkttemperaturverlauf wurden um die aus Regressionsanalysen ermittelte zweifache Standardabweichung überhöht. Diese Vorgehensweise orientierte sich an vorhergehende Simulationen mit Leichtbauwänden [1, 8, 9, 10].

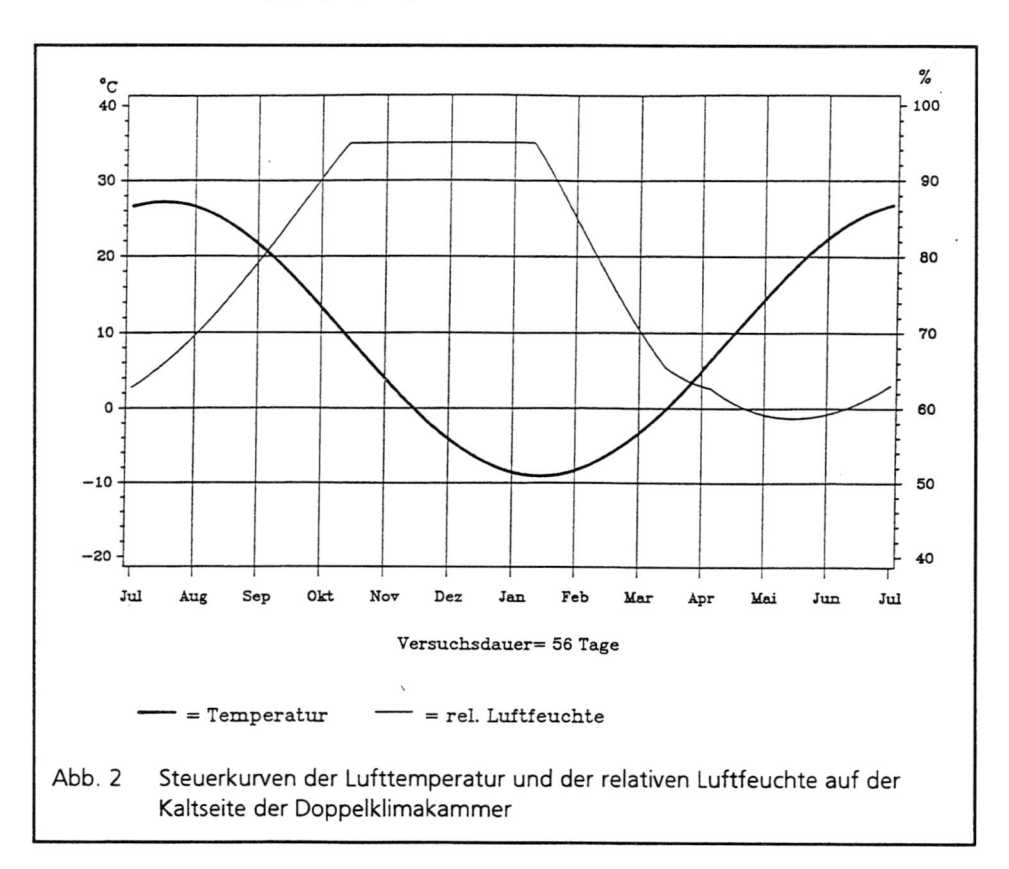

Abb. 2 Steuerkurven der Lufttemperatur und der relativen Luftfeuchte auf der Kaltseite der Doppelklimakammer

Die ersten drei Simulationen begannen, wie in der Abb. 2 dargestellt, zu Beginn des Sommers, die vierte Simulation wurde zum Herbstanfang gestartet.

2.3 Meßtechnik

Die Holzfeuchten wurden gravimetrisch an "Stellvertretern" ermittelt. Dies waren in Bohrungen eingebrachte, unterteilte zylinderförmige Holzproben, die einen etwas geringeren Durchmesser hatten als die Bohrung. In bestimmten Intervallen wurden die Scheiben gewogen, nach Versuchsende wurde der Feuchtegehalt nach (DIN 52183) durch Darrtrocknung bestimmt.

Der Abb. 1 ist die Lage der Stellvertreter mit den Kennungen 7, Ea5, Ea7, Ea9, Ea11 und Ea12 zu entnehmen.

In dieser Abbildung sind ebenfalls die Meßstellen zur Ermittlung der Feuchten der Ausfachungsmaterialien eingetragen (Kennung A, B und E). Diese Feuchteänderungen wurden radiometrisch mit einer γ-Sonde ermittelt [6, 7]. Dazu wurden in zwei Bohrungen je eine Strahlenquelle und ein Strahlendetektor eingeführt. Über den Einfluß der Rohdichte auf die Zählrate kann dann die Feuchteänderung ermittelt werden. Der Vorteil dieser Meßtechnik liegt in einer hohen Auflösung des Feuchteprofils über den Wandquerschnitt.

3 Ergebnisse

3.1 Holzfeuchten

Die Abb. 3a bis 3c zeigen die Holzfeuchteverläufe der Stellvertreter aus der ersten und vierten Simulation. Aus den zugehörigen Legenden ist die jeweilige Aufteilung der Stellvertreterscheiben und deren Lage im Holz ablesbar. Bis auf den Stellvertreter 7 wurden die Scheiben von der Innenseite entnommen.

Bei den hier dargestellten Meßstellen zur Holzfeuchtemessung wurden nur an den Stellvertretern 7 und Ea9 auffällige Feuchteänderungen gemessen (Abb. 3a,b). Diese Stellvertreter waren in Hölzer eingebaut, die an Ausfachungen mit Leichtlehm als Innendämmung angrenzten.

Bei den übrigen Meßstellen waren keine signifikanten Holzfeuchteänderungen festzustellen. In der Abb. 3c sind die jeweils maximalen und minimalen Holzfeuchteverläufe der Meßstellen Ea5, Ea7, Ea11 und Ea12 aus dem ersten und vierten Simulationsversuch dargestellt. Die Holzfeuchten verliefen nahezu konstant, die Bandbreite betrug bei der ersten Simulation etwa 5 M.-%, bei der zweiten etwa 3 M.-%. Ein Einfluß unterschiedlich hoher Ausgangsfeuchten von 14 M.-% bis 18 M.-% in der ersten bzw. 12 M.-% bis 14 M.-% in der zweiten Simulation auf den Holzfeuchteverlauf war nicht erkennbar.

Abb. 3a Holzfeuchten der Meßstelle Ea9

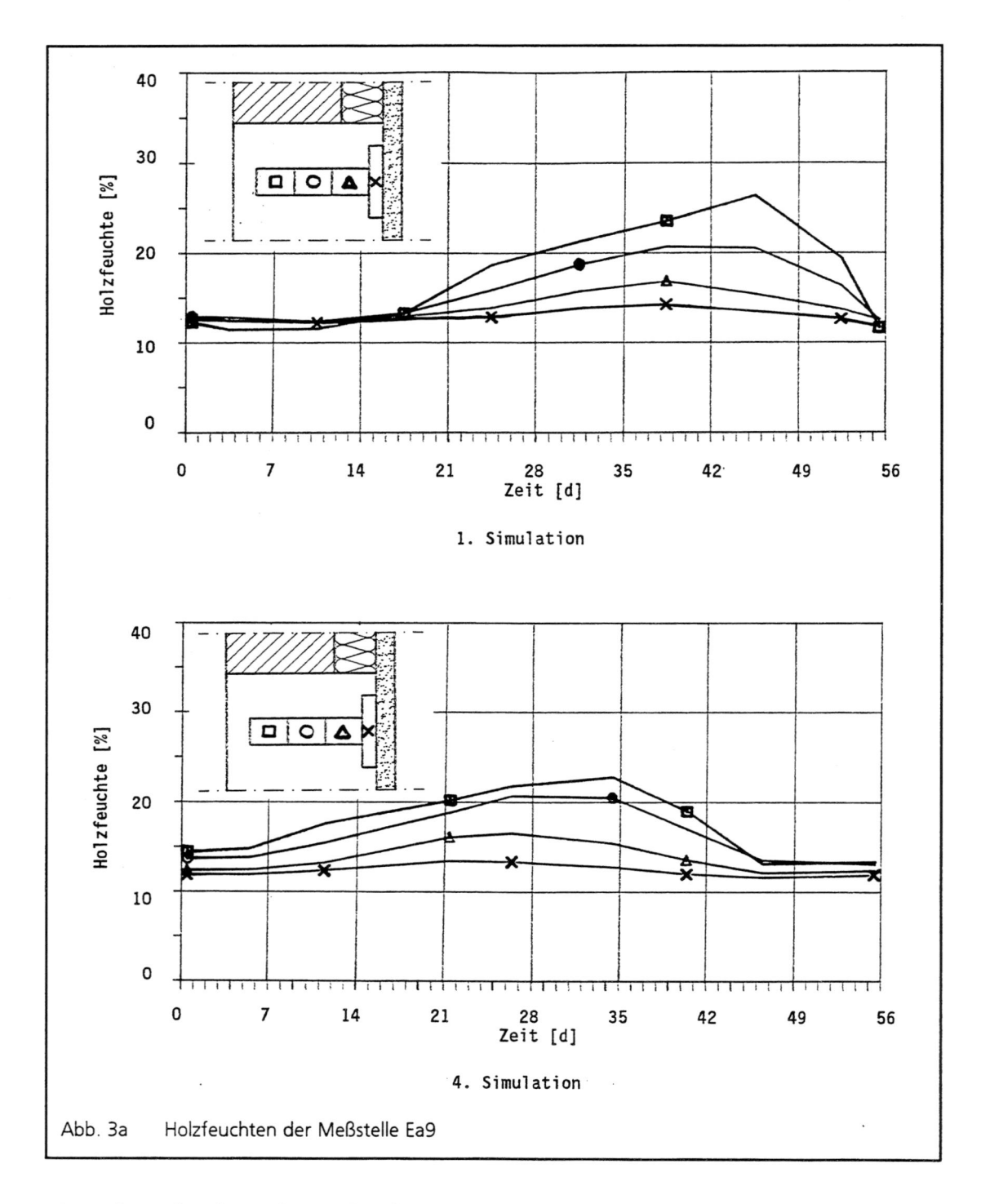

Die Anfangsfeuchten der Meßstellen 7 und Ea9 lagen in beiden Simulationen bei etwa 14 M.-%. Aus den Feuchteverläufen dieser Stellvertreter ist eindeutig der Einfluß der Klimabedingungen erkennbar. Die maximalen Feuchten stellten sich in beiden Simulationen gegen Ende der simulierten Winterperioden ein, während der ersten Simulation zum Ende des dritten simulierten Quartals, während der vierten zum Ende des zweiten simulierten Quartals. Aus den Feuchteverläufen sind eindeutig die simulierten Winterperioden ablesbar, in denen die höchsten Feuchten zu erwarten waren.

Auswirkungen von Innendämmungen auf das Feuchteverhalten 121

An den Stellvertretern der Meßstelle Ea9 wurden mit deutlich über 20 M.-% höhere Holzfeuchten als in der Meßstelle 7 gemessen. In diesem war die Feuchte zu jeder Zeit unter 20 M.-%. In der ersten Simulation lag die Feuchte in der außen liegenden Scheibe dieses Stellvertreters mit etwa 26 M.-% dicht unter oder schon im Bereich der Fasersättigung.

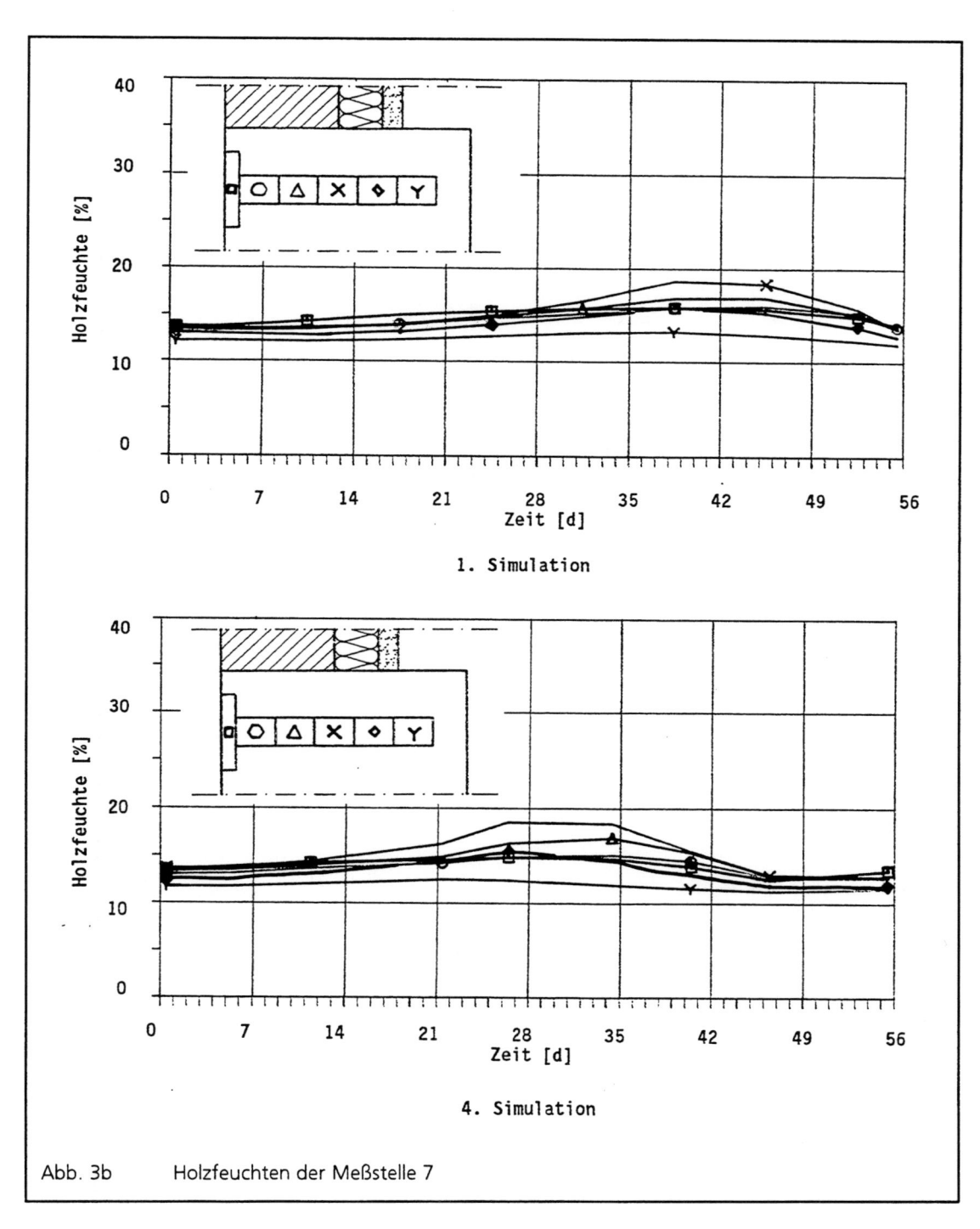

Abb. 3b   Holzfeuchten der Meßstelle 7

Die Lage der Stellvertreter mit den größten Feuchten in diesen Meßstellen unterschieden sich ebenfalls. Während an der Meßstelle Ea9 ein Feuchtegefälle von außen nach innen zu beobachten war, feuchteten in der Meßstelle 7 diejenigen Stellvertreter am meisten auf, die im Holz in der Nähe zur Grenzschicht zwischen Innendämmung und Ziegel eingebaut waren.

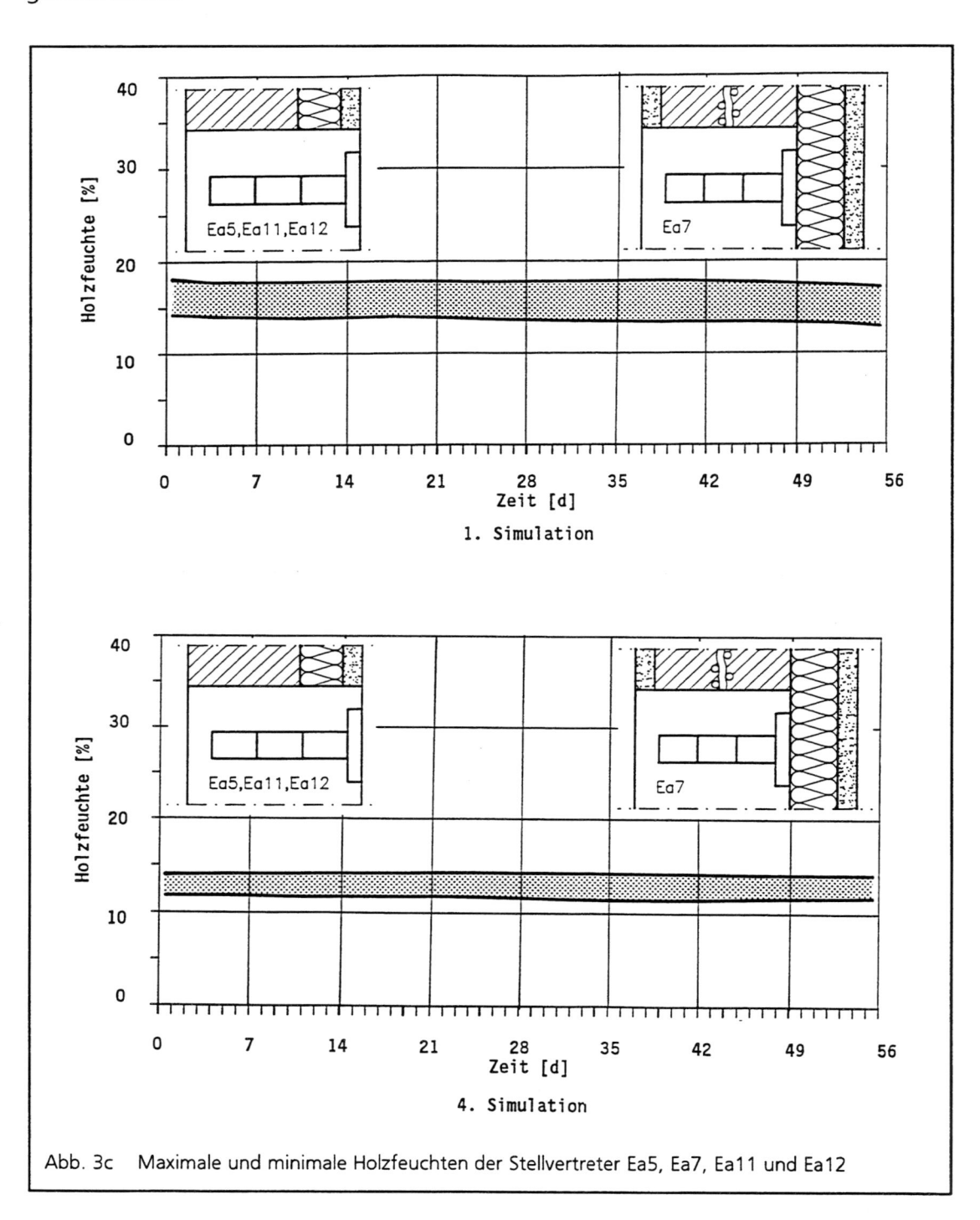

Abb. 3c   Maximale und minimale Holzfeuchten der Stellvertreter Ea5, Ea7, Ea11 und Ea12

3.2 Ausfachungsfeuchten

In der Abb. 4 sind die Feuchteänderungen der Ausfachungsmaterialien dargestellt [5]. Die in Volumenprozent gemessenen Feuchteänderungen wurden zusätzlich mit Hilfe der jeweiligen Materialrohdichten in Masseprozent umgerechnet. Die Rohdichten entsprechen den in der Tab. 2 aufgeführten Werten. In den folgenden Ausführungen werden die Feuchteänderungen der Ausfachungsmaterialien in Masseprozent angegeben.

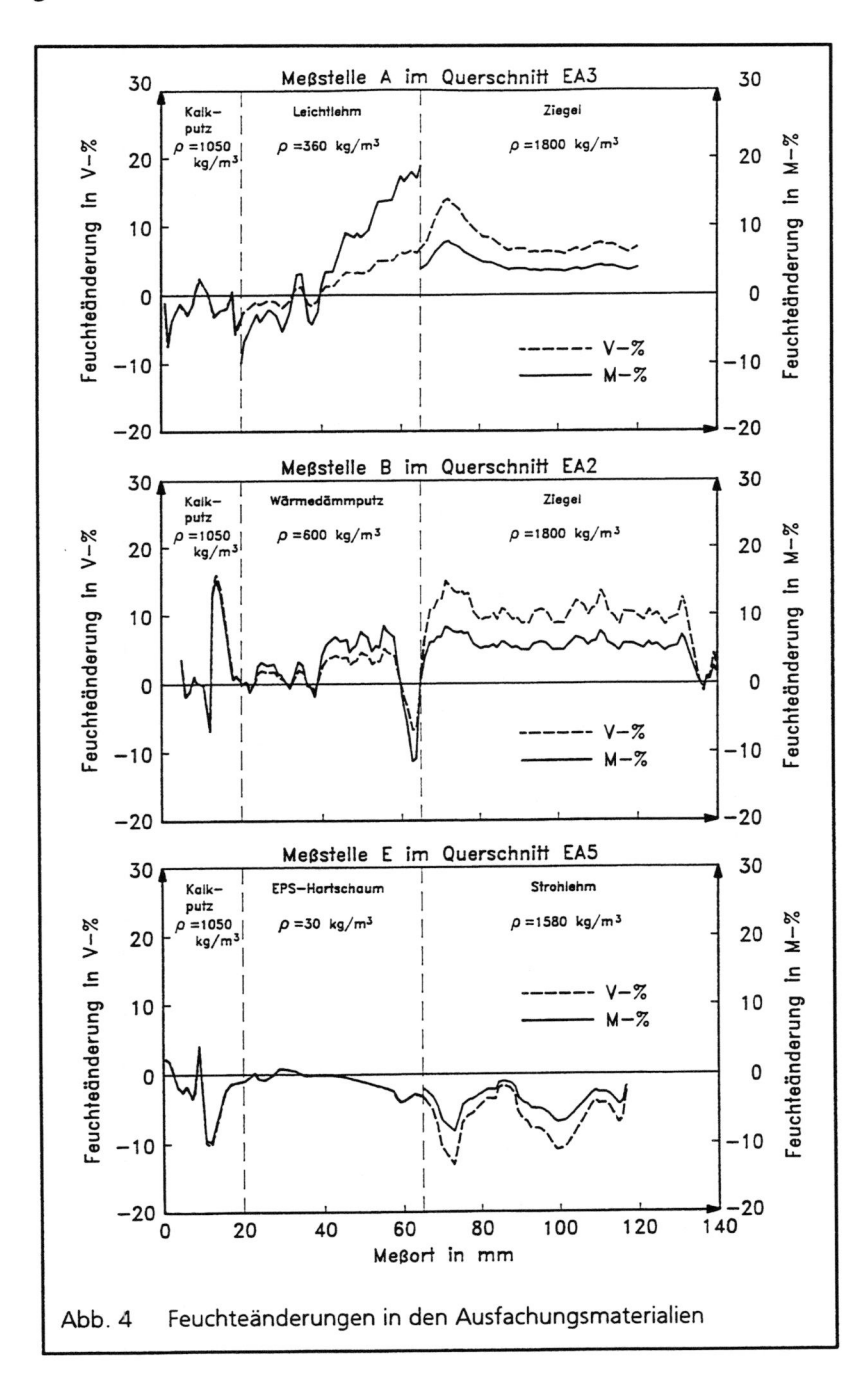

Abb. 4 Feuchteänderungen in den Ausfachungsmaterialien

	ρ kg/m³	λ W/(mK)	μ -	w kg/(m²√h)	W_max M.-%
Wärmedämmputz	600 [1]	0,07 [3]	15 [1]	1,6-1,9 [1]	22,7 [1]
Leichtlehm	360 [1]	0,08 [3]	5 / 20 [3]	1,0 [3]	76,0 [1]
EPS-Hartschaum	30 [6]	0,03 [4]	95 [6]	k.A.	k.A.
Vormauerziegel	1800 [1]	0,81 [4]	10 [1]	~ 20 [1]	8,4 [1]
Strohlehm	1580 [2]	0,70 [2]	$6,4 \cdot e^{(-0,4 \cdot u)}$ [5]	k.A.	k.A.
Kalkputz	1050 [1]	0,87 [4]	6 / 16 [1]	6,5-7,5 [1]	21,1
Eiche	800 [4]	0,20 [4]	$500 \cdot e^{(-0,16 \cdot u)}$ [5]	k.A.	k.A.

Tabelle 2: Rohdichte, Wärmeleitfähigkeit, Wasserdampfdiffusionswiderstandszahl, Wasseraufnahmekoeffizient und max. Wasseraufnahme

[1] n. Untersuchungen Prof. Dr. D. Knöfel, Universität-Gesamthochschule-Siegen
[2] n. Angaben ZHD, Fulda
[3] n. Herstellerangaben
[4] n. DIN 4108
[5] Annahme
[6] n. Untersuchungen WKI, Braunschweig
k.A. keine Angaben

In diesem Zusammenhang sei auf die Abhängigkeit der radiometrisch ermittelten Feuchten von der Genauigkeit der Rohdichtebestimmung hingewiesen. Die hier eingesetzten Werte für die Rohdichten wurden nicht an Proben aus Baustoffen ermittelt, in denen auch radiometrisch gemessen wurde, sondern an Proben aus anderen Herstellungschargen. Die hier dargestellten, radiometrisch ermittelten Ausfachungsfeuchten geben die Feuchteänderungen somit qualitativ richtig dar, quantitativ können die Ergebnisse mit Unsicherheiten behaftet sein.

Die Feuchteänderungen in den Ausfachungsmaterialien wurden während der dritten Simulation zwischen dem simulierten Winter und dem Ende des darauf folgenden simulierten Frühjahrs gemessen. In der dritten Simulation wurde auch beregnet, jedoch fanden die simulierten Niederschläge zu Beginn des Versuchs nach Ende des simulierten Sommers statt, so daß zu Beginn der radiometrischen Messungen Auffeuchtungen infolge von Niederschlägen in den Ausfachungsmaterialien keinen dominanten Einfluß mehr ausübten.

Am höchsten feuchtete die Innendämmung aus Leichtlehm um etwa 19 M.-% im Übergangsbereich zum Ziegel auf (s. Abb. 4, Meßstelle A). In diesem Bereich feuchtete der Ziegel um etwa 8 M.-% auf. Nach außen hin waren die Feuchteänderungen etwa 3 M.-% geringer. Der Wärmedämmputz feuchtete um ca. 8 M.-% auf (Meßstelle B), diese Feuchteänderung wurde ebenfalls nahezu konstant im angrenzenden Ziegel gemessen. In den EPS-Hartschaumplatten wurden keine Feuchtedifferenzen gemessen

(Meßstelle E). Im angrenzenden Strohlehm wurde eine Trocknung beobachtet.

In allen Meßstellen veränderten die Innenputze im Mittel ihre Feuchte nicht. Die Peaks in den Trennschichten der Baustoffe waren kein Hinweis auf Feuchtesprünge, sondern zeigten über einen Sprung der Rohdichten Fehlstellen im Verbund der angrenzenden Baustoffe. Peaks traten ebenfalls innerhalb einiger Baustoffe auf und wiesen auf Inhomogenitäten infolge unterschiedlicher Rohdichten in diesen Baustoffen hin.

4 Diskussion

Die höchsten Ausfachungsfeuchten wurden in dem Gefach EA3 gemessen. Nur an Hölzern, die an diesen Ausfachungsmaterialien angrenzten, wurden auch markante Holzfeuchteerhöhungen ermittelt. In diesem Gefach war die Leichtlehmdämmung eingebaut.

In der Tab. 3 ist die Bilanzierung der Tauwassermassen auf der Grundlage des Glaser-Verfahrens nach DIN 4108, Wärmeschutz im Hochbau, mit den Kennwerten aus der Tab. 2 für die untersuchten Querschnitte dargestellt. Die Tauwassermassen wurden mit den Klimarandbedingungen nach Abschnitt 2.2 über zwei Perioden mit Intervallen von fünf Tagen bilanziert. Nach diesen Berechnungen feuchtete ebenfalls das Gefach EA3 mit einer Tauwassermasse von 0,681 kg/m² pro Periode am höchsten auf.

Gefach	Tauwassermasse kg/m²	
	Ausfachung	Holz
EA3, EA7	0,682	0
EA2, EA6	0,255	0
EA5	0,011	0,018

Tabelle 3: Bilanzierte Tauwassermassen mit einem modifizierten Glaser-Verfahren mit den Klimarandbedingungen nach Abschn. 2.2

Bei den Querschnitten in den Gefachen EA2 und EA6 mit einer Innendämmung aus Wärmedämmputz wurde eine Tauwassermasse von 0,255 kg/m² pro Periode bilanziert. In der Ausfachung EA5 fiel rechnerisch 0,011 kg/m² Tauwasser pro Periode aus. Nur in diesem Gefach wurde auch im Holz eine, wenn auch geringe, Tauwassermasse von 0,018 kg/m² pro Periode bilanziert. Dies ist auf den raumseitigen Einbau der Wärmedämmung vor dem Holz zurückzuführen. Bei den anderen Gefachen wurde der Innenputz direkt auf das Holz aufgetragen.

Nach diesem Berechnungsverfahren ergibt eine qualitative Bewertung der drei Varianten den gleichen, am meisten durch Auffeuchtungen beanspruchten Querschnitt wie die Ergebnisse aus den Simulationen. Die gemessenen Feuchten stehen in einem Zusammenhang mit den rechnerisch erwarteten Feuchten. Die in der Tab. 4 aufgezeigten Feuchteänderungen Δ u sollen einer quantitativen Bewertung der Ergebnisse dienen.

Die Feuchteänderungen wurden in der Art ermittelt, daß, unter der Annahme, daß die bilanzierte Tauwassermasse je zur Hälfte die beiderseits der Tauwasserebene liegenden Grenzschichten auffeuchtet, die Feuchtemasse auf eine 1 m² große Schicht mit einer Dicke von 5 mm bezogen wurde. Die zur Berechnung erforderlichen Rohdichten wurden der Tab. 2 entnommen.

Gefach	Schicht	Δ u M.-%
EA3, EA7	Leichtlehm	18,9
	Vollziegel	3,8
EA2, EA6	Wärmedämmputz	4,3
	Vollziegel	1,4
EA5	EPS-Hartschaum	0
	Strohlehm	0,1

Tabelle 4: Rechnerische Feuchteänderungen aus den bilanzierten Tauwassermassen

Mit dieser groben Näherung stimmt, zumindestens für den Leichtlehm, der Rechenwert der Feuchteänderung von 18,9 M.-% mit dem gemessenen von 19 M.-% recht genau überein. Die anderen rechnerischen Feuchteänderungen liegen um etwa die Hälfte unter den gemessenen. Auch in diesem Zusammenhang sei auf die Abhängigkeit des Rechenwerts von der Güte der Bestimmung der Rohdichte hingewiesen. Die rechnerischen Feuchteänderungen sind zumindestens in der gleichen Größenordnung wie die radiometrisch gemessenen.

Diese Vorgehensweise läßt sich nicht auf die hohen gemessenen Holzfeuchten in den Stellvertretern 7 und Ea9 übertragen. Bei den Berechnungen nach dem Glaser-Verfahren für die Variante EA3 bzw. EA7 fiel unter den hier gewählten Klimabedingungen kein Tauwasser im Bereich des Holzes aus. Der Grund für diese Abweichungen liegt in den vereinfachten Berechnungsgrundlagen des Glaser-Verfahrens zur Abschätzung des Feuchteverhaltens. Diese Vereinfachungen liegen u.a. in der Berechnung eines eindimensionalen Feuchtestroms ohne die Berücksichtigung von Materialfeuchteänderungen infolge Sorption und Kapillarleitung. In der Simulation fanden jedoch diese Auffeuchtungsmechanismen im Bauteil in mehrdimensionaler Strömung statt.

Diese mehrdimensionale Strömung kann auch die Holzfeuchteerhöhung in den Hölzern am Gefach EA3 verursachen. Im Bereich der Grenzschicht zwischen der Innendämmung aus dem Leichtlehm und dem Ziegel, die der Tauwasserebene entspricht, fanden sich die höchsten Feuchtekonzentrationen im Vergleich zu allen untersuchten Varianten.

Auswirkungen von Innendämmungen auf das Feuchteverhalten 127

Neben einer Auffeuchtung infolge Sorption ist anzunehmen, daß das im Bauteil ausgefallene Tauwasser durch Kapillartransport oder der Schwerkraft folgend zum Holz floß und zu einer Erhöhung der Holzfeuchte führte. Das Holz feuchtete demnach nicht direkt durch Sorption oder Kapillarleitung auf, sondern wurde durch Feuchte beansprucht, die an anderer Stelle im Bauteil auftrat. Diese sekundäre Holzfeuchteänderung veranschaulicht das Feuchtetransportmodell in Abb. 5.

Dieser Transportvorgang kann auch eine Erklärung für die verschieden hohen Holzfeuchten in den Meßstellen 7 und Ea9 liefern. Die unterhalb der Ausfachung eingebauten Stellvertreter der Meßstelle Ea9 feuchteten stärker auf als die der seitlich eingebauten Meßstelle 7. Dies kann an einer stärkeren Beanspruchung des zuerst genannten Stellvertreters durch herunterfließendes Tauwasser liegen. Die Lageabhängigkeit der Holzfeuchte bei diesem Feuchtetransportmodell kann auch eine Erklärung für die nahezu konstante Holzfeuchte im Stellvertreter Ea12 sein, der ebenfalls neben einer Ausfachung mit einer Leichtlehmdämmung eingebaut war.

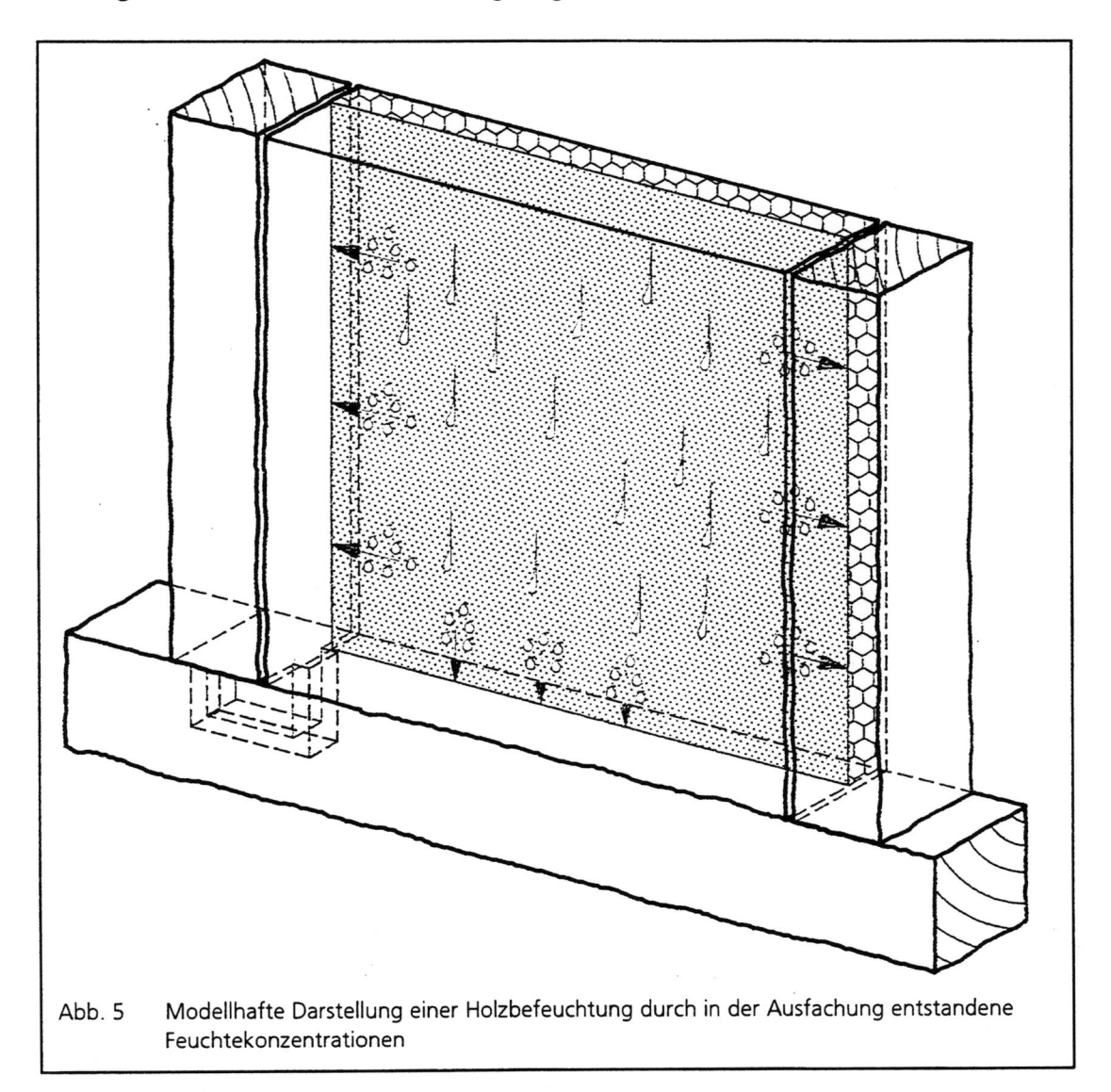

Abb. 5   Modellhafte Darstellung einer Holzbefeuchtung durch in der Ausfachung entstandene Feuchtekonzentrationen

Dieser Stellvertreter war jedoch in einer Strebe eingebaut, die oberhalb der Ausfachung lag und somit nicht durch Feuchtetransportvorgänge beansprucht werden konnte, die schwerkraftabhängig verliefen. Die Abhängigkeit der Holzfeuchteerhöhungen von den Feuchteverläufen in der Ausfachung wird eindeutig durch die höheren Feuchteänderungen derjenigen Scheiben des Stellvertreters 7 gezeigt, die in der Nähe der gemessenen höchsten Feuchtekonzentrationen in der Ausfachung angeordnet waren.

Daß dies beim Stellvertreter Ea9 nicht zu beobachten war, dort feuchtete die außen liegende Scheibe am höchsten auf, kann an der Lage dieses Stellvertreters unterhalb eines Zapfenlochs liegen. In diesem Zapfenloch konnten Feuchtekonzentrationen infolge des oben beschriebenen Feuchtetransportmodells auftreten, die dann auch zu Auffeuchtungen von Holzbereichen führten, die nicht in unmittelbarer Nähe zu der Kondensationsebene der Ausfachung lagen.

Die unter zeitgerafften und überhöhten Klimabedingungen ermittelten geringen Feuchteänderungen in den Stellvertretern Ea5, Ea7 und Ea11 müssen nicht zwingend ein Beweis sein, daß auch unter mittlerem, jährlichen Klimaeinfluß keine Feuchteänderungen in Hölzern neben Ausfachungen mit Wärmedämmputz oder EPS-Hartschaumplatten als Innendämmung auftreten. Vergleiche zwischen numerischen Simulationen mit zeitgerafft und überhöhten Klimabedingungen und mittleren, jährlichen Klimabedingungen haben gezeigt, daß aufgrund der Trägheit der dicken Holzquerschnitte die Anpassung der Holzfeuchten an die sich schnell ändernden Klimabedingungen zu langsam verläuft [2, 3, 4].

Eine Bewertung der radiometrisch ermittelten Feuchteänderungen in der Ausfachung kann durch einen Vergleich der Meßwerte mit den im Labor untersuchten bauphysikalischen Kennwerten erfolgen. Hierfür bieten sich in erster Linie der Wasseraufnahmekoeffizient w sowie die maximale Wasseraufnahme W_{max} und die Rohdichte ρ an. Zur Veranschaulichung der wechselseitigen Einflüsse der hygrischen Eigenschaften auf das Feuchteverhalten in der Grenzschicht zwischen Ausfachung und Innendämmung werden in den Abb. 6a und 6b die zugehörigen Kennwerte den Baustoffschichten zugeordnet. In der Ausfachung EA3 war der Dämmstoff aus Leichtlehm im Übergangsbereich zum Ziegel mit einer Feuchteänderung um ca. 19 M.-% bei einer maximalen Wasseraufnahme von 76 M.-% (s. Tab. 2) zu mindestens einem Viertel wassergesättigt. Der Ziegel hatte durch eine Feuchtedifferenz von

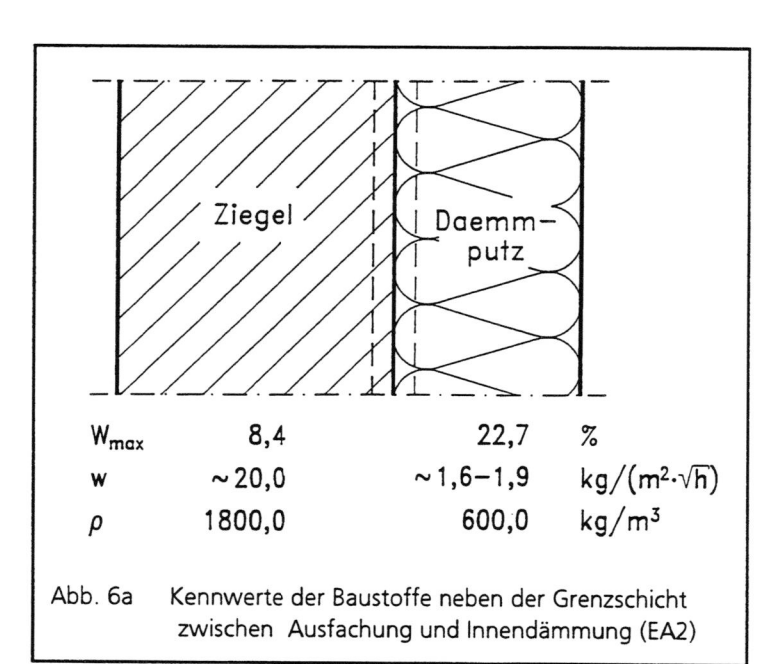

	Ziegel	Daemmputz	
W_{max}	8,4	22,7	%
w	~20,0	~1,6–1,9	kg/(m²·√h)
ρ	1800,0	600,0	kg/m³

Abb. 6a Kennwerte der Baustoffe neben der Grenzschicht zwischen Ausfachung und Innendämmung (EA2)

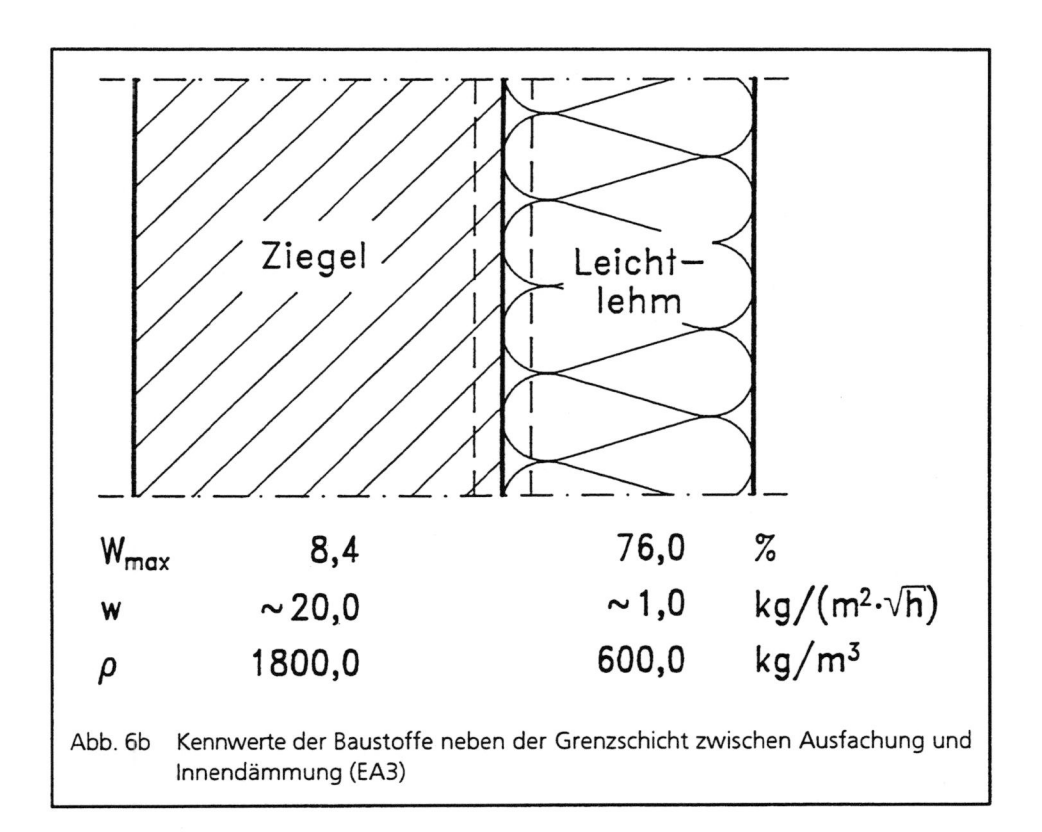

Auswirkungen von Innendämmungen auf das Feuchteverhalten

	Ziegel	Leicht-lehm	
W_{max}	8,4	76,0	%
w	~20,0	~1,0	kg/(m²·√h)
ρ	1800,0	600,0	kg/m³

Abb. 6b Kennwerte der Baustoffe neben der Grenzschicht zwischen Ausfachung und Innendämmung (EA3)

etwa 8 M.-% seine maximale Wasseraufnahme erreicht. Da das Verhältnis von ρ_{Ziegel} = 1,8 kg/m³ zu $\rho_{Leichtlehm}$ = 0,36 kg/m³ mit 5 : 1 kleiner als der Kehrwert des Verhältnisses von $W_{max.\ Ziegel}$ = 8,4 M.-% zu $W_{max.\ Leichtlehm}$ = 76 M.-% (1 : 9) ist, konnte die Leichtlehmdämmung eine weitaus größere Wassermasse als der Ziegel aufnehmen. Vermutlich war der Ziegel eher wassergesättigt, da dessen w-Wert mit 20 kg/(m²√h) um ein Vielfaches höher lag als der des Leichtlehms mit 1,0 kg/(m²√h). Die radiometrisch ermittelten Feuchten stimmen in diesen Ausfachungsmaterialien mit den Feuchtezuständen überein, die theoretisch aufgrund der feuchtespezifischen Kennwerte der Baustoffe erwartet werden.

Dies trifft auch auf die gemessenen Feuchten in der Ausfachung EA2 zu. Der Ziegel hatte im Übergang zum Wärmedämmputz bei einer Feuchteänderung um ca. 8 M.-% die Wassersättigung erreicht. Der Dämmputz war im Übergangsbereich durch eine Feuchteänderung um ca. 8 M.-% bei einer maximalen Wasseraufnahme von 23 M.-% zu ca. einem Drittel wassergesättigt.

Das Verhältnis von ρ_{Ziegel} = 1,8 kg/m³ zu $\rho_{Dämmputz}$ = 0,6 kg/m³ war mit 3 : 1 ähnlich dem Kehrwert des Verhältnisses von $W_{max.\ Ziegel}$ = 8,4 M.-% zu $W_{max.\ Dämmputz}$ = 22,7 M.-%. Daher konnten beide Baustoffe etwa die gleiche maximale Wassermasse aufnehmen. Vermutlich war auch in diesem Querschnitt der Ziegel eher gesättigt, da dieser einen vielfach höheren w-Wert als der Dämmputz (1,6...1,9 kg/(m²√h)) aufwies.

Die radiometrisch ermittelten Feuchteänderungen in der Meßstelle E im Gefach EA5 entsprachen ebenfalls den erwarteten Feuchtedifferenzen zwischen der simulierten Winter-

und Sommerperiode. Durch die hohe wasserdampfdiffusionsäquivalente Luftschichtdicke der EPS-Hartschaumplatten konnte theoretisch nur wenig Wasserdampf in den Querschnitt zum Strohlehm diffundieren.

In den Messungen wurde sogar eine Trocknung des Strohlehms festgestellt. Die Schwankungen im Verlauf der Feuchteänderungen im Strohlehm sind auf die unterschiedlichen Rohdichten in der Stakung und im Lehmschlag zurückzuführen.

Insgesamt gesehen, entspricht die Bewertung der radiometrisch ermittelten Gefachfeuchteänderungen auf der Grundlage von im Labor ermittelten Materialkennwerten den theoretisch möglichen Änderungen.

5 Schlußfolgerungen

In einer Doppelklimakammer wurden Fachwerkaußenwände mit unterschiedlichen Innendämmungen unter zeitgerafften und überhöhten Klimabedingungen künstlich bewittert. Bei einer Innendämmung kann eine Außenwand insbesondere durch Tauwasserbildung im Wandquerschnitt gefährdet werden. Durch den Einbau von Innendämmungen können Feuchteänderungen, neben einer Tauwasserbildung mit anschließender kapillarer Auffeuchtung, durch Sorption infolge Wasserdampfdiffusion entstehen. In den Simulationen wurden diese Feuchteänderungen nachgewiesen.

An zwei Meßstellen im Holz wurden auffällige Feuchteänderungen gemessen. Aus diesen Feuchteverläufen ist eindeutig der Einfluß der Klimabedingungen erkennbar. Die auffälligen Feuchteänderungen wurden in Hölzern gemessen, die an Ausfachungen mit einer Leichtlehmdämmung als Innendämmung angrenzten. Bei den übrigen Hölzern waren keine signifikanten Auffeuchtungen festzustellen.

Die höchsten Feuchteänderungen in den Ausfachungsmaterialien wurden ebenfalls in der Innendämmung aus Leichtlehm gemessen. Es besteht somit ein Zusammenhang zwischen der höchsten gemessenen Holzfeuchte mit der höchsten Ausfachungsfeuchte.

Eine qualitative Bewertung der drei Querschnittsvarianten ergibt den gleichen am meisten infolge Feuchteänderungen beanspruchten Querschnitt wie die Ergebnisse aus den Simulationen. Auch eine vereinfachte rechnerische Abschätzung der Gefachfeuchteänderungen liefert Werte in gleicher Größenordnung wie die Ergebnisse aus den radiometrischen Messungen. Die gemessenen Feuchten stehen also in einem Zusammenhang mit rechnerisch erwarteten Feuchten. Dies gilt jedoch nicht für die Höhe der gemessenen Holzfeuchten. Diese liegen in einigen Holzzonen im Bereich der Fasersättigung. In diesen Holzbereichen sind die Voraussetzungen für ein Schädlingswachstum gegeben. Nach der Bewertung des hier verwendeten Glaser-Verfahrens wären die Hölzer nicht oder nur äußerst gering aufgefeuchtet. Der Grund für die Abweichung zwischen den Ergebnissen aus der Simulation und der Berechnung nach einem Rechenverfahren, das den derzeit anerkannten Regeln der Technik entspricht, liegt in den vereinfachten Berechnungsgrundlagen des Verfahrens zur Abschätzung des Feuchteverhaltens von Bauteilen.

In den Simulationsversuchen fand, wie auch unter realen Verhältnissen, ein mehrdimensionaler Feuchtetransport infolge Wasserdampfdiffusion und kapillarer Feuchtebewegung statt. Dominiert insbesondere der Kapillartransport die Feuchteänderungen, muß eine Berechnung auch diesen Transportmechanismus berücksichtigen.

Die hohen Holzfeuchten in der Nähe zum Übergangsbereich zwischen der Ausfachung und der Innendämmung werden auf mehrdimensionale Feuchteströme infolge Tauwasserbildung mit anschließendem kapillarem oder schwerkraftabhängigem Transport zurückgeführt.

Bei diesem Feuchtetransportmodell ist die Holzfeuchte von der Lage des Holzes abhängig. Dies zeigte sich auch an den Feuchtekonzentrationen unterhalb eines Zapfenlochs. Das Zapfenloch scheint im Fachwerkbau nicht nur von außen durch Niederschläge, sondern auch bei Feuchtebeanspruchungen vom Rauminneren durch Auffeuchtungen gefährdet zu sein. Dieses Modell einer sekundären Holzfeuchteänderung muß in weiteren Klimasimulationen überprüft werden.

Die radiometrisch ermittelten Feuchteänderungen in den Ausfachungsmaterialien stehen in einem engen Zusammenhang mit den hygrischen Eigenschaften dieser Baustoffe. Bei zukünftigen radiometrischen Feuchtemessungen soll der Einfluß der Rohdichte auf die Ergebnisse genauer berücksichtigt werden. Dies ist zum Beispiel durch die Ermittlung des Rohdichteprofils in dem Bereich der Bohrungen für die γ-Sonde zu erreichen. Weiterhin sollen nicht nur die Feuchteänderungen, sondern auch die absoluten Feuchten bestimmt werden.

Für Holzfeuchtemessungen in weiteren Versuchen soll eine Meßtechnik eingesetzt werden, die die Holzfeuchten in den Bereichen erfaßt, in denen mit den höchsten Feuchteänderungen zu rechnen ist. Dies können bei Fachwerkhölzern mit Innendämmungen zum einen die Grenzschicht zwischen Holz und Dämmung sein, zum anderen diejenigen Zonen im Holzquerschnitt, die im Übergangsbereich von Ausfachung und Innendämmung liegen.

Neben diesen meßtechnischen Verbesserungen ist für Folgeversuche mit Fachwerkwänden ein Simulationsklima zu entwickeln, das den trägen Anpassungsreaktionen der dicken Holzquerschnitte im Fachwerkbau besser gerecht wird. Hierzu werden zur Zeit numerische Simulationen durchgeführt.

Die Ergebnisse aus Bewitterungssimulationen einer innengedämmten Fachwerkwand in der großen Doppelklimakammer des Wilhelm-Klauditz-Instituts entsprachen tendenziell den theoretisch erwarteten. Für weitere Simulationen sollten die Feuchtemeßtechnik und das Simulationsklima an die Besonderheiten einer historischen Fachwerkwand angepaßt werden. Die Doppelklimakammer bietet somit ideale Voraussetzungen für die Untersuchung spezieller Fragestellungen an Fachwerkwänden unter definierten Randbedingungen.

6 Literatur

[1] Greubel, D. (1988) : Rechenmodelle und Simulationsversuche zur Beurteilung des feuchtetechnischen Verhaltens von Bauteilen. Teil 2
wksb, H. 24, S. 42-45

[2] Greubel, D. (1990) : Berechnung der Materialverläufe in einem Fachwerkständer aus Kiefer bei künstlicher Bewitterung mit einem überhöhten zeitgerafften Braunschweiger Klima
WKI-Kurzbericht 30/90

[3] Greubel, D. (1993) : Auswirkungen innenliegender Wärmedämmungen auf das Feuchteverhalten von Fachwerkhäusern
In: Wittmann, F.H. (Hrsg.), Werkstoffwissenschaften und Brausanierung, Teil 1, expert verlag, Ehningen

[4] Greubel, D. (1994) : Auswirkung von Zeitraffung und Klimaüberhöhung bei künstlicher Bewitterung auf das Feuchteverhalten einer innengedämmten Fachwerkwand
WKI-Kurzbericht Nr. 37/94

[5] Kober, A. (1992) : Radiometrische Feuchtemessung an Gefachen nach Kälteperiode
WKI-Kurzbericht Nr. 25/92

[6] Kober, A. (1991)
Melhorn, L. : Radiometrische Feuchtemessung in Bauteilen mit hoher räumlicher Auflösung, Teil 1
Bauphysik 13, H. 2, S. 43-49

[7] Kober, A. (1994)
Mehlhorn, L. : Radiometrische Feuchtemessung in Bauteilen mit hoher räumlicher Auflösung, Teil 2
Bauphysik 16, H. 3, S. 81-85

[8] Kratz, W. (1982) : Zeitgeraffte Simulation von Klimaeinflüssen an Bauteilen
WKI-Mitteilung 348/1982

[9] Schwarz, A. (1991)
Stuis, M.
Greubel, D. : Untersuchung eines Stahlprofilverbundsystems für den Fertighausbau in einer Doppelklima-Großanlage
gi-Gesundheitsingenieur 112,H. 3, S. 134-144

[10] Stuis, M. (1987)
Kratz, W : Rechenmodelle und Simulationsversuche zur Beurteilung des feuchtetechnischen Verhaltens von Bauteilen. Teil 1
wksb, H. 23, S. 40-46

[11] Stuis, M. (1992a) : Befeuchtung und Trocknung in Zapflöchern verschiedener Holzschwellen bei simulierter Beregnung
WKI-Kurzbericht Nr. 53/92

[12] Stuis, M. (1992b) : Dimensionsänderung an Fachwerk aus frisch eingeschlagenem Eichenholz unter zeitgerafft simulierter Beregnung
WKI-Kurzbericht Nr. 54/92

[13] Stuis, M. (1993) : Untersuchungen an Fachwerkhäusern unter natürlicher und zeitgerafft simulierter Bewitterung
In: Wittmann, F.H. (Hrsg.), Werkstoffwissenschaften und Bausanierung, Teil 1, expert verlag, Ehningen

[14] Stuis, M. (1994) : Untersuchungen an Fachwerkhäusern unter natürlicher und unter zeitgerafft simulierter Bewitterung
wksb, H. 33, S. 10-20

[15] Laboruntersuchungen Prof. Dr. D. Knöfel, Labor für Bau und Werkstoffchemie, Universität-Gesamthochschule-Siegen

[16] DIN 4108 : Wärmeschutz im Hochbau

[17] DIN 52183 : Prüfung von Holz, Bestimmung des Feuchtigkeitsgehaltes

Verbesserung des Wärmeschutzes von Fachwerkwänden mit Innendämmungen - Ergebnisse aus Bewitterungssimulationen, numerischen Simulationen und in-situ-Messungen

Johann W. Herlyn
Fraunhofer-Institut für Holzforschung
Wilhelm-Klauditz-Institut (WKI)
Bienroder Weg 54E
38108 Braunschweig

Suchbegriffe : Fachwerk, Wärmeschutz, Innendämmung, Bewitterungssimulation

Keywords : Framework, Heat insulation, Interior insulation, Weathering simulation

Zusammenfassung:

Der Wärmeschutz von Fachwerkwänden kann bei denkmalgeschützten Gebäuden oft nur durch den Einbau von Innendämmungen verbessert werden. Innendämmungen sind bauphysikalisch problematisch und können die Gebrauchstauglichkeit der Konstruktion durch unzulässige Auffeuchtungen gefährden. Die Eignung von verschiedenen Innendämmungen wurde in der Doppelklimaanlage des WKI durch Bewitterungssimulationen, unterstützt durch numerische Simulationen, untersucht. Der Erfolg von daraufhin eingebauten Innendämmungen wird durch in-situ-Messungen in instandgesetzten Fachwerkgebäuden kontrolliert.

Abstract:

The heat insulation of half-timbered walls often can be improved in monumental listed buildings with critical interior insulations only. The utility of the interior insulations has to be examined in order to minimize the risk out of inadmissible moisture accumulation. The fitness of different interior insulations was investigated in the twin-climate chamber of the WKI under simulated weathering supported by numerical simulation. Thereupon the success of installed interior insulations is controlled in a maintained framework building by in-situ measurements.

1 Einleitung

Werden historische Fachwerkgebäude umgenutzt oder instandgesetzt, ist in der Regel der Wärmeschutz der Außenwände zu verbessern. Bei einer gleichzeitigen Forderung nach einer Fachwerksichtigkeit von außen und einer Erhaltung der historischen Bausubstanz ist nur der Einbau einer Innendämmung möglich.

Innendämmungen sind jedoch bauphysikalisch problematisch. Im Wandquerschnitt stellen sich geringere Temperaturen ein als bei einer Außendämmung. Bei niedrigeren Temperaturen ist zum einen die Materialfeuchte infolge Sorption höher, zum anderen fällt bei einer Unterschreitung des Taupunkts Tauwasser aus und die Baustoffe werden aufgefeuchtet.

Unzuträgliche Auffeuchtungen beeinträchtigen die Funktionsfähigkeit und die Lebensdauer einer Fachwerkwand erheblich. Mit steigender Stoffeuchte nimmt die Wärmeleitfähigkeit der Dämmstoffe zu. Bei einer Feuchteerhöhung bis in den Bereich der Fasersättigung und darüber hinaus sind die Holzbauteile durch holzzerstörende Pilze gefährdet. Beim Einbau von Innendämmungen in Fachwerkwände ist somit zu überprüfen, ob es zu unzuträglichen Auffeuchtungen der Baustoffe kommt. Die Größe und die Dauer der Feuchteänderungen ist zu ermitteln, um die Gebrauchstauglichkeit der Konstruktion nachzuweisen. Der Nachweis kann nach den allgemein anerkannten Regeln der Technik, i.d.R. nach DIN 4108-3 [14] oder durch Praxiserfahrungen geführt werden. Gerade Ergebnisse aus der Praxis haben jedoch für raumseitig gedämmte Fachwerkwände gezeigt, daß sich Innendämmungen, die nach DIN 4108-3 nicht zulässig sind, trotzdem bewährt haben. Umgekehrt führten Maßnahmen, die nach Norm zulässig waren, in kurzer Zeit zu Schäden. Da jedoch in der Praxis ausgeführte Konstruktionen erst nach mehreren Jahren zu bewerten sind, müssen häufig Methoden zur schnelleren Beurteilung eines Bauteils eingesetzt werden. Hierzu zählen Bewitterungssimulationen in Doppelklimaanlagen, in denen Bauteile unter definierten Innen- und Außenklimabedingungen geprüft werden. Zur Fortsetzung bereits abgeschlossener Bewitterungssimulationen von Fachwerkwänden wurde in die Doppelklimaanlage des WKI eine Fachwerkprüfwand mit unterschiedlichen Innendämmungen eingebaut [7, 12]. Neben bereits als Innendämmungen eingesetzten Materialien wurden neu entwickelte Lehmdämmstoffe untersucht. Die Querschnittsvarianten orientierten sich zum einen an Pilotobjekten des BMBF, an denen in Zusammenarbeit mit Institutionen unterschiedlicher Fachrichtungen die Schadensdiagnose und -therapie an historischen Gebäuden beispielhaft untersucht worden war. Zum anderen wurden Aufbauten in Analogie zu einem historischen Fachwerkgebäude eingebaut, das allein vom WKI betreut wurde. In einigen Experimentierbereichen der Prüfwand wurden spezielle Fragestellungen zur Notwendigkeit von Dampfsperren und zur Belüftung von Luftschichten untersucht.

Die Bewitterungssimulationen wurden unter zeitgerafften und verschärften Außenklimabedingungen durchgeführt. Im Vorfeld der Simulationsversuche wurde mit Hilfe numerischer Simulationen die Zeitraffung und Verschärfung des Simulationsklimas ermittelt. Nach Abschluß der Bewitterungssimulation in der Doppelklimakammer wurden die Meßergebnisse mit den Rechenergebnissen verglichen. Die Übereinstimmung der Ergebnisse wird um so genauer, je genauer die in der Berechnung eingesetzten Stoffkennwerte den Kennwerten der in der Prüfwand eingebauten Materialien entsprechen. Durch die Validierung der Versuchs- und der Rechenergebnisse wird das Simulationsmodell überprüft. Abweichungen zwischen den gemessenen und berechneten Temperaturen und Feuchten können, in erster Linie bei einer Feuchtebeanspruchung, durch eine falsche Einschätzung der Reaktionsgeschwindigkeit auftreten. Die Reaktionsgeschwindigkeit hängt von der Wärme- bzw. Sorptionskapazität, der Rohdichte sowie von der Wärmeleitfähigkeit bzw. von den Feuchteleitkoeffizienten der Baustoffe ab. Weiterhin können während der Bewitterungssimulation in der Doppelklimaanlage Feuchte- und Wärmeströme stattfinden, die in den idealisierten numerischen Simulationen nicht berücksichtigt werden. Nach erfolgreicher Validierung der gegenständlichen und der abstrakten, numerischen Simulation kann aus Ergebnissen numerischer Simulationen die Eignung ähnlicher Wandaufbauten überprüft oder das Verhalten unter variierten Außenklima- oder Nutzungsbedingungen untersucht werden.

Die Ergebnisse aus den Untersuchungen dienen der Planung des Wärmeschutzes bei den zuvor genannten Objekten. In die Objekte werden die mit Hilfe der Bewitterungssimulationen als geeignet nachgewiesenen Innendämmungen eingebaut. Der Erfolg der Verbesserungsmaßnahmen wird durch in-situ-Messungen kontrolliert. Die Innendämmungen sollen auch allgemein für die Verbesserung des Wärmeschutzes von Fachwerkgebäuden empfohlen werden.

2 Bewitterungssimulationen

Die Klimaeinwirkungen wurden in einer Doppelklimakammer mit einer Warmseite für das Innenklima und einer Kaltseite für das Außenklima simuliert (Abb. 1).

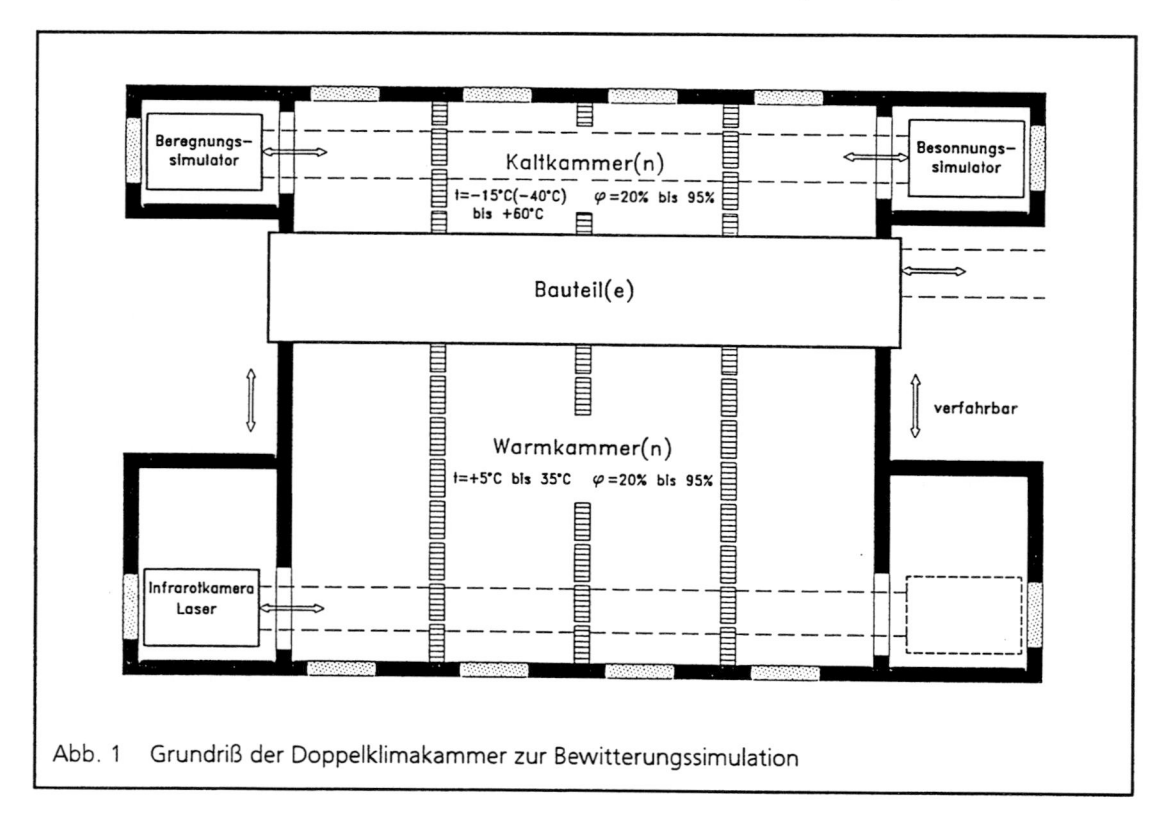

Abb. 1 Grundriß der Doppelklimakammer zur Bewitterungssimulation

Jede Seite ist in vier Sektionen aufteilbar, so daß auch während eines Versuchs vier unterschiedliche Klimabelastungen gefahren werden können. Bei den hier beschriebenen Bewitterungssimulationen war es nur notwendig, auf der Warm- und Kaltseite die Lufttemperatur und über die Taupunkttemperatur die rel. Luftfeuchte zu regeln, da die Fachwerkprüfwand zunächst nur durch Feuchte- und Wärmeströme von der Raumseite, bewirkt durch Wasserdampfpartialdruck- und Temperaturgradienten, belastet wurde. Feuchte- und Temperaturänderungen aus simulierter Beregnung oder Bestrahlung auf der Außenseite werden in späteren Bewitterungssimulationen untersucht.

2.1 Prüfwand und Querschnittsvarianten

Die Querschnittsvarianten wurden in eine Fachwerkprüfwand mit den Abmessungen 8,0 x 2,5 m² eingebaut. In dieser Wand bestanden die Prüfhölzer zu jeweils einem Drittel aus Fichten- und Eichenholz, das aus mehrere Jahrhunderte alten Gebäuden stammte, sowie aus etwa vor 10 Jahren geschlagenem Eichenholz. Die sichtbaren Außenflächen der Hölzer wurden einheitlich mit einem Dispersionsanstrich auf Acrylbasis gestrichen. Die Gefache wurden entweder mit Lehm oder mit Ziegeln ausgefacht. Zur Vermeidung von Einbaufeuchten wurden die Gefache, bis auf eine bereits hergestellte Ausfachung, anstatt mit Lehm auf einer Stakung mit Lehmsteinen ausgefacht. Die Ziegelausfachungen wurden mit Klosterformatziegeln ausgemauert. Es wurden 2 neuzeitlich hergestellte Ziegel mit unterschiedlichen Rohdichten sowie Ziegel aus einem im 16. Jh. erstellten Objekt verwendet.

Holz-art	Ausfa-chung	Innendämmung	Zulässig nach DIN 4108-3	Zulässig nach Monatsmittel-werten
Fichte	Lehm	Wärmedämmputz	(ja)	ja
Fichte	Lehm	Mineralischer Leichtlehm	ja	ja
Eiche	Ziegel	Luftschicht/Mineralfaser	nein	nein
Eiche	Ziegel	Wärmedämmputz	(nein)	ja
Eiche	Ziegel	Mineralfaser	nein	nein
Eiche	Ziegel	Mineralfaser/Dampfsperre mit Fehlstellen	(ja)	(ja)
Eiche	Ziegel	Mineralfaser/ Holzwolleleichtbauplatten	nein	(nein)
Eiche	Lehm	Wärmedämmputz	(nein)	ja
Eiche	Lehm	Holzwolleleichtbauplatten	nein	(ja)
Eiche	Lehm	Holzlehm	ja	ja

Tab. 1: Kombinationen der Holzarten, Ausfachungen und Innendämmungen - Zulässigkeit nach DIN 4108-3 und nach Bilanzierung auf der Grundlage von Braunschweiger Monatsmittelwerten

Die Tab. 1 zeigt die Kombinationen der Holzarten und der Ausfachungen mit den Innendämmungen. Als Innendämmungen sollten bei den Pilotobjekten vorrangig handwerklich bewährte Wandaufbauten und Materialien verwendet werden. Hierzu zählen zum einen Wärmedämmputze, zum anderen Holzwolleleichtbauplatten. Ergänzend zu diesen zeitgemäßen, industriell hergestellten Dämmstoffen wurden wärmetechnisch verbesserte Lehmdämmstoffe, zum einen mineralischer Leichtlehm nach Prof. Minke und zum anderen ein Holzleichtlehm, eingebaut [11]. In den Experimentierbereichen wurde mit mineralischem Faserdämmstoff gedämmt. Bei den Mineralfaserdämmungen wurde der Einfluß einer Luftschicht und von Dampfsperren mit Fehlstellen auf das thermische und hygrische Bauteilverhalten untersucht.

Weiterhin stellt die Tab. 1 die Bewertung der Variationen aus dem Nachweis mit den stationären Klimarandbedingungen der DIN 4108-3 und mit einer Bilanzierung nach Braunschweiger Monatsmittelwerten gegenüber. Die Tauwasser- und Verdunstungsmassen wurden monatlich über 2 Jahre bilanziert. Die Wandaufbauten wurden zum einen nach der höchsten monatlichen Tauwassermasse beurteilt, zum anderen konnte eine Konstruktion nur dann zugelassen werden, wenn die Tauwassermassen vollständig verdunsteten. Nach diesen Kriterien waren, wie auch nach den Normbedingungen, die Querschnitte mit Mineralfaserdämmstoff wegen der maximalen Tauwassermassen unzulässig. In allen Varianten konnte die Tauwassermasse jedoch unabhängig von der Höhe vollständig verdunsten. Die unter stationären Klimabedingungen zumindest als kritisch einzustufenden Tauwassermassen bei Innendämmungen aus Wärmedämmputzen waren unter instationären Bedingungen in unschädlichen Größenordnungen.

Für die kritischen Querschnitte waren die Ergebnisse der Bewitterungssimulation von großer Wichtigkeit, um die Eignung unter zyklischen Randbedingungen beurteilen zu können. Aber auch bei den weniger gefährdeten Aufbauten war eine simulierte Bewitterung interessant, da nach den Normbedingungen, bei fast allen Querschnitten mit Tauwasserausfall zu rechnen war. Von besonderem Interesse war die Untersuchung der Dämmungen aus konditionierten Lehmen, da über diese für den Einsatz als Innendämmungen in Fachwerkwänden weder Erfahrungen noch Kenntnisse über die Materialeigenschaften vorlagen.

2.2 Simulationsmodell

Bei der Bewitterungssimulation in einer Doppelklimakammer ist das gewählte Simulationsmodell von entscheidender Bedeutung. Es muß zum einen die realen Verhältnisse in der Art erfassen, daß die Simulationsergebnisse auf die Realität übertragen werden und für Prognosen dienen können. Zum anderen müssen die Ziele einer Bewitterungssimulation, wie z. B. Zeitraffung, reproduzierbare Ergebnisse, repräsentatives Modell etc., erreicht werden [13].

Am günstigsten erschien für ein Simulationsklima ein beschleunigtes Klima unter Berücksichtigung regionaler Besonderheiten. Zur Entwicklung eines solchen Modells wurden zunächst von in der Nähe zu den Sanierungsobjekten gelegenen Wetterstationen des Deutschen Wetterdienstes Langzeitaufzeichnungen der Wetterdaten beschafft. Aus diesen Einzelmessungen wurden mit Hilfe von Regressionsanalysen die mittleren jährlichen Verläufe der Lufttemperaturen, der Taupunkttemperaturen und der rel. Luftfeuchten berechnet. Als Regressionsansatz wurden trigonometrische Polynome mit einer Grundschwingung von einem Jahr verwendet. Für die daraus abgeleiteten Sinusfunktionen wurden jeweils der Mittelwert, die Amplitude und die Phasenverschiebung sowie die Standardabweichungen berechnet. Wegen der Ähnlichkeit der norddeutschen Klimate und zum Vergleich mit bisherigen Simulationen wurde als Grundlage für die Ermittlung eines Simulationsmodells das mittlere jährliche Braunschweiger Klima gewählt.

Im nächsten Schritt wurde die Dauer des Simulationszyklus bestimmt. Mit einer Beschleunigung des Simulationsklimas durch Zeitraffung und Verschärfung der Randbedingungen war die Versuchsdauer zu verkürzen. Die Beschleunigung des Simulationsklimas wurde mit Hilfe numerischer Simulationen vor der Bewitterung in der Doppelklimakammer ermittelt. Die numerischen Simulationen wurden mit einem am WKI entwickelten Verfahren zur Berechnung von mehrdimensionalen, instationären, gekoppelten Wärme- und Feuchteströmen durchgeführt [1].

In den Berechnungen wurden die Elemente mit den höchsten Auffeuchtungen im Holzquerschnitt bestimmt. Für diese kritischen Elemente wurden für unterschiedliche Periodenlängen und Klimaverschärfungen die maximalen Materialfeuchten berechnet.

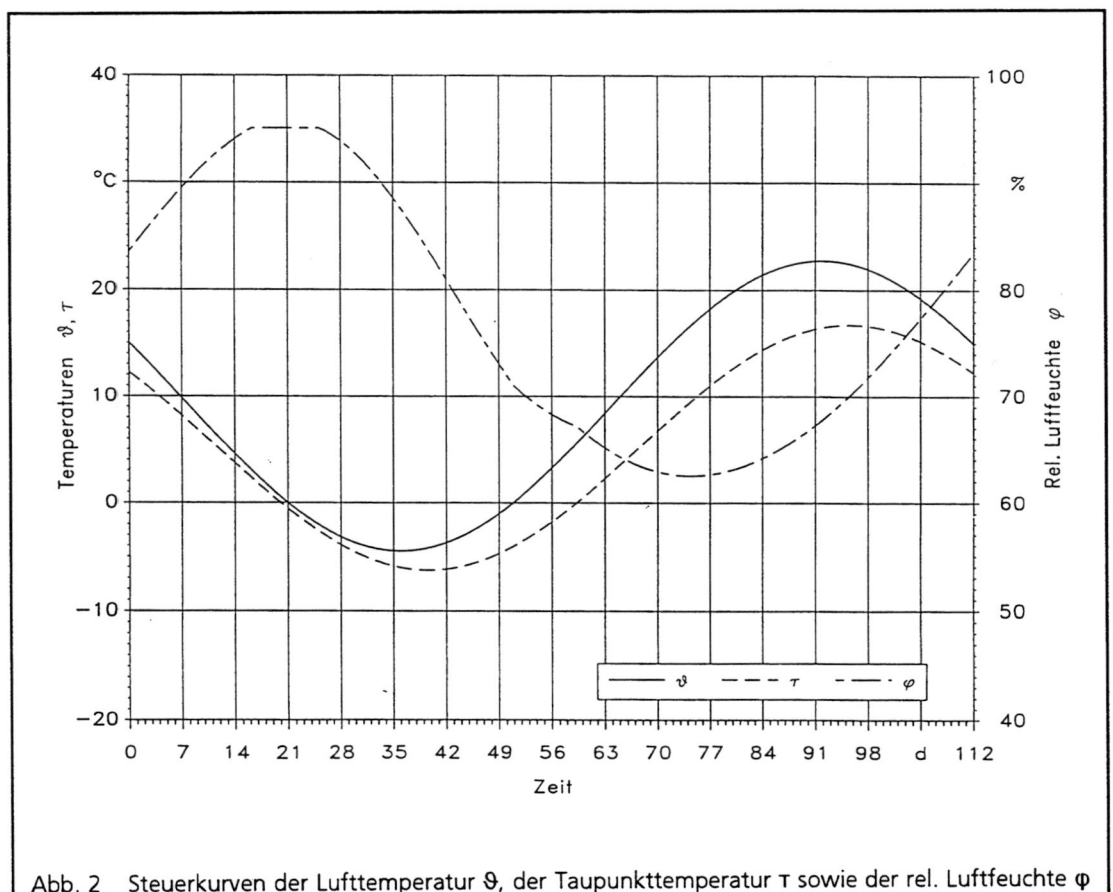

Abb. 2 Steuerkurven der Lufttemperatur ϑ, der Taupunkttemperatur τ sowie der rel. Luftfeuchte φ auf der Außenseite der Doppelklimaanlage

Eine Auswertung der numerischen Simulationen zeigte, daß eine Zeitraffung auf 112 Tage und eine Außenklimaverschärfung durch eine Überhöhung der Amplituden um die einfache Standardabweichung für die wesentlichen Elemente zufriedenstellende Ergebnisse lieferte [6]. Die Abb. 2 zeigt die daraus abgeleiteten Steuerkurven der Temperaturen und der rel. Luftfeuchte auf der Außenseite der Doppelklimaanlage.

Als Nutzungsklima wurde auf der Warmseite der Doppelklimakammer ein konstantes Klima mit einer Lufttemperatur von 23 °C und einer relativen Luftfeuchte von 50 % r.F. eingestellt. Die gewählte Temperatur lag höher als in der Realität anzunehmen ist. Durch das Ausblenden von Temperaturabsenkungen wurde die Prüfwand aufgrund des höheren Wasserdampfpartialdruckgefälles durch einen größeren Wasserdampfstrom beansprucht.

2.3 Meßtechnik

Einer der Schwerpunkte der Messungen lag in der Erfassung der Materialfeuchten in kurzen Zeitabständen mit einer hohen räumlichen Auflösung. Im Holz wurde die Feuchte an Meßstellen mit Stellvertreterproben gravimetrisch ermittelt. Diese Meßstellen bestanden aus zylinderförmigen Holzproben mit Dicken von 5 bis 20 mm, die in bestimmten Intervallen ausgebaut und gewogen wurden. Die gravimetrischen Dauermeßstellen waren in der Art konstruiert, daß auch in den direkt an die Innendämmung angrenzenden Holzzonen die Feuchte ermittelt wurde. Nach Versuchsende wurden die Holzfeuchten gravimetrisch nach DIN 52183 durch Darrtrocknung bestimmt [15]. Zur Unterstützung der gravimetrischen Holzfeuchtemessung wurden an einigen Stellen Elektroden zur elektrischen Holzfeuchtemessung eingebracht. Die Ergebnisse der Dauermeßstellen wurden an zwei Terminen anhand von Bohrkernproben kontrolliert. In den Ausfachungen wurden Materialfeuchteänderungen radiometrisch mit der am WKI entwickelten γ-Sonde gemessen [8, 9].

Ein weiterer Schwerpunkt der Messungen war die Aufzeichnung der Temperaturen an den Oberflächen sowie in den Grenzschichten im Gefachbereich. Bei den Elektroden zur Holzfeuchtemessung wurden Thermofühler zur Temperaturkompensation der elektrisch ermittelten Holzfeuchten eingebaut. Zur Ermittlung des Wärmedurchlaßwiderstandes wurden die Wärmeströme gemessen. In einigen Wandpartien wurden die Verformungen mechanisch mit Rißweitenaufnehmern und optisch mit einer hochauflösenden Zeilenkamera erfaßt. Die Ergebnisse aus der Bildverarbeitung werden mit einem Programm ausgewertet, das mit Hilfe statistischer Fehlerrechnungen Verformungen in einer Auflösung von weniger als 0,1 mm ermittelt. Die Messungen der Ausfachungsfeuchten, der Verformungen sowie die Temperatur- und Wärmestrommessungen wurden bzw. werden an anderer Stelle veröffentlicht [z. B. 2, 3].

2.4 Ergebnisse der Holzfeuchteverläufe und Bewertung

In den Abb. 3 und 4 werden die Feuchteverläufe in einem Fichten- bzw. Eichenholz dargestellt, die raumseitig mit einem 45 mm dicken Wärmedämmputz der Wärmeleit-

Verbesserung des Wärmeschutzes von Fachwerkwänden mit Innendämmungen 141

fähigkeitsgruppe 070 gedämmt waren. Keines der Hölzer feuchtete auffällig auf. Die Feuchten der außenliegenden Stellvertreterscheiben folgten in ihrem Verlauf dem Außenklima.

Die an den Wärmedämmputz angrenzenden Stellvertreter feuchteten im simulierten Winter gering um etwa 2 M.-% auf, wobei das Eichenholz aufgrund seiner trägeren Reaktionsgeschwindigkeit etwa eine Woche nach dem Fichtenholz sein Maximum erreichte. Im simulierten Sommer trockneten die Hölzer wieder auf ihre Ausgangsfeuchte. Die Wärmedämmputze sind nach den Ergebnissen aus der Bewitterungssimulation als Innendämmungen für Fachwerkwände geeignet. Dies entspricht auch den Erfahrungen aus der Praxis [z. B. 10], aber nicht in jedem Fall dem Nachweis nach DIN 4108-3.

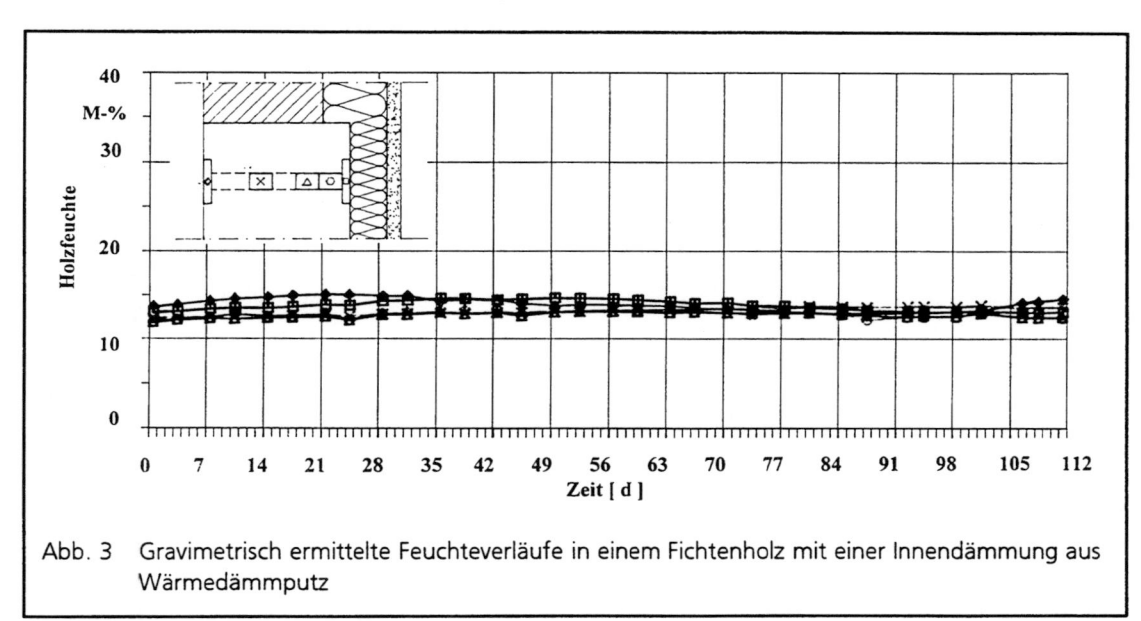

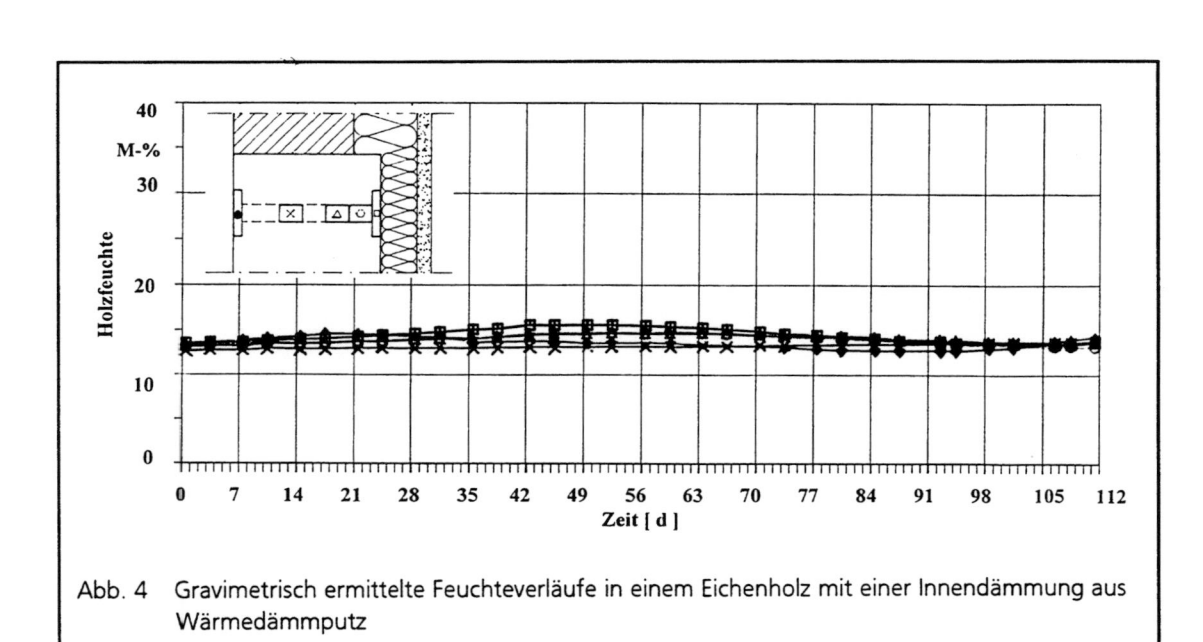

Abb. 3 Gravimetrisch ermittelte Feuchteverläufe in einem Fichtenholz mit einer Innendämmung aus Wärmedämmputz

Abb. 4 Gravimetrisch ermittelte Feuchteverläufe in einem Eichenholz mit einer Innendämmung aus Wärmedämmputz

Nach der Norm waren die Aufbauten nicht zulässig oder zumindest an der Grenze zur Zulässigkeit (s. Tab. 1). Demgegenüber waren die Holzfeuchteänderungen auffällig niedrig. Für diese Varianten kann das Nachweisverfahren auf der Grundlage der Bilanzierung nach Monatsmittelwerten als das geeignetere angesehen werden.

Abweichend von den rechnerischen Nachweisen war die Innendämmung aus einer Holzwolleleichtbauplatte auf Eichenholz eindeutig zulässig. Die Abb. 5 zeigt die elektrisch ermittelten Holzfeuchteverläufe in vier unterschiedlich tiefen Holzzonen. Die Elektroden waren in 10, 20, 40 und 80 mm Tiefe von der zur Innendämmung gewandten Holzoberfläche eingeschlagen. Erwartungsgemäß verliefen die Holzfeuchten entsprechend der Tiefenstaffelung. In der am dichtesten zur Innendämmung gelegenen Zone wurden die höchsten, in der in Querschnittsmitte am weitesten entfernten die geringsten Auffeuchtungen gemessen.

Während des Versuchs lagen die Holzfeuchten deutlich unter 20 M.-%. Nach 30 Versuchstagen wurden die elektrisch ermittelten Feuchten anhand von Feuchtebestimmungen an Bohrkernen überprüft. Die Abweichungen lagen bei ± 1 M.-%.

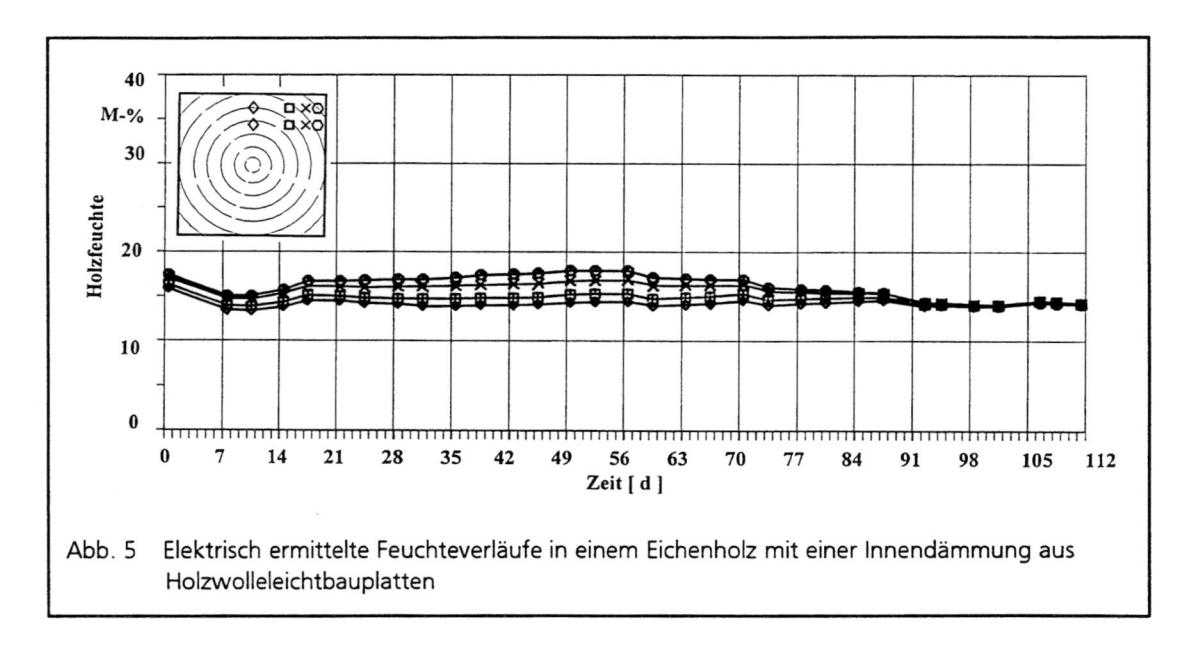

Abb. 5 Elektrisch ermittelte Feuchteverläufe in einem Eichenholz mit einer Innendämmung aus Holzwolleleichtbauplatten

Die Abb. 6 zeigt während des Versuchs gemessene und numerisch simulierte Holzfeuchteverläufe in einem Eichenholz, das mit einem mineralischen Leichtlehm (System "Minke") mit einer Rohdichte von etwa 600 kg/m^3 gedämmt war. Zu Beginn der Bewitterung waren teilweise Holzfeuchten um 20 M.-% vorhanden, die noch aus Einbaufeuchten resultierten, obwohl die Trocknung vor dem Versuchsbeginn durch eine Vorklimatisierung beschleunigt wurde. Während des Versuchs lagen die Holzfeuchten zu keinem Zeitpunkt über 20 M.-%.

Die berechneten Holzfeuchten wurden noch nicht auf der Basis von Stoffkennwerten ermittelt, die aus den in der Prüfwand eingebauten Materialien bestimmt wurden, sondern aus Kennwerten, die in der Bandbreite der in der Literatur zu findenden Werte lagen.

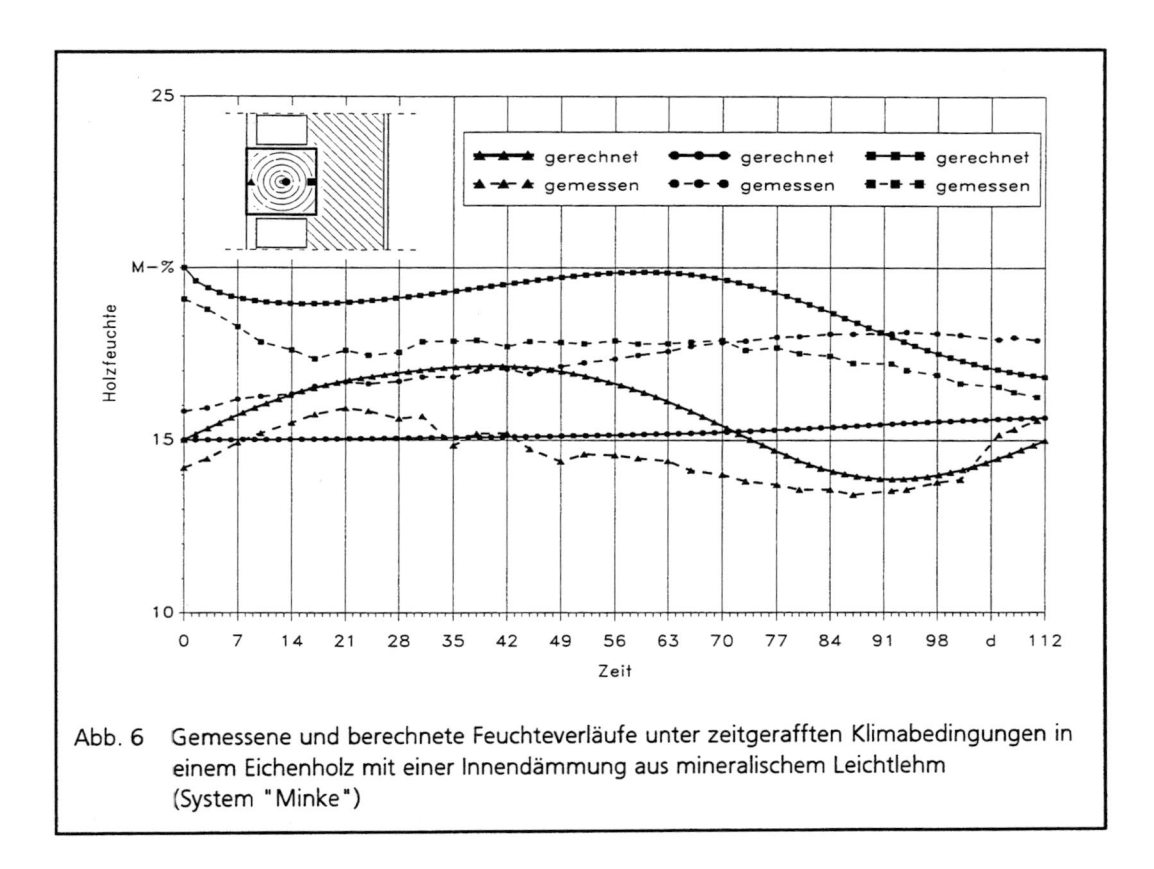

Verbesserung des Wärmeschutzes von Fachwerkwänden mit Innendämmungen 143

Abb. 6 Gemessene und berechnete Feuchteverläufe unter zeitgerafften Klimabedingungen in einem Eichenholz mit einer Innendämmung aus mineralischem Leichtlehm (System "Minke")

Die Abweichungen zwischen den Meß- und Rechenwerten waren dennoch mit etwa 2 M.-% gering. Tendenziell stimmten die Verläufe in jedem Fall überein. Aus der Übereinstimmung der Meß- und Rechenergebnisse konnte das Holzfeuchteverhalten unter nicht beschleunigten, jährlichen Klimabedingungen mit Hilfe numerischer Simulationen mit den gleichen Stoffkennwerten wie unter zeitgerafften Bedingungen prognostiziert werden (Abb. 7). Während der jährlichen Klimaperiode lagen die Holzfeuchten ebenfalls nicht über 20 M.-%.

Die Abweichungen zwischen den unter zeitgerafften Klimabedingungen gemessenen sowie berechneten Holzfeuchten zu den unter jährlichen Bedingungen berechneten betrugen weniger als 3 M.-%, so daß unter der Berücksichtigung der Streuungen der Materialeigenschaften, insbesondere beim Holz, von einer hinreichenden Genauigkeit der Vorgehensweise zur Eignungsuntersuchung der Innendämmung gesprochen werden kann. Da weiterhin auch über zwei Klimaperioden, außer einer vernachlässigbaren Feuchteerhöhung in der Mitte des Holzquerschnitts, kein Aufschaukeln der Holzfeuchten zu erkennen war, konnte der hier eingesetzte mineralische Leichtlehm nach den bisherigen Ergebnissen als geeignet für die raumseitige Dämmung von Fachwerkwänden angesehen werden. Problematisch war jedoch die Holzauffeuchtung durch die Einbaufeuchten der mineralischen Leichtlehmdämmung.

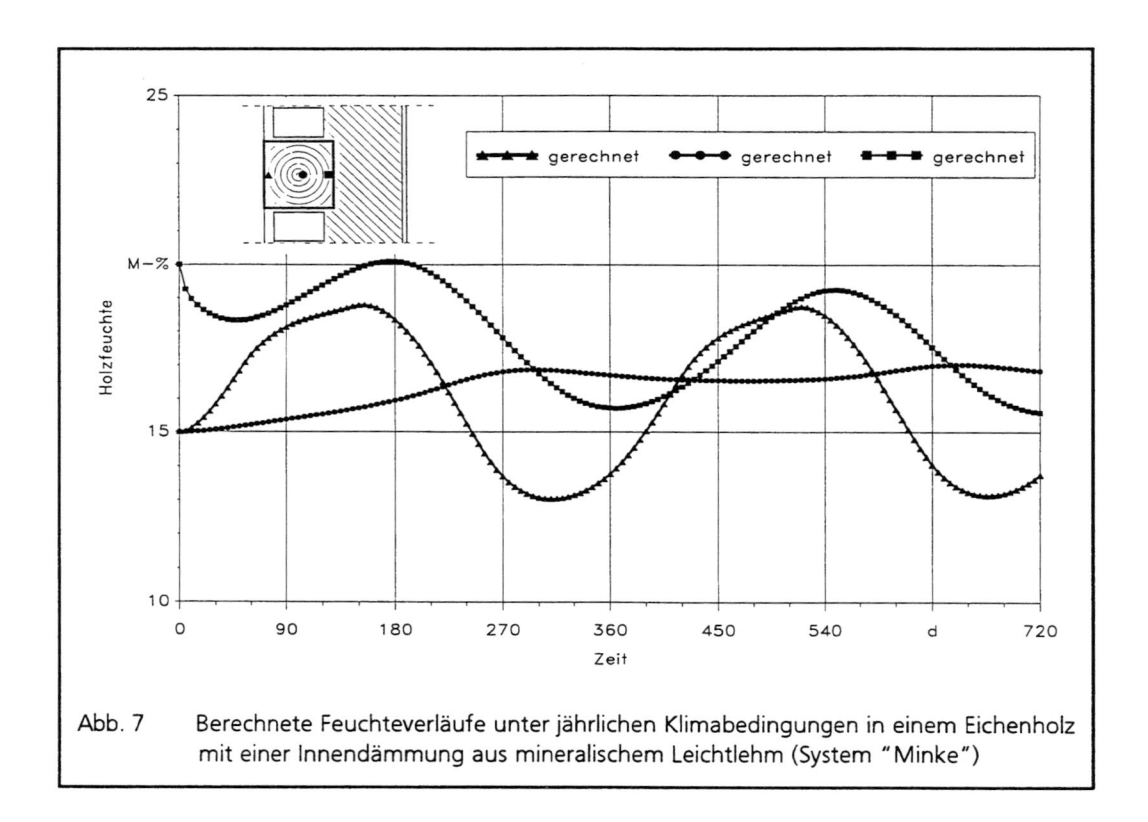

Verbesserung des Wärmeschutzes von Fachwerkwänden mit Innendämmungen

Abb. 7 Berechnete Feuchteverläufe unter jährlichen Klimabedingungen in einem Eichenholz mit einer Innendämmung aus mineralischem Leichtlehm (System "Minke")

Die Einbaufeuchten aus einer Innendämmung, die aus einem Holzleichtlehm mit einer Rohdichte von etwa 850 kg/m³ hergestellt war, bewirkten bei einem Eichenholz noch größere Auffeuchtungen als bei dem mineralischen Leichtlehm. Nach 30 Versuchstagen wurden in der zur Dämmung gewandten Zone eines Bohrkerns Feuchten um 70 M.-% gemessen. Der Bohrkern wurde aus dem unteren Drittel einer Strebe gezogen. Im oberen Drittel der Strebe wurden die Holzfeuchten elektrisch gemessen (Abb. 8).

Auch hier war der Einfluß der Einbaufeuchten auf das Holzfeuchteverhalten deutlich zu erkennen. Vermutlich waren die Feuchten in der elektrischen Meßstelle aufgrund der höheren Lage in der Wand geringer als im Bohrkern. Nach Ende der Simulation lagen alle elektrisch ermittelten Feuchten unter 20 M.-%. In der zur Innendämmung gelegenen Zone eines Bohrkerns wurden noch Feuchten um 30 M.-% bestimmt.

Von den Querschnitten mit Innendämmungen aus mineralischem Faserdämmstoff lagen in der Variante ohne Dampfsperre und in derjenigen, die kombiniert mit einer Holzwolleleichtbauplatte gedämmt war, die Feuchten in den Eichenhölzern während eines längeren Zeitraums über 20 M.-% (Abb. 9 und 10). Die Hölzer waren nach Ende der Bewitterungssimulation wieder auf die Anfangsfeuchten getrocknet. Ein Pilzbefall kann jedoch bei lang andauernden Holzfeuchten im Fasersättigungsbereich nicht ausgeschlossen werden.

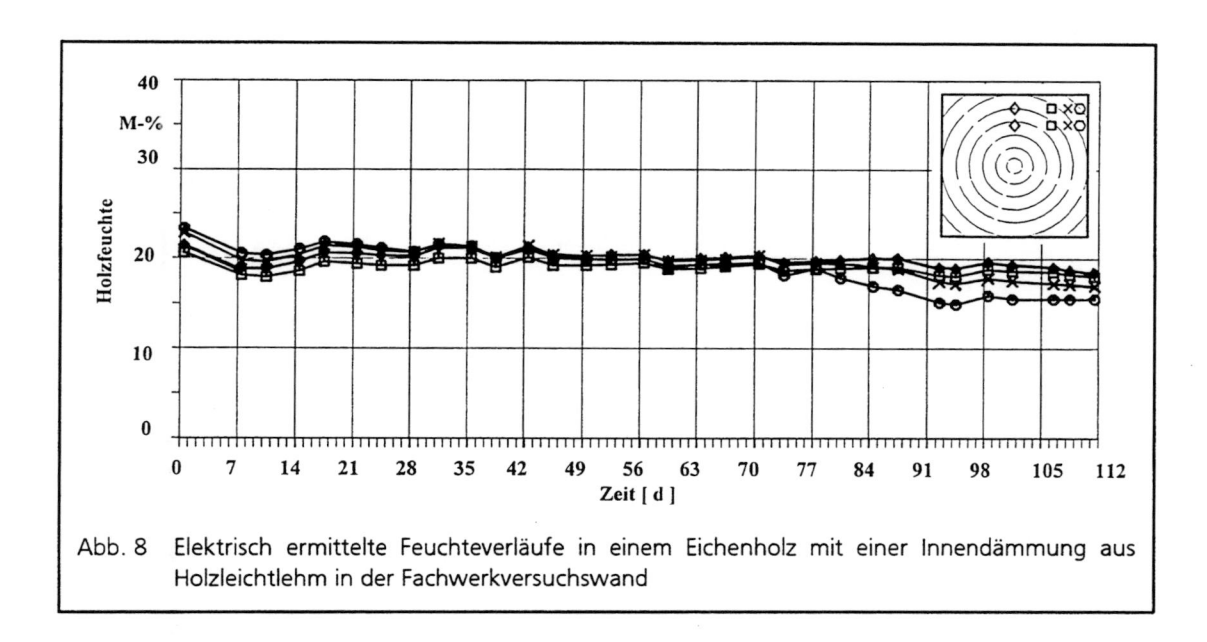

Verbesserung des Wärmeschutzes von Fachwerkwänden mit Innendämmungen 145

Abb. 8 Elektrisch ermittelte Feuchteverläufe in einem Eichenholz mit einer Innendämmung aus Holzleichtlehm in der Fachwerkversuchswand

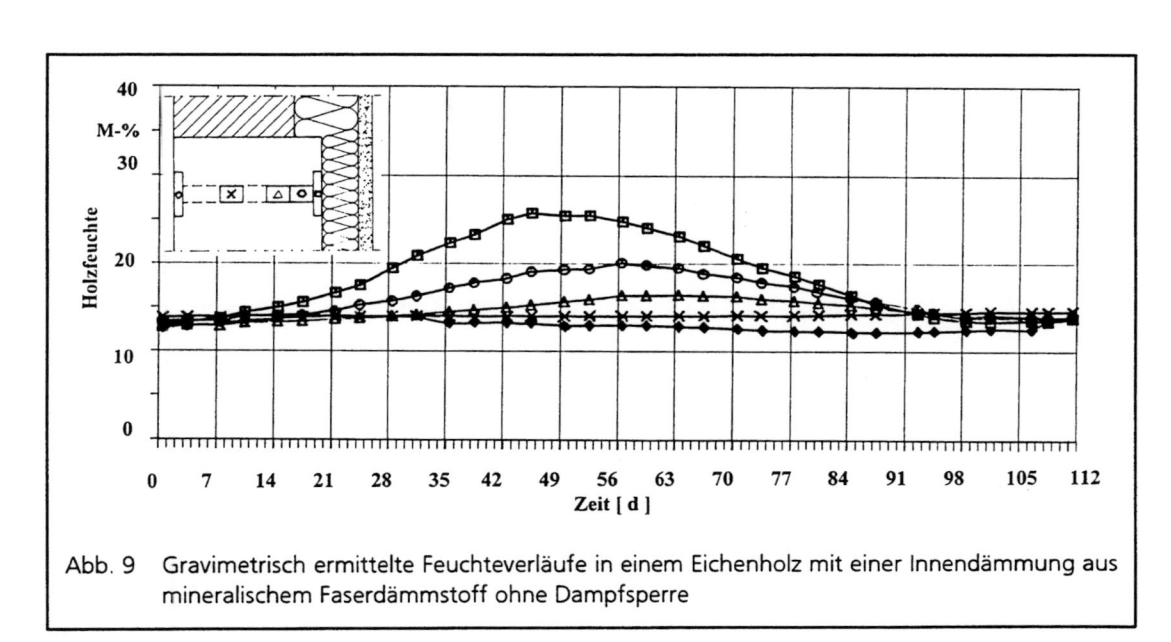

Abb. 9 Gravimetrisch ermittelte Feuchteverläufe in einem Eichenholz mit einer Innendämmung aus mineralischem Faserdämmstoff ohne Dampfsperre

So wurde bei dem mit Mineralfaser ohne Dampfsperre gedämmten Holz Schimmelpilzbefall beobachtet, der häufig ein Vorbote für den Befall durch holzabbauende Pilze ist. Diese Varianten konnten, wie auch die rechnerischen Nachweise ergaben, nicht für Innendämmungen von Fachwerkwänden empfohlen werden.

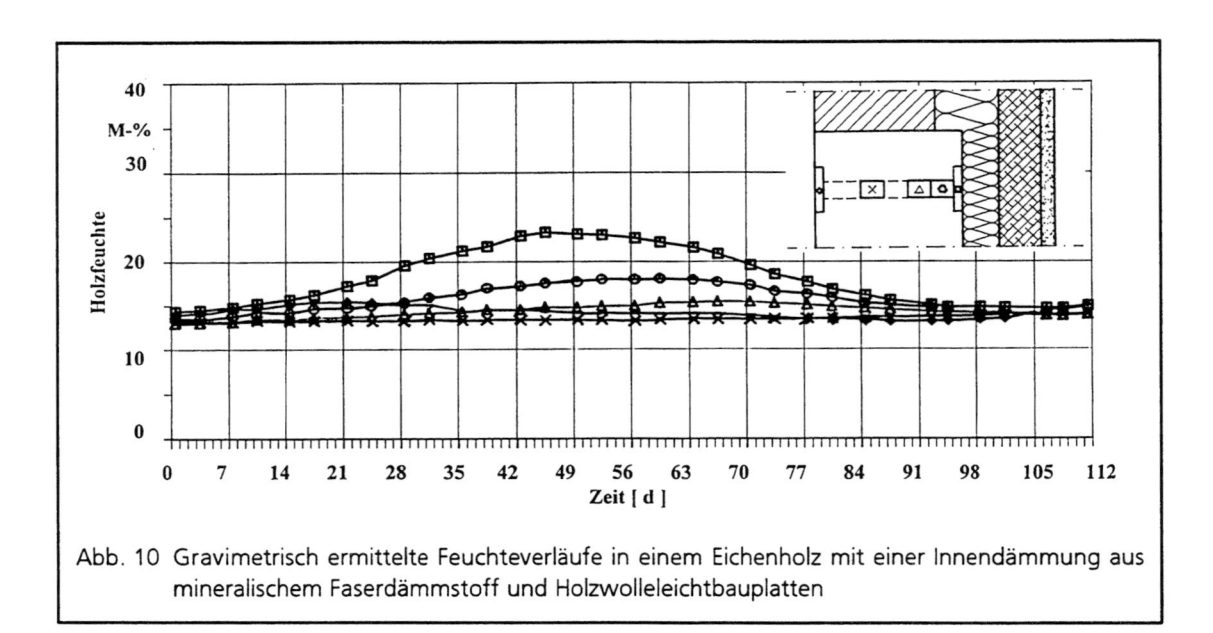

Verbesserung des Wärmeschutzes von Fachwerkwänden mit Innendämmungen

Abb. 10 Gravimetrisch ermittelte Feuchteverläufe in einem Eichenholz mit einer Innendämmung aus mineralischem Faserdämmstoff und Holzwolleleichtbauplatten

Im Gegensatz hierzu wurden bei einer Innendämmung aus Mineralfaserdämmstoff mit einer Luftschicht keine kritischen Holzfeuchteänderungen festgestellt (Abb. 11). Die zur Luftschicht gelegenen Holzzonen feuchteten während des simulierten Winters bis zu 18 M.-% auf, im Sommer trockneten die Hölzer wieder vollständig auf ihre Ausgangsfeuchten. Die gemessenen Holzfeuchten lagen weit unter den numerisch simulierten Feuchten von über 30 M.-%.

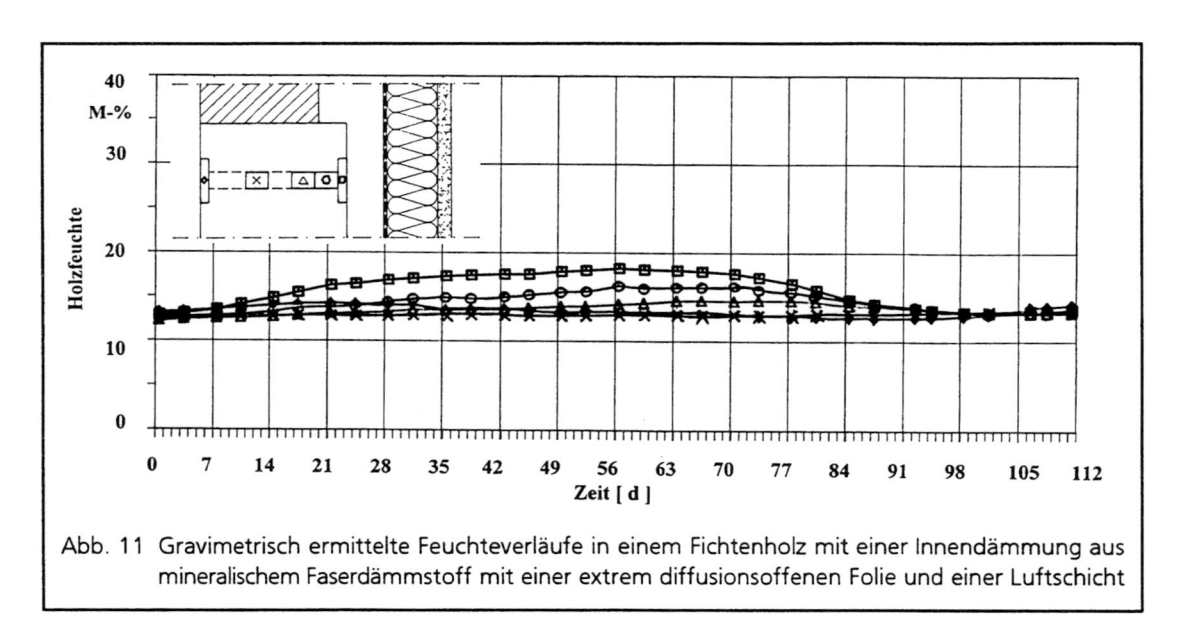

Abb. 11 Gravimetrisch ermittelte Feuchteverläufe in einem Fichtenholz mit einer Innendämmung aus mineralischem Faserdämmstoff mit einer extrem diffusionsoffenen Folie und einer Luftschicht

Eine Erklärung hierfür liegt in der rechnerischen Annahme einer stehenden Luftschicht, während im Versuch die Luftschicht, mit der Außenluft in Verbindung stehend, belüftet war. Gravimetrische Messungen der Mineralfaserdämmung und der zur Luftschicht eingebauten Folie, die extrem diffusionsoffen war[1], ergaben ebenfalls keine auffälligen

---

[1] Die wasserdampfdiffusionsäquivalente Luftschichtdicke s_d der Folie betrug 0,02 m.

Verbesserung des Wärmeschutzes von Fachwerkwänden mit Innendämmungen 147

Feuchteänderungen. In diesem Fall wirkte sich eine Luftschicht in einer innengedämmten Fachwerkwand positiv aus.

In dem Eichenholz, das durch Mineralfaserdämmstoff mit einer fehlerhaften Dampfsperre gedämmt wurde, wirkten sich die Fehlstellen in der Dampfsperre nicht negativ auf die elektrisch gemessenen Holzfeuchten aus (Abb. 12). Als Fehlstellen wurden in die Dampfsperre und Gipsfaserplatte jeweils 3 Schlitze mit den Abmessungen 200 x 20 mm² oben und unten im Gefach eingebracht.

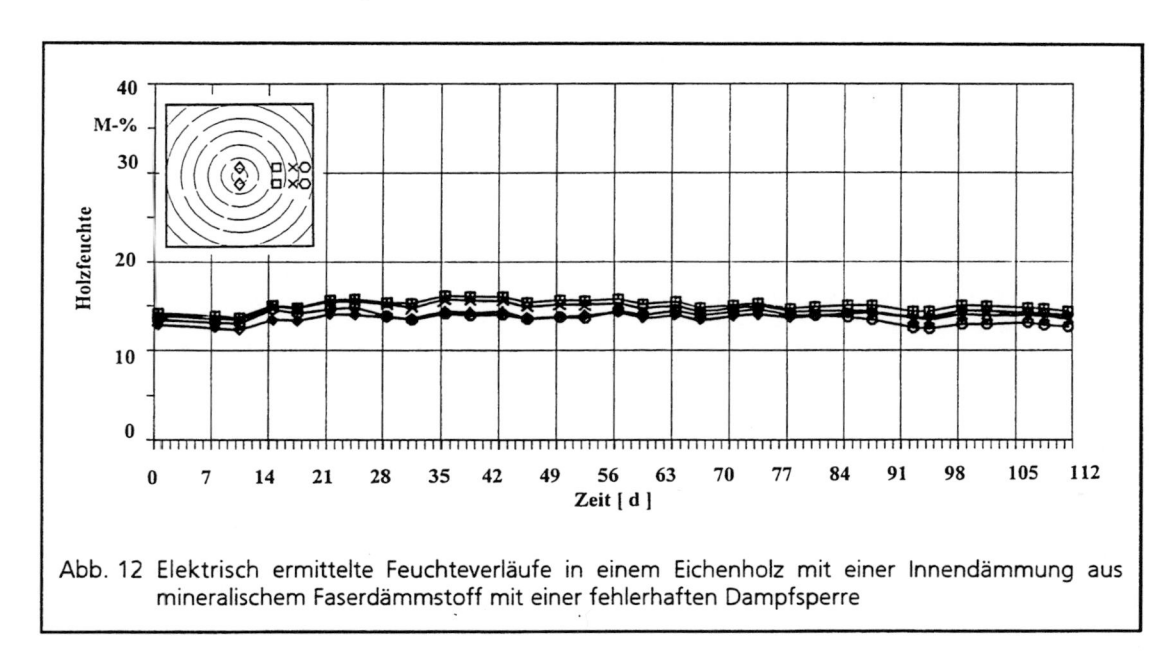

Abb. 12 Elektrisch ermittelte Feuchteverläufe in einem Eichenholz mit einer Innendämmung aus mineralischem Faserdämmstoff mit einer fehlerhaften Dampfsperre

Am Strebenkopf wurden nach 45 Versuchstagen zum Ende des simulierten Januar Feuchteflecken und Schimmelpilzbefall festgestellt, der nach 67 Versuchstagen, zum Ende des simulierten Winters, nicht mehr zu erkennen war. Die Elektroden der Meßstelle waren unterhalb des Befallsorts im oberen Drittel eingeschlagen. Die Feuchteflecken und der Schimmelpilzbefall waren ein Hinweis auf Auffeuchtungen durch Konvektion von Wasserdampf aus der Raumluft in das Bauteil. Die lokale Begrenzung der Auffeuchtung und des Schimmelpilzbefalls kann auf Strömungsvorgänge in der Mineralfaserschicht zurückgeführt werden, deren Ursachen und Wechselwirkungen erst seit jüngerer Zeit untersucht werden [z. B. 5]. In jedem Fall sollte in der Praxis auf die sorgfältige Abdichtung einer Dampfsperre gegenüber Wasserdampfkonvektion geachtet werden. Dies ist bei der nachträglichen Dämmung von Fachwerkwänden nur mit einem großen Aufwand möglich. Es besteht ein hohes Risiko, daß eine nicht sachgerechte Ausführung der Dampfsperre Schäden durch Wasserdampfkonvektion zur Folge hat. Daher sollten Innendämmungen, die keine Dampfsperre benötigen, bevorzugt werden, zumal bei diffusionsoffenen raumseitigen Bauteilschichten die Materialien auch zum Rauminneren nach einer Befeuchtung austrocknen können.

3 In-situ-Messungen

Bei einem historischen Fachwerkgebäude wurden im Juni bzw. Oktober 1994 Innendämmungen aus Holzwolleleichtbauplatten sowie Holzleichtlehm in Analogie zu den Dämmungen in der Fachwerkversuchswand eingebaut. In den Wandquerschnitten wurden neben den Temperaturen und den Wärmeströmen die Holzfeuchten elektrisch gemessen. Zusätzlich wurden die Holzfeuchten zu kritischen Zeitpunkten anhand von Bohrkernen gravimetrisch bestimmt.

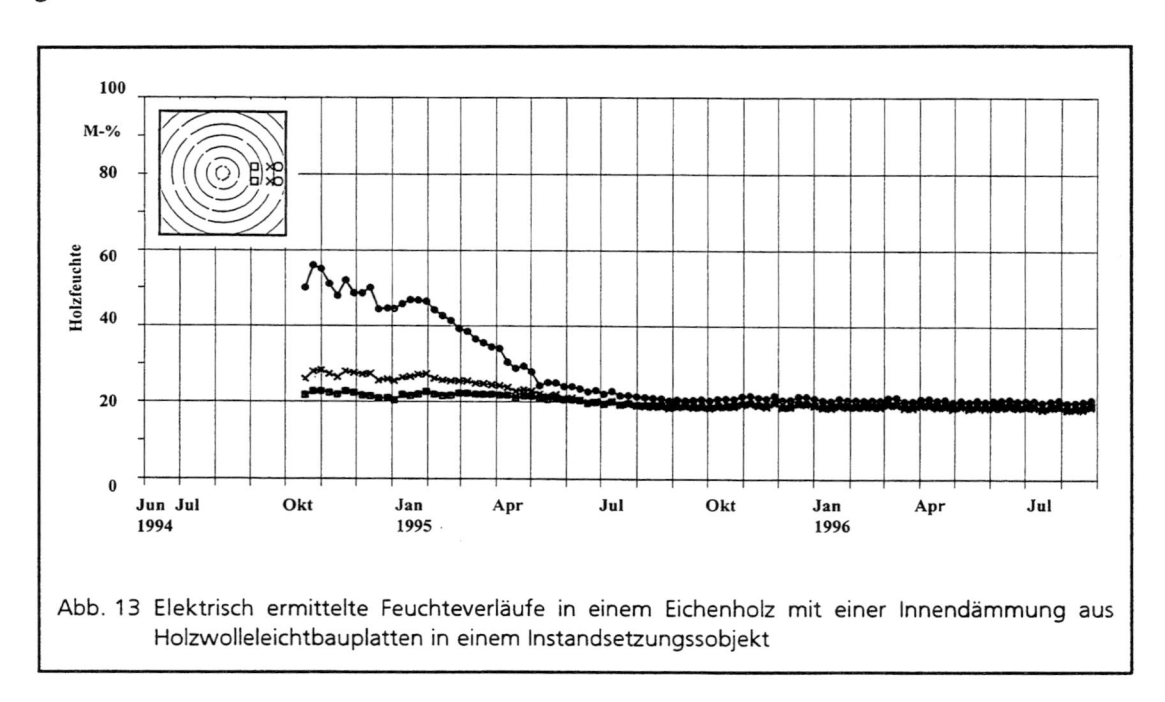

Abb. 13 Elektrisch ermittelte Feuchteverläufe in einem Eichenholz mit einer Innendämmung aus Holzwolleleichtbauplatten in einem Instandsetzungssobjekt

Die Abb. 13 zeigt die elektrisch gemessenen Holzfeuchteverläufe in einem Eichenständer. Die raumseitige Dämmung bestand aus Holzwolleleichtbauplatten. Zwischen den Holzwolleleichtbauplatten und der Lehmausfachung wurde eine Ausgleichsschicht aus Holzlehm bis zu 100 mm Dicke eingebaut. In der Fachwerkversuchswand war die Ausgleichsschicht aufgrund der kleineren Holzquerschnitte etwa 10 mm dick. Aus diesem Grund war in der Fachwerkversuchswand ein geringerer Einfluß der Einbaufeuchten auf die anfängliche Holzauffeuchtung zu beobachten als in dem Objekt (s. Abb. 5). Hier waren nach Einbau der Dämmungen in der Randzone Feuchten über 50 M.-% gemessen worden. Dieser Wert liefert aufgrund der exponentiellen Abnahme des elektrischen Widerstands oberhalb des Fasersättigungsbereichs keine quantitative, sondern nur dahingehend eine qualitative Aussage, daß die Feuchte über dem Fasersättigungsbereich liegt. Die tiefer liegenden Holzzonen feuchteten entsprechend ihrer Entfernung zur Innendämmung deutlich geringer auf.

Zur Überprüfung der elektrisch gemessenen Holzfeuchten zeigt die Abb. 14 die gravimetrisch bestimmte Feuchteverteilung über den Querschnitt an drei Terminen. Ein Vergleich der im Februar 1995 ermittelten Holzfeuchten zeigt, daß die elektrisch gemessenen Holz-

Verbesserung des Wärmeschutzes von Fachwerkwänden mit Innendämmungen 149

feuchten in der Randzone etwa 15 M.-% über den gravimetrisch bestimmten lagen, diejenigen in den tieferen Zonen etwa 5 M.-%. Dies zeigt die zunehmende Ungenauigkeit der elektrischen Holzfeuchtemessung oberhalb des Fasersättigungsbereichs.

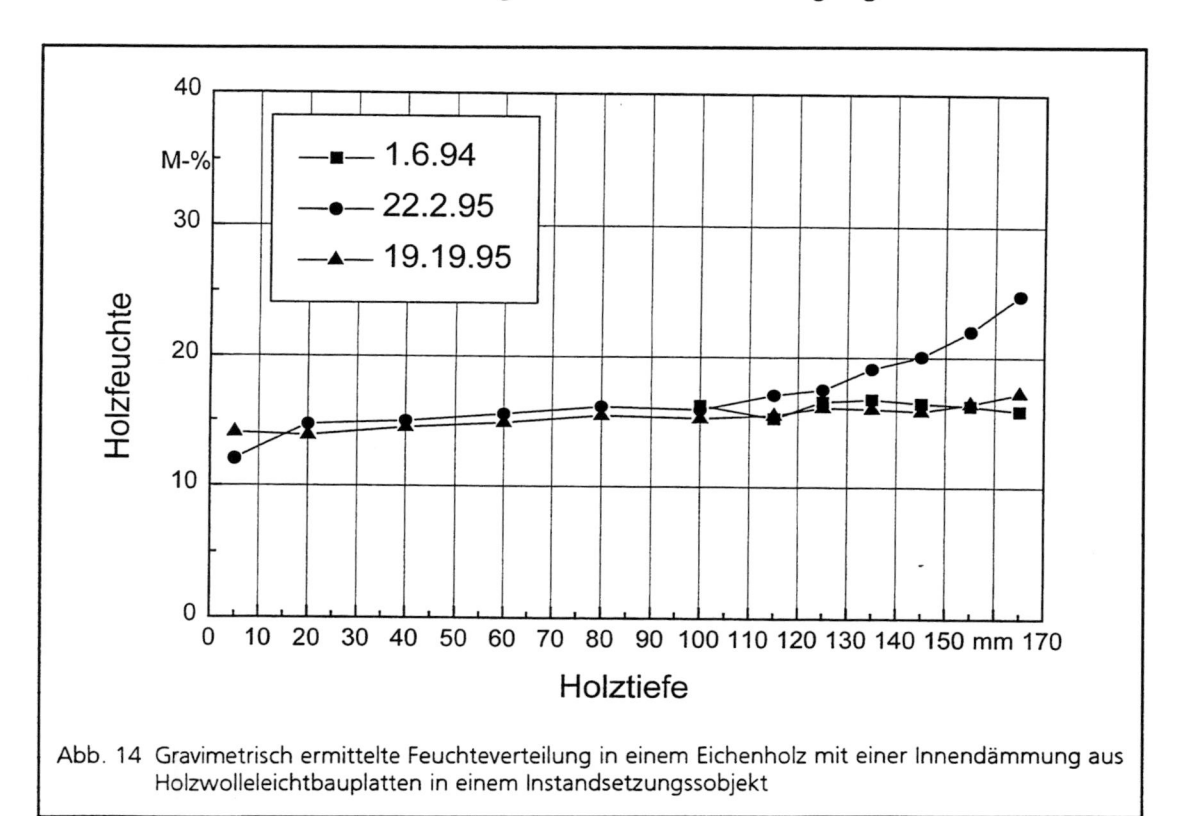

Abb. 14 Gravimetrisch ermittelte Feuchteverteilung in einem Eichenholz mit einer Innendämmung aus Holzwolleleichtbauplatten in einem Instandsetzungsobjekt

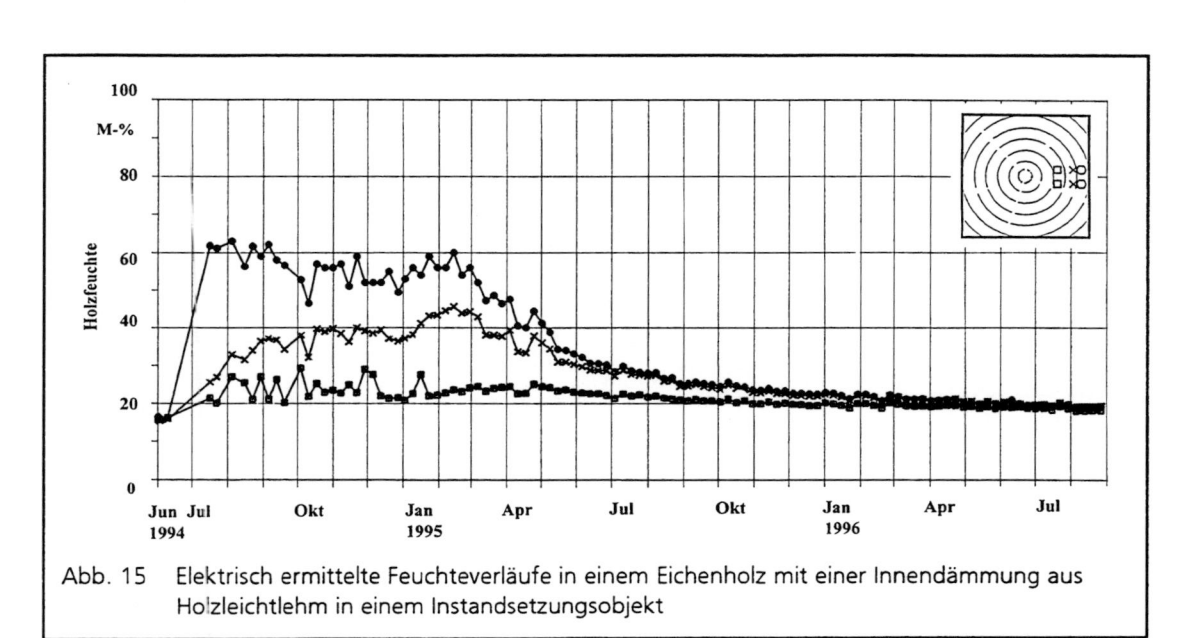

Abb. 15 Elektrisch ermittelte Feuchteverläufe in einem Eichenholz mit einer Innendämmung aus Holzleichtlehm in einem Instandsetzungsobjekt

Bei der elektrischen Feuchtemessung lagen die Feuchten im Oktober 1995 zwischen 19 M.-% und 21 M.-%, während die gravimetrische Feuchtebestimmung in den entsprechenden Querschnittszonen Feuchten zwischen 16 M.-% und 18 M.-% lieferte. Die ab Oktober bis zum Juli 1995 elektrisch gemessenen Feuchten können daher um etwa 3 M.-% auf 15 M.-% bis 18 M-% korrigiert werden. Diese Feuchten lagen in einem unkritischen Bereich. Somit zeigen die in-situ-Messungen, wie auch die Ergebnisse aus der Bewitterungssimulation, die Tauglichkeit von Holzwolleleichtbauplatten für Fachwerkinnendämmungen.

Die Innendämmungen aus Holzleichtlehm mit einer Dicke von etwa 200 mm bewirkten ähnlich hohe Holzauffeuchtungen in der Randzone wie diejenige in der zuvor beschriebenen Ausführung (s. Abb. 15). Die etwa doppelt so dicke Lehmdämmung hatte jedoch zur Folge, daß zum einen auch die tieferen Holzzonen bis über den Fasersättigungsbereich auffeuchteten und zum anderen die Auffeuchtungen erst nach etwa 1,5 Jahren abgebaut waren, während dies bei einer Lehmschichtdicke von 100 mm bereits nach etwa 1 Jahr der Fall war.

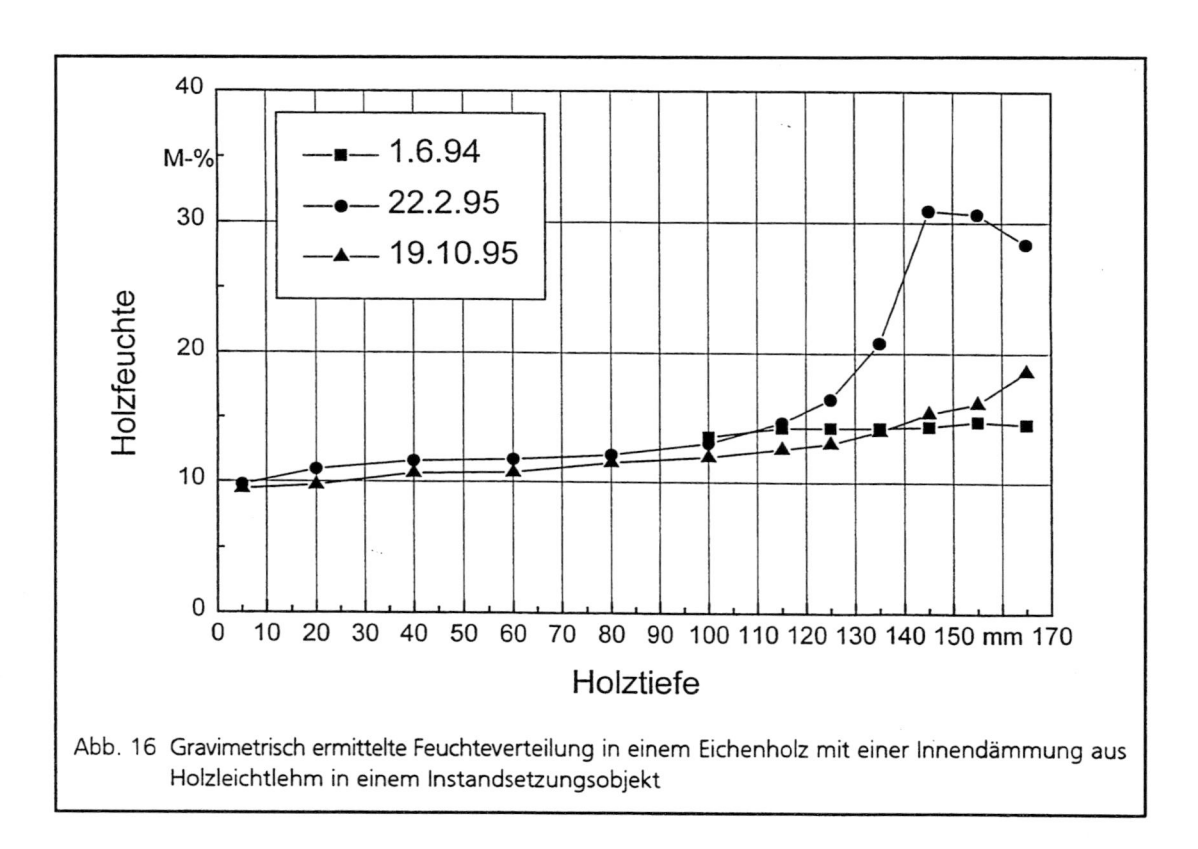

Abb. 16 Gravimetrisch ermittelte Feuchteverteilung in einem Eichenholz mit einer Innendämmung aus Holzleichtlehm in einem Instandsetzungsobjekt

Die gravimetrischen Feuchtemessungen an Bohrkernen bestätigten die elektrischen Messungen (s. Abb. 16). Im Februar 1995 lagen die Holzfeuchten bis zu einer Tiefe von 30 mm mit etwa 30 M.-% im Fasersättigungsbereich. In 40 mm Tiefe lag die Feuchte mit 23 M.-% etwa 1 M.-% unter der elektrisch gemessenen. Die Feuchten der Bohrkerne lagen im Oktober 1995 jeweils etwa 5 M.-% unter den elektrisch gemessenen von 20 M.-% (40 mm Abstand) und von 25 M.-% (10 mm Abstand), so daß die elektrisch ermittelten Feuchten um etwa 5 M.-% nach unten verschoben werden können. Seit Anfang 1996 verliefen dann die Feuchten ohne auffällige Änderungen um etwa 15 M.-%, so daß auch bei dieser Variante mit einer dickschichtigen Holzlehmdämmung die in-situ-Messungen die Ergebnisse aus der Bewitterungssimulation bestätigen und die Eignung des Holzlehms nachgewiesen ist.

Die in-situ-Messungen zeigen jedoch auch die Problematik der Holzauffeuchtungen durch die Einbaufeuchten der dickschichtigen Lehmdämmungen. Die hohen Holzauffeuchtungen stimmten mit Untersuchungen aus den Bewitterungssimulationen überein. In einer Meßstelle des Objekts wurden in einem Bohrkern noch nach etwa 1,5 Jahren in einem raumseitig mit Holzlehm gedämmten Eichenholz Holzfeuchten um 30 M.-% festgestellt [4]. Es sollte daher gefordert werden, den Einbau von Lehmdämmungen mit hohen Einbaufeuchten jahreszeitlich so abzustimmen, daß die Baustoffe während der Sommerperiode austrocknen können.

4 Zusammenfassung und Ausblick

In der Doppelklimaanlage des WKI wurde die Eignung unterschiedlicher Innendämmungen in Fachwerkwänden untersucht. Neben bewährten Innendämmungen aus Wärmedämmputzen und Holzwolleleichtbauplatten wurden neu entwickelte Leichtlehmdämmungen und, zu Experimentierzwecken, auch Mineralfaserdämmungen untersucht. Als für die Beurteilung der Innendämmung wesentlichste Eigenschaft wurde in diesem Beitrag das Holzfeuchteverhalten bewertet.

Nach den experimentellen Ergebnissen unter zeitgerafften und verschärften Klimabedingungen waren nur in denjenigen Querschnitten mit mineralischem Faserdämmstoff, die weder eine Dampfsperre, noch eine Luftschicht hatten, Holzfeuchten von deutlich mehr als 20 M.-% über einen längeren Zeitraum zu beobachten. Diese Beobachtung stimmt mit den Nachweisen unter stationären Klimarandbedingungen der DIN 4108-3 und mit einer Bilanzierung nach Braunschweiger Monatsmittelwerten überein. Zu einer gegenteiligen Beurteilung als nach diesen Nachweisen kommen die Ergebnisse aus der Bewitterungssimulation für Querschnitte mit Wärmedämmputzen und Holzwolleleichtbauplatten. Während die Aufbauten nicht zulässig oder zumindest an der Grenze zur Zulässigkeit sind, waren bei der Bewitterungssimulation keine kritischen Holzfeuchten festzustellen. Auch in den Varianten mit konditionierten Lehmdämmungen lagen die Holzfeuchten während und nach der simulierten Bewitterungsperiode unter 20 M.-%.

Nach der Bestimmung der Materialkennwerte im Labor werden die Ergebnisse aus den numerischen Simulationen mit denen aus der Bewitterungssimulation validiert und dann mit Hilfe numerischer Simulationen auf jährliche, nicht zeitgeraffte, Klimabedingungen übertragen. Nach erfolgreicher Validierung kann auch das Temperatur- und Feuchteverhalten bei variierten Querschnittsgeometrien oder anderen Klimarandbedingungen prognostiziert werden.

Für eine mineralische Leichtlehmdämmung wurden die unter zeitgerafften Klimabedingungen gewonnenen Ergebnisse mit numerischen Simulationen auf jährliche Bedingungen übertragen. Die Berechnungen wurden auf der Grundlage von Stoffkennwerten durchgeführt, die aus der Literatur stammten. Die Eignung dieser Innendämmung wurde nach dem bisherigen Wissensstand über die Stoffkennwerte nachgewiesen.

Die Ergebnisse aus den Bewitterungssimulationen werden zur Modernisierung und Instandsetzung von Sanierungsobjekten empfohlen. An einigen Objekten werden die ausgeführten Maßnahmen überwacht. Nach dem derzeitigen Stand wird die in den Bewitterungssimulationen nachgewiesene Eignung von Holzwolleleichtbauplatten und Holzlehmdämmungen durch die in-situ-Messungen bestätigt.

In derzeit in der Planung befindlichen Versuchen soll in der Doppelklimaanlage die Eignung von nachträglichen Fugenabdichtungsmaßnahmen bei simulierter Beregnung geprüft werden. Zu diesem Zweck wird ein Simulationsmodell entwickelt, das einerseits den Belastungen für eine Fachwerkwand aus Niederschlägen entspricht, andererseits auch die zyklischen Trocknungsperioden, z. B. bei Besonnung, berücksichtigt.

Weiterhin sollen die positiven als auch die, aus der Praxis bekannten, negativen Auswirkungen von Luftschichten in Fachwerkwänden näher untersucht werden. Ebenfalls besteht noch Forschungsbedarf für die Untersuchung von Strömungsvorgängen und Materialfeuchteänderungen infolge Wasserdampfkonvektion. Diese Ergebnisse werden nicht nur für den Fachwerkbau bedeutsam sein.

5 Literatur

[1] Greubel, D. (1988) : Rechenmodelle und Simulationsversuche zur Beurteilung des feuchtetechnischen Verhaltens von Bauteilen, Teil 2
wksb, H. 24, S. 42-45

[2] Greubel, D. (1995)
Hoyer, F. : High Resolutionary Moisture Measurement in Building Materials with Gamma-Radiation, Vortrag zum International Symposium "Non-Destructive Testing in Civil Engineering"
Bundesanstalt für Materialforschung und -prüfung (BAM), Berlin

[3] Hävemeyer, H. (1995) : Messungen des Wärmestroms an innengedämmten Ausfachungen einer Fachwerkversuchswand in einer Doppelklimakammer
WKI-Kurzbericht Nr. 20

[4] Herlyn, J.W. (1995)
Hävemeyer, H. : Feuchteverhalten von Fachwerkhölzern nach Einbau von Innendämmungen aus konditioniertem Lehm
WKI-Kurzbericht Nr. 50

[5] Hens, H. (1994)
Silberstein, A.
: Pitched Roofs with Cathedral Ceilings: Convective Losses by Air Movement in Thick Fiberglass Insulation, Vortrag zum 9. "Bauklimatischen Symposium"
Technische Universität Dresden

[6] Herlyn, J.W. (1995)
: Simulierte Bauteilbewitterung in einer Doppelklimakammer, Vortrag zur 24. Jahrestagung der Gesellschaft für Umweltsimulationen (GUS) "Umwelteinflüsse Erfassen, Simulieren, Bewerten", Pfinztal/Karlsruhe

[7] Herlyn, J.W. (1995)
: Wärmeschutz und Feuchteverhalten von Fachwerkwänden mit Innendämmung - Versuche unter zeitgerafften Klimabedingungen
wksb, H. 35, S. 10-18

[8] Kober, A. (1991)
Mehlhorn, L.
: Radiometrische Feuchtemessung in Bauteilen mit hoher räumlicher Auflösung, Teil 1
Bauphysik 13, H. 2, S. 43-49

[9] Kober, A. (1994)
Mehlhorn, L.
: Radiometrische Feuchtemessung in Bauteilen mit hoher räumlicher Auflösung, Teil 2
Bauphysik 16, H. 3, S. 81-85

[10] Leimer, H.-P. (1994)
: Fachwerkgebäude mit raumseitigen Wärmedämmputzen
Bautenschutz + Bausanierung, H. 6, S. 44-46

[11] Minke, G. (1994)
: Lehmbau-Handbuch - Der Baustoff Lehm und seine Anwendung
ökobuch Verlag, Staufen bei Freiburg

[12] Stuis, M. (1993)
: Untersuchungen an Fachwerkhäusern unter natürlicher und unter zeitgerafft simulierter Bewitterung
Werkstoffwissenschaften und Bausanierung, F.H. Wittmann, Herausgeber, Band 240, expert Verlag, Ehningen

[13] VDI-Richtlinie 3958
: Umweltsimulation - Grundlagen und Methoden (1995)

[14] DIN 4108-3
: Wärmeschutz im Hochbau - Klimabedingter Feuchteschutz (1981)

[15] DIN 52183
: Prüfung von Holz - Bestimmung des Feuchtigkeitsgehaltes (1977)